KB267715

# 석유 제국의 미래

석유 제국의 미래

**일러두기**

이 책은 《석유는 어떻게 세계를 지배하는가》(2019)의 개정증보판으로, 최신 자료와 변화된 환경을 반영해 일부 내용을 보완, 추가했습니다. 특히 34~45장을 새로 더해 2020년 이후 석유를 둘러싼 세계 경제와 국제 정치의 변화상을 담고 미래를 전망할 수 있도록 했습니다.

# 석유 제국의 미래

## 전기차 · 탄소중립 시대에도 끝나지 않은 석유의 지배력

최지웅 지음

THE FUTURE OF OIL EMPIRES
THE FUTURE OF OIL EMPIRES
THE FUTURE OF OIL EMPIRES
THE FUTURE OF OIL EMPIRES
THE FUTURE OF OIL EMPIRES
THE FUTURE OF OIL EMPIRES
THE FUTURE OF OIL EMPIRES

위즈덤하우스

賢娃에게

•

# 오늘을 이해하는 단 하나의 키워드

우리는 세상을 이해하기 위해 다양한 시도를 합니다. 뉴스를 보고 책을 펼치고 인터넷에 접속합니다. 여행을 가고 다양한 경험도 합니다. 그런데 그 과정에서 정작 중요한 것을 놓치기 쉽습니다. 오늘의 사건, 사상, 풍경은 내일이면 변하기 마련인데, 한순간의 현상만 보며 피상적으로 세상을 이해할 가능성이 크기 때문입니다.

오늘의 세계를 제대로 이해하고 싶다면 시대를 꿰뚫는 키워드를 찾아야 합니다. 시간이 지나도 변하지 않는 결정 요인을 골라낼 수 있어야 합니다. 인간관계에서도 마찬가지입니다. 어떤 사람을 이해하려면 그 사람의 절실한 희망이나 변하지 않는 욕구를 아는 것이 가장 중요합니다. 그 희망과 욕구를 알지 못하면 그 사람의 행동을 이해할 수도 예측할 수도 없습니다. 우리가 사는 세계도 같습니다. 세상의 욕망이 향하는 곳이 어디인지, 국제 질서를 결정하는 강대국의 욕구와 결핍이 무엇인지 알지 못한 채 세상을 읽는다는 것은 어불성설입니다. 시대를 관통하는 키워드를 찾는 일, 그것이 오늘의 세계를 읽는 첫걸음입니다.

현대를 관통하는 키워드를 하나만 꼽으라면 석유입니다. 한국 현대사의 두 가지 키워드가 '민주화'와 '경제 발전'이라면 세계 현대사의 두 가지 키워드는 '석유'와 '냉전'입니다. 냉전은 종식되었지만 석유는 여전히 세계 정치와 경제 흐름의 핵심 축으로 남아 있습니다. 이는 단순히 석유가 주요 에너지원이라서가 아닙니다. 석유가 현대 세계에서 '이해관계의 근원적인 요소'이기 때문입니다. 2차 세계대전 이후부터 오늘날까지 석유는 국제사회에서 부와 힘의 원천이었습니다. 석유를 지배하는 국가가 곧 세계를 지배할 수 있었습니다.

이 책은 현대사의 주요 사건들에서 석유가 결정적 요인으로 작용해 왔음을 보여줍니다. 오일쇼크, 달러의 등장, 세계화, 9·11 테러, 금융위기, 미국의 중동 정책 그리고 중국의 굴기와 그 제약의 지점까지, 석유는 늘 중요한 요인이거나 배경으로 자리하고 있었습니다. 또한 이 책은 러시아의 우크라이나 침공과 트럼프 2기 정부의 '미국 우선주의' 또한 예외가 아님을 밝힙니다. 오늘 우리가 직면한 정치적·경제적·환경적 문제들은 석유에 대한 이해 없이는 온전히 파악할 수 없습니다.

이는 남의 나라의 이야기만이 아닙니다. 우리가 종종 간과하는 중요한 사실이 하나 있습니다. 우리나라가 석유와 가스 수입에 막대한 국부를 지출하고 있다는 점입니다. 2024년 기준 대한민국의 석유 및 천연가스 수입액은 1,397억 달러, 한화로 약 200조 원에 달합니다. 이는 국가 GDP의 약 8%, 전체 무역 수입액의 22%를 차지하는 규모입니다. 같은 해 국가 예산에서 국방비의 3배를 넘는 금액이며, 우리의 주력 수출 품목인 반도체 전체 수출액과 맞먹는 수준입니다. 국제 유가가 급등했던 2022년에는 석유·가스 수입액이 1,827억 달러까지 치솟으며, 그해 사상 최대 규모의 무역수지 적자를 초래한 핵심 요인이 되었습니다. 이처럼 석유와 가스는 우리나라 경제를 이해하는 데 빼놓을 수 없는 요소입니다.

우리가 석유를 알아야 하는 이유가 또 하나 있습니다. 바로 우리나라에서 석유가 거의 나지 않기 때문입니다. 생존에 절대적으로 필요한 자원이 없다는 것은 분명 중대한 문제입니다. 그렇기에 이를 해결하기 위한 다양한 방법을 고민할 수밖에 없습니다. 무라카미 하루키의 소설 《상실의 시대》에는 이 상황을 떠올리게 하는 장면이 있습니다. 주인공 와타나베의 강의실에 국가 권력에 맞서 투쟁하는 학생들이 갑자기 들이닥칩니다. '데우스 엑스 마키나Deus Ex Machina(갑자기 신이 내려와 문제를 일거에 해결하는 극의 기법)'를 강의하던 노교수를 밀어내고 연단을 차지한 그들은 투쟁의 정당성을 역설합니다. 그들의 주장은 훌륭합니다. 내용에 반박할 여지도 없습니다. 그러나 똑같은 주장, 똑같은 당위를 토씨만 바꿔서 연설했기에 설득력이 없게 들립니다. 이 장면을 보며 와타나베는 생각합니다. '저들의 진짜 적은 국가 권력이 아니라, 상상력의 결핍'이라고.

석유와 에너지 문제 앞에서 한국은 극심한 상상력 부족에 시달리고 있습니다. 에너지 현실에 대한 창의적 통찰, 국제 관계를 고려한 전략적 고민, 예리한 비즈니스적 계산이 좀처럼 보이지 않습니다. 낡고 이분법적인 정치 논리가 에너지 문제를 재단하고, 주요 에너지원인 석유에 대한 담론은 사라졌으며, 새로운 에너지원에 대해서는 막연한 기대만이 떠돕니다. 이런 현실은 석유의 시대를 살아가는 우리에게 또 다른 차원의 '상실의 시대'를 낳고 있습니다.

이 책은 석유에 대한 이야기이자 오늘과 미래에 대한 이야기입니다. 석유는 20세기 이후 전쟁의 이유였고, 동맹의 조건이었으며, 경제의 심장이자 국제정치의 목적이었습니다. 지금도 석유는 세계 교역 품목 중에서 가장 큰 비중을 차지하며, 물가에 가장 큰 영향을 미치는 상품입니다. 오늘날 국가 간 대립에서 군사적 수단을 제외하고 가장 강하게 상대를 타격하는 방법은 석유의 공급을 차단하는 것입니다. 그리고 지금 가장 중요한 시대적 과제인 탄소중립과 기후변화 대응도 결국 석유라는 자원을 어떻게 극복하고 활용할 것인가의 문제로 귀결됩니다. 그러므로 석유의 정치적·경제적 영향과 역할을 먼저 이해할 때, 우리는 세계 질서에 대한 이해는 물론 새로운 에너지 전략에 대한 통찰도 깊게 할 수 있습니다. 석유는 과거의 유물이자, 현재의 명백한 트렌드이고, 최소 한 세대의 범위 안에서 미래의 비전입니다.

이 책은 기본적으로 현대 세계사의 중요한 사건들을 석유의 관점에서 바라봅니다. 그러면서 우리나라의 이야기를 놓치지 않았습니다. 오일쇼크와 서울의 테헤란로, 오일머니와 중동 특수, 이란과 한국의 닮은 역사, 이라크전과 국군 파병, 조선업과 전기차 산업의 성장, 인공지능과 전력 수요, 국제유가의 영향 등 우리의 삶과 경제에 알게 모르게 스며든 그 영향들을 시대의 맥락 속에서 풀어냈습니다. 그리고 이야기를 건네듯 쉬운 문장으로 전달하고자 했습니다.

어느 분야에서나 역사에 대한 지식은 필수입니다. 특정 분야의 역사를 알면, 그 분야에서 우리가 하고 있는 일의 위치와 맥락을 이해할 수 있습니다. 반대로 역사를 모르면 맥락 없는 접근을 하거나, 좌표에 맞지 않는 방법을 택하게 됩니다. 과거의 데이터를 모른 채 미래를 설계할 수는 없습니다. 역량 있는 극작가는 데우스 엑스 마키나식 해결을 추구하지 않습니다. 우리나라에 석유가 나지 않는다는 문제도, 새로운 에너지 체제로 전환해야 하는 시대적 과제도, 뜻밖의 신이 등장해 해결해주지 않습니다.

현실에 대한 치열한 고민과 그 현실을 넘어서는 상상력이 필요합니다. 그러므로 우리는 역사가 그린 큰 그림을 보고, 그 의미를 곱씹을 필요가 있습니다. 상상력은 자신이 가진 레퍼런스에 비례한다는 말이 있습니다. 이 책이 독자 여러분 마음에 새로운 레퍼런스가 되기를 바랍니다.

최지웅

# 차 례

# 석유, 오늘을 열다
### (1차 세계대전~1969년)

## 석유, 무기가 되다
(1970~1979년)

## 석유, 시장을 열다
(1980~1999년)

# 석유, 오늘을 결정하다

(2000~2025년)

# 석유, 전쟁을 지배하다
## (2020년 이후의 전쟁)

# 석유의 시대를 끝내는 법

# 석유, 오늘을 열다

## (1차 세계대전~1969년)

# 1

# 처칠, 석유로 제국을 구하다

지배는 모험을 무릅쓴 것에 대한 상이다.

•

윈스턴 처칠

근대 석유 산업은 '석유왕'이라 불리는 존 데이비슨 록펠러John Davison Rockefeller에 의해 미국에서 시작됩니다. 그가 1870년에 세운 스탠더드 오일Standard Oil은 미국의 석유 사업을 지배했고, 오늘날에도 엑손모빌ExxonMobil과 셰브론Chevron으로 이름을 바꿔 세계 최대의 기업으로 건재하고 있습니다. 록펠러가 확립한 석유 산업 기반 덕분에 미국은 20세기 중반까지 세계 최대의 산유국이었고, 20세기 전반기에 빠르게 산업을 발전시킬 수 있었습니다. 록펠러는 미국의 근대사에서 경제적으로 가장 큰 영향을 끼친 인물이라고 해도 과언이 아닙니다.

그러나 세계사 차원에서 보면 록펠러의 영향은 미미했습니다. 그는 단지 '미국의 석유왕'이었고 그의 족적은 미국 내로 한정됩니다. 록펠러의 시대에 대부분 국가에서는 여전히 석탄이 주요 에너지원이었습니다. 산업혁명의 동력이었던 증기기관은 석탄을 에너지원으로 활용했고, 중동의 석유는 아직 개발되기 전이었습니다. 그러한 시절에 석유를 두고 록펠러보다 큰 꿈을 꾸는 영국인이 있었습니다. 그는 록펠러와 동시대를 살았지만 그의 조국에는 석유가 나지 않았습니다. 그런데도 그는 석유의 전략적 함의와 미래 가치를 알아보고 영국의 연료를 석유로 바꾸려는 야심을 품습니다. 그는 바로 영국의 전 총리 윈스턴 처칠Winston Churchill입니다. 처칠의 결정으로 석유가 세계의 연료이자 이해관계의 핵심으로 등극하는 석유의 시대가 열립니다.

1911년, 영국 해군 장관이었던 처칠은 독일과의 해군력 경쟁에서 우위를 지키기 위해 해군 함대의 연료를 석탄에서 석유로 바꾸는 결정을 내립니다. 석유는 석탄보다 부피를 덜 차지하면서 열량이 높아 해군 함정의 속도와 작전 반경을 크게 개선할 수 있었습니다. 문제는 당시 영국에 석유가 생산되지 않는다는 것이었습니다. 이 문제만 해결해 석유를 충분히 공급할 수 있다면 해군력 경쟁에서 독일을 압도할 수 있었습니다.

처칠의 결단은 쉬운 것이 아니었습니다. 당시 영국은 풍부한 석탄을 바탕으로 가장 빨리 산업혁명을 이루며 최강국의 지위를 구축한 나라였습니다. 석탄의 혜택을 가장 많이 누리던 국가였기에, 에너지원을 바꾸는 결정은 정말 큰 용기가 필요했습니다. 게다가 자국 내에서 석유가 생산되지 않는다는 점이 치명적인 문제였습니다. 그럼에도 처칠은 석

처칠이 해군의 주 연료를 석유로 전환하면서, 석유 확보는 영국의 핵심 과제 중 하나가 되었다. 그때부터 영국은 중동 정세에 더욱 적극적으로 개입하기 시작한다. 당시 영국군 장교가 앞장서고 아랍 군인들이 뒤따르는 영화 속 장면은, 아라비아 반도에서 영국이 수행한 역할을 상징적으로 보여준다.

출처: AI 생성 이미지

유의 가능성을 확신했고, 과감한 승부수를 던졌습니다. 이후 영국은 중동에 대한 정치적 · 군사적 영향력을 확장해 나갔습니다.

〈아라비아의 로렌스Lawrence of Arabia〉라는 영화가 있습니다. 1962년에 개봉한 이 작품은 1차 세계대전을 배경으로, 실존 인물과 실제 사건을 토대로 만들어졌습니다. 주인공 T. E. 로렌스는 전쟁 중 아라비아 반도에 파견된 영국군 장교로, 아랍 편에 서서 오스만 제국과 싸웠습니다. 그는 탁월한 전략과 비범한 용기로 아랍의 영웅으로 불렸습니다.

로렌스로 상징되는 영국의 개입은, 아랍인들이 오스만 제국에 맞서 일어서는 결정적 계기가 되었습니다. 영화 포스터 속, 칼을 든 로렌스가 앞장서고 아랍 군사들이 그를 따르는 장면은 이 지역에서 영국의 역할을 상징적으로 보여줍니다.

영화 〈아라비아의 로렌스〉는 로렌스가 아랍인들을 도운 이유를 '아라비아에 대한 순수한 열정'으로 그립니다. 그는 이상과 정의감을 지닌 인물로 묘사됩니다. 그러나 국제 관계에서 계산 없는 순수함이 존재할 수 있을까요? 당시 영국은 1차 세계대전의 적국인 오스만 제국을 약화시키기 위해 아랍 세력을 이용했습니다. 무엇보다 영국은 석유가 풍부한 이 지역에서 영향력을 확대하려 했습니다. 아랍인들 역시 오스만 제국의 지배에서 벗어나기 위해 영국의 손을 잡았습니다. 그 결과, 영국은 이후 중동의 근현대사에 가장 깊은 흔적을 남긴 국가가 됩니다.

현재 아라비아 반도의 대부분은 사우디아라비아(이하 사우디)가 차지하고 있습니다. 하지만 19세기까지만 해도 사우디라는 나라는 존재하지 않았습니다. 이슬람의 성지 메카와 메디나를 비롯해 아라비아의 주요 지역은 16세기 초반부터 오스만 제국의 지배 하에 있었습니다. 그러나 20세기 초반 영국의 지원을 받은 아랍의 반란으로 오스만의 지배력이 약화됩니다. 이후 오스만 제국은 1차 세계대전의 패전으로 제국이 해체되면서 아랍에서 영향력을 완전히 상실합니다. 오스만 제국이 사라진 뒤, 아라비아 반도에서는 각지의 토후 세력 간에 주도권 다툼이 벌어졌습니다. 이때 리야드를 통치하던 사우드 Saud 가문이 메카의 하심 Hashemite 가문을 제압하고 아라비아 반도를 장악합니다. 이후 영국이 사우드 가문의 아라비아 지배를 승인하면서, 1932년 사우드 가문은 그들의 이름을 따서 '사우디아라비아 Saudi Arabia'를 건국합니다.

영국은 아라비아 반도와 이웃한 페르시아(오늘날 이란)에서도 활약

합니다. 영국인 윌리엄 녹스 다시 William Knox D'Arcy는 1908년 불굴의 의지로 페르시아에서 대규모 석유를 발견합니다. 그는 페르시아의 석유 탐사권을 독점하며 탐사를 진행했지만 7년간 실패를 거듭했습니다. 사막이라는 열악한 작업 환경과 자금 확보의 어려움 속에서도 그는 종교적인 믿음으로 탐사를 포기하지 않았습니다. 마침내 1908년 페르시아 남부의 마스제드 솔레이만 Masjed Soleyman에서 거대한 유전을 발견합니다. 이 발견으로 1909년 페르시아에 BP British Petroleum의 전신인 앵글로-페르시안 Anglo-Persian Oil Company이라는 석유회사가 설립됩니다. 이후 이 회사는 이란의 석유 개발을 주도하며 이란 정치와 경제에 큰 영향을 줍니다.

영국은 1917년 밸푸어 선언으로 이스라엘의 건국에 기여합니다. 또한 중동 지역에 국경을 긋고, 개별 국가들의 성립에도 결정적 역할을 합니다. 그리고 이로 인해 수많은 갈등과 분쟁이 지속되는데, 그 근원에는 석유를 얻으려 했던 영국의 개입이 있었습니다. 영국은 20세기 중반까지 중동 지역에서 지배적인 영향력을 행사했고 그 열매로 이 지역의 석유 질서를 주도합니다. 이 모든 것의 시작은 위험을 무릅쓰고 영국 함대의 연료를 석유로 전환한 처칠의 결단이었습니다. 처칠은 석유에 기반한 해군력 강화 Naval supremacy upon oil에 전력을 쏟기로 결심하며 이렇게 말합니다.

"지배는 모험을 무릅쓴 것에 대한 상 prize이다."[1]

퓰리처상 논픽션 부문 수상작이자 석유사의 바이블로 꼽히는 책 'The Prize'(한국어판 제목은 《황금의 샘》)[2]는 앞의 발언에서 제목을 따왔다고 하는데, 절묘한 제목입니다. 여기서 포상은 두 가지로 생각할 수 있습니다. 좁게 보면 배타적 석유 사업권이고, 넓게 보면 미국이 세계를 지배하기 위해 석유를 지배하려 한다는 노엄 촘스키의 주장[3]처럼 '세계 지배' 혹은 '세계 질서'입니다. 그만큼 석유를 지배하는 것은 커다란 포상을 낳습니다.《황금의 샘》중국어판 제목은 원제를 그대로 살려 포상하다는 의미의 '장상獎賞'입니다. 앞으로 살펴볼 현대사에서 때로는 정치적이고 때로는 경제적인 다양한 장상을 보게 될 것입니다.

처칠이 해군 연료를 석유로 바꾼 이후, 영국의 중동 개입이 본격화됩니다. 처칠이 그린 큰 그림에서 로렌스도 아라비아 반도에서 복무합니다. 처칠이 던진 승부수로 영국은 1·2차 세계대전의 승전국이 됩니다. 그 승전의 중요한 포상은 독일과 이탈리아 등 패전국을 제치고 중동에서 석유 이권을 확보한 것이었습니다. 이후 이 석유 이권은 다시 1991년 걸프전과 2003년 이라크전에서 영국과 미국이 형과 아우처럼 나란히 전쟁을 수행한 근원이 됩니다.

1·2차 세계대전을 거치면서 영국은 중동의 맹주 노릇을 하게 됩니다. 그러나 20세기의 영국은 쇠퇴하는 나라였습니다. 2차 세계대전 이후, 중동의 중요성을 뒤늦게 알아채고 석유기업을 진출시키며 영국을 견제하는 국가가 등장합니다. 바로 미국입니다.

# 2

## 블레어가 '부시의 푸들'이 된 배경

무슨 일이든, 당신과 함께 하겠다.

·

토니 블레어, 전 영국 총리


중동이 언제부터 석유 생산의 중심이었을까요? 지금이야 중동하면 떠오르는 것이 석유입니다. 그러나 1940년대 초반 중동의 석유 생산량은 전 세계 생산량의 5~10%에 불과했습니다. 아직 중동은 석유의 중심이 아니었습니다. 중동 정세에 미국이 본격적으로 개입하던 시기도 아니었습니다. 미국은 1941년 12월 진주만 피습까지 2차 세계대전 참전을 유보하며 자국에 더 큰 관심을 두었습니다. 당시 미국은 세계 최대 산유국으로 석유를 자급할 수 있었습니다. 근대 석유 산업이 미국에서 록펠러에 의해 발전했고, 그가 세운 스탠더드 오일은 미국 내 생산량만으로 세계 최대의 석유기업이 되었습니다. 굳이 해외로 눈을 돌릴 필요가 없었지요.

반면 석유가 나지 않던 영국은 중동에 적극적인 관심을 기울였습니다. 1940년 이전까지 중동에서 가장 큰 영향력을 행사하던 국가는 영국입니다. 앞서 살펴봤듯 영국에 중동은 해군 함대의 연료 공급지였고 인도로 향하는 길목이었습니다. 그런데 1940년대 들어서면서 미국도 중동에 눈독을 들이기 시작합니다. 미국은 2차 세계대전에 참전하면서 석유와 중동의 전략적 가치를 더 크게 인식하게 됩니다. 당시 석유는 전쟁의 승패를 좌우하는 요소였고, 미국은 모든 전선에 석유를 공급하고 있었습니다. 그런 상황에서 1930년대 말부터 미국 내에서 새로운 유전을 발견하기 어려울 것이라는 예측이 우세해집니다. 이에 미국은 해외로 눈을 돌립니다. 미국 정부는 당시 미국 최고의 지질학자이자 '석유 지질학의 아버지'로 불리는 에버렛 드골리어Everette Lee DeGolyer를 중동으로 보내 석유 매장량을 조사하게 합니다. 드골리어 일행은 그 임무를 수행하고 이렇게 말합니다.

"중동 석유는 인류 역사를 통틀어 '최고의 포상'이 될 것이다."[4]

한마디로 중동은 일확천금의 땅이자 황금의 샘이라는 것입니다. 드골리어는 미국이 중동 석유의 중요성을 재인식하는 데 중요한 역할을 합니다.[5] 이후 미국의 원유 수요 증가가 겹치면서 중동을 보는 미국의 태도가 달라지는데, 이 때문에 영국이 딜레마에 빠집니다. 영국은 미국이 필요했습니다. 중동을 노리는 소련의 위협을 홀로 방어하기도 힘들었고, 중동 유전 개발에 필요한 자본도 부족했기 때문입니다. 그런데 다른 한편으로는 미국이 중동에 들어와서 영국의 기득권을 상당 부분 빼앗을 수 있었습니다. 이러한 복잡 미묘한 상황에서 미국 대통령 프랭클린 루스벨트Franklin D. Roosevelt가 뛰어난 '스케치 실력'으로 리더십을 발휘합니다.

1944년 2월, 루스벨트는 주미 영국 대사 핼리팩스Lord Halifax를 백악관으로 불러들입니다. 그리고 백지에 직접 손으로 중동 지도를 그리면서 이렇게 제안합니다.

"페르시아(이란) 석유는 영국이 갖고, 이라크와 쿠웨이트의 석유는 공유하며, 사우디 석유는 미국이 갖는다."[6]

영국이 중동의 국경을 그렸던 것처럼 루스벨트는 중동에서 양국의 사업 영역을 스케치합니다. 루스벨트의 제안은 1944년 8월 양국의 대표가 영미석유협약Anglo-American Petroleum Agreement에 서명하는 것으로 이어집니다. 영미석유협약은 두 나라 정부에 의해 합의되었으나, 미국 의회에서 부결되어 정식 발효에 이르지는 못했습니다. 시장의 자유 경쟁을 침해할 수 있고 중소 석유기업을 소외시킬 수 있다는 우려 때문이었습니다. 협약은 비준에 실패했지만, 전후 중동 석유의 지배권을 두고 양국 정부가 경쟁이 아닌 협력을 말했다는 점에서, 그리고 정부 간 합의에 이르렀다는 점에서 의미가 큰 사건이었습니다.

이후 두 나라는 협력 기조를 이어갔습니다. 루스벨트의 제안대로 사우디에는 미국 기업이, 이란에는 영국 기업이 자리를 잡습니다. 이미 미국 기업들은 사우디에 아람코Aramco라는 석유회사를 세웠고, 전후 아람코는 세계 최대 석유기업으로 성장합니다. 현재 아람코는 사우디의 국영 석유기업이지만, 설립 시에는 미국 석유기업 소칼Socal과 텍사코Texaco가 합작해서 세운 100% 미국 기업이었습니다. 아라비아의 미국 기업이라는 의미로 이름도 'Arabian-American Oil Company'를 줄여서 아람코Ara-Am-Co입니다. 이란에서는 BP의 전신인 앵글로-이란 석유회사Anglo-Iranian Oil Company(1935년 앵글로 페르시안에서 사명 변경)가 독점적으로 사업을 지속합니다.

당시 양국 정부가 자유 시장의 원칙을 깨면서까지 협약을 추진했던 것은 석유 시장의 특성에도 기인합니다. 지금도 마찬가지지만 석유 시장에서 생산량 조절이 제대로 이루어지지 않으면 가격이 급격하게 오르내리면서 생산자들이 큰 손실을 입게 됩니다. 석유 생산을 위해서는 시추, 생산설비 구축, 송유관 설치 등 막대한 자본이 투자되는 개발 과정이 필요합니다. 그런데 생산자들 사이에 합의가 없으면 유가가 상승하는 시기에는 서로 유전 개발에 뛰어들어 과잉 투자가 발생합니다. 일단 생산 시설을 갖추고 나면 시장 상황에 관계없이 생산을 계속해서 투자비를 뽑아내야 하기에 한동안 생산량이 수요를 초과합니다. 이 상황이 지속되면 유가는 폭락하고 수많은 업체가 무너집니다. 그러면 다시 공급이 줄고 유가가 오르면서 과잉 투자가 발생하는 악순환이 이어집니다. 그래서 증산과 감산 사이에서 균형을 맞추는 것이 석유 생산자들의 절대 과제입니다.

이 과제를 해결하기 위해 영국과 미국은 영미석유협약을 맺고 두 나라에서 각 4명씩, 총 8명으로 구성된 국제석유위원회International Petroleum Commission를 구성하기로 합니다. 이 기구에서 세계 석유 수요를 전망하고 양국의 권장 생산량 등을 협의하고자 한 것입니다. 이런 생산량 조절과 관련한 협력은 석유 역사에서 일관적으로 나타납니다. 일종의 담합으로 볼 수도 있는데, 오늘날 OPEC에서도 그런 특징을 읽을 수 있지요.

# DECLASSIFIED

SECRET / PERSONAL

<u>NOTE ON IRAQ</u>

I will be with you, whatever. But this is the moment to assess bluntly the difficulties. The planning on this and the strategy are the toughest yet. This is not Kosovo. This is not Afghanistan. It is not even the Gulf War.

2016년 이른바 칠콧 리포트 Chilcot Report [7]에 의해 공개된 이 메모는, 의회가 이라크 참전을 논의하기 이전에 영국 정부가 이미 입장을 결정했다는 증거로 꼽히며 석유 질서를 유지하기 위한 영국과 미국의 제휴를 잘 보여준다.

영미석유협약은 양국이 협력의 틀 안에서 전후 석유 질서를 모색했다는 점에서 중요한 의의가 있습니다. 이러한 협력 기조는 전후 중동에서 두 나라의 배타적 석유 이권을 유지하는 기초가 됩니다. 영국과 미국이 공동으로 중동을 관리하는 체제 하에서 영미의 석유기업인 엑손모빌, BP, Shell, 셰브론 등이 성장해서 엄청난 부를 창출하게 됩니다. 영국과 미국은 이렇게 같이 가기로 합니다. 이 밀월 관계는 수십 년간 지속됩니다. 1944년, 루스벨트의 스케치 제안은 수십 년의 시간을 건너 뛰어 이라크 전쟁 한 해 전인 2002년, 영국의 총리 토니 블레어 Tony Blair 에 의해 다시 한 번 답장을 받습니다.

토니 블레어 총리는 부시 대통령에게 '무슨 일이든, 당신과 함께 하겠다 I will be with you whatever'라고 전합니다.[8] 다정한 연인 사이의 편지 같지 않나요? 미국이 석유 질서를 위해 전략적으로 이라크를 침공한다면, 영국은 그 질서의 소수 주주로서 기꺼이 희생을 감수하겠다는 것입니다. 2003년 영국과 미국은 UN과 국제사회의 반대를 무릅쓰고 이라크 전쟁을 수행합니다. '대량 살상 무기'가 숨겨져 있다는 미심쩍은 구실로 말입니다. 2002년 블레어의 답장은 2차 세계대전 이후부터 이어진 영국과 미국의 타협과 지배의 과정에서 이해되어야 합니다. 그리고 그 특별한 관계의 초기에 뜻밖에도 한국이 중요한 비중으로 등장합니다.

# 3

# 이란이 한국과 다른 듯 닮은 이유

이란은 한국보다 중요하다.

·

윈스턴 처칠

한국과 이란은 닮은 점이 제법 있습니다. 소소하게는 서울에 테헤란로가 있고 테헤란에는 서울로가 있습니다. 지리적으로는 1940년대에 두 나라가 공통적으로 소련과 접경하고 있었습니다. 소련의 서쪽 끝에는 이란이, 동쪽 끝에는 한반도가 접하고 있었지요. 이 때문에 영국과 미국에게 중동의 이란과 극동의 한국은 지정학적으로 매우 중요한 나라였습니다. 그래서 1950년대 초반에 영국과 미국이 두 나라의 역사에 개입한 점도 닮았습니다.

1950년, 한국에서는 다시 있어서는 안 될 비극, 6·25가 발발했습니다. 이때 영국은 약 6만 명의 병력을 파견해서 4,000명에 가까운 사상자가 발생했습니다.[9] 이 파병 규모는 미국 다음이었고, 사상자 수도 적은 편이 아니었습니다. 영국에 한국은 그만큼 중요한 국가였나 봅니다. 하지만 이란만큼은 아니었습니다. 처칠은 다음과 같이 말합니다.

"이란은 한국보다 중요하다. 이란을 통해 석유 공급의 안정을 확보하는 것은 소련의 침략을 저지하는 중요한 요소다."[10]

한국전쟁은 극동에서 소련과 공산주의의 확장을 막는다는 점에서 영국에도 이해관계가 있었습니다. 영국과 미국의 오랜 역사적·문화적·언어적 연대에 기반한 특별한 관계[11]를 고려할 때도 파병은 필요했습니다. 그래서 직접적인 경제적 이해관계가 없음에도 6만 명의 병력을 파병했던 것입니다. 그런데 이란은 소련을 방어하는 이념적 측면과 함께 석유 공급지라는 경제적 측면도 있었기 때문에 영국 입장에서는 한국보다 중요했습니다.

그러한 이란에서 한국전쟁과 비슷한 시기에 반영反英 감정이 거세게 일어납니다. 역사적으로 이란은 영국에 강한 반감을 가지고 있었습니다. 2차 세계대전 때 이란은 중립을 지키려 하다가 독일 쪽에 서게 됩니다. 그 결과 연합국은 이란을 공격해 레자 샤 팔라비Reza Shah Pahlavi를 폐위시키고 그의 아들 모하마드 레자 팔라비Mohammad Reza Pahlavi를 왕위에 앉힙니다. 왕을 폐위시켰지만 왕실은 유지한 것입니다. 이러한 방식이 이란 국민을 통제하는 데 유리하다고 본 것입니다.

반영 감정의 더 중요한 이유는 석유였습니다. 영국 정부가 대주주였던 앵글로-이란 석유회사는 1945년부터 1950년까지 2억 5,000만 파운드의 수익을 올린 반면, 이란은 9,000만 파운드에 불과한 수익만을 가져갑니다.[12] 대략 3배의 몫을 앵글로-이란 석유회사, 지금의 BP가 가져간 것입니다. 같은 시기, 이웃 사우디가 미국과 석유 수익을 반반씩 나누는 협정fifty-fifty agreement을 체결한 것을 보면 이란의 입장에서는 화날 만도 합니다.

또한 사우디의 미국 석유기업 아람코는 사우디를 배려해 'Arabia'를 회사 이름의 앞에 둔 반면, 앵글로-이란 석유회사Anglo-Iranian Oil Company는 영국을 상징하는 'Anglo'를 앞에 두는 등 작은 부분에서도 배려가 부족했습니다.

국민적 반영 감정을 등에 업고 민족주의 성향의 모하마드 모사데그Mohammad Mossadegh가 등장합니다. 그는 앵글로-이란 석유회사의 국유화를 공약으로 내세워 1951년 4월 국회에서 총리로 선출됩니다. 연합국이 세웠던 팔라비는 2선으로 물러나고 힘을 잃습니다.

반영, 반미 노선의 모사데그 정권은 미국과 영국의 표적이 됩니다. 영국 입장에서는 당시 한창 전쟁 중이던 북한보다 더 나쁜 정권이었습니다. 모사데그는 집권 후 곧바로 영국 소유였던 앵글로-이란 석유회사를 일방적으로 국유화합니다. 영국으로서는 당연히 받아들일 수 없는 조치였기에 즉시 페르시아만에 해군 함대를 파견하고 영국 은행에 예치된 이란 자산을 동결합니다.[13] 그리고 이란산 석유의 수입을 금지합니다. 자체 판매망이 없던 이란은 영국이 석유를 수입하지 않으면 석유를 판매할 수 없었습니다. 당시 석유 시장의 대부분을 차지했던 유럽을 잃는 것입니다. 영국이 할 수 있는 최고 강도의 이란 제재였습니다. 이란의 원유 생산량은 1950년 일 65만 배럴에서 1953년 일 2만 배럴로 급감했습니다.[14] 하지만 모사데그는 결연하게 말합니다.

"영국의 수입 금지 조치로 우리 석유를 지금 세대가 팔지 못하면 후손을 위해 땅 속에 남겨둘 것이다."

영국에서 1951년 10월 보수당의 처칠 내각이 다시 들어서면서, 이란에 대한 태도는 더욱 강경해집니다. 제재가 계속되는 가운데, 몇 차례의 제안과 협상이 있었지만, 모사데그는 강경한 태도를 바꾸지 않습니다. 결국 영국과 미국은 앵글로-이란 석유회사의 국유화를 되돌리기 위한 모사데그와의 협상을 포기합니다. 영국의 정보기관은 모사데그 정권이 소련에 가까워지고 있다고 하면서 그를 놔둘 경우 이란이 공산화될 수 있다고 주장합니다.[15] 이때가 1952년, 한국에서는 한국전쟁으로 미국과 소련의 대립이 격화되는 시기였습니다. 영국과 미국 입장에서 이란의 공산화는 한반도의 공산화보다 더 치명적이었습니다. 이란이 넘어가면 사우디도 위험할 수 있었습니다. 처칠은 군사 작전까지 벌여야 한다고 생각했고, 실제로 '플랜 Y'라는 이름이 붙은 군사 작전 계획이 실행 직전 단계까지 갑니다. 그러나 미국의 국무장관 딘 애치슨Dean Acheson은 영국의 무력 사용을 만류합니다. 한반도에서도 전쟁 중이었고 중동의 다른 국가들을 자극하기 싫었기 때문입니다. 그리고 다른 대안이 있었습니다.

미국은 로비에 강한 나라입니다. 1953년 7월 한국전쟁의 휴전이 조인된 직후, 미국의 CIA는 영국 정보기관 MI6와 함께 쿠데타를 추진합니다. 일명 아작스 작전Operation Ajax입니다. 석유 수출이 막혀 경제난과 생활고에 시달리는 이란 군중에게 돈을 풀어 시위를 유도하고, 군부를 매수해 쿠데타를 실행하게 합니다.[16] 결국 미국을 등에 업은 군부 세력과 국왕 팔라비는 모사데그를 축출하고 다시 정권을 잡는 데 성공합니다. 자연스럽게 그는 친미, 친영 지도자가 됩니다. 이후 팔라비 왕정의 이란은 1978년 말까지 친미 서구화 정책을 추진합니다. 오늘날처럼 이란과 미국이 서로를 적대하는 상황에서는 상상하기 힘든 광경입니다.

모사데그 정권을 전복한 이 작전은 미국에 커다란 도덕적·정치적 부담을 남깁니다. 먼저 서구식 의회의 민주적 방식을 따라 총리로 선출된 모사데그를 축출해서 민주주의 구현을 막았다는 비난이 있습니다. 또한 이 작전의 성공으로 정권을 잡은 팔라비 왕실이 이슬람의 정체성을 무시하며 서구화 정책을 강압적으로 추진하는데, 이것의 반작용으로 훗날 이슬람 혁명이 촉발됩니다. 그 결과 현재 미국과 대립하는 이슬람 원리주의 정권이 탄생합니다.

어쨌든 아작스 작전 때까지는 영국과 미국의 협력이 원활했습니다. 그러나 그 이후 두 나라 사이에 갈등이 생기기 시작합니다. 1956년에는 미국이 영국에 굴욕을 안기는 사건까지 발생합니다.

# 4

# 제국의 몰락을 부른 이집트의 도발

전투에선 졌지만, 전쟁에선 아직 지지 않았다.

·

샤를 드골, 전 프랑스 대통령

석유는 생산국과 소비국이 다른 경우가 많습니다. 그래서 석유를 이야기할 때 운송로는 빠질 수 없는 주제입니다. 오늘날 가장 중요한 석유 운송로는 페르시아만의 호르무즈 해협입니다. 전 세계에서 해상으로 운송되는 원유의 약 3분의 1이 지나가는 원유 운송의 요충지입니다.

호르무즈 해협은 이란과 오만 사이 폭 54km의 좁은 수역인데, 유조선이 이곳을 지날 때 반드시 이란 쪽 해역을 통과해야 합니다. 이 때문에 1979년 이란 혁명 이후, 이란은 미국과 갈등할 때마다 호르무즈 해협 봉쇄 카드로 미국과 맞서곤 했습니다. 미국이 이 지역에서 군사 훈련을 하면 이에 대항해 이란과 중국이 호르무즈 해협에서 합동 군사 훈련을 하기도 했습니다.[17] 미국이 중동산 원유에 의존하던 시기에 호르무즈 해협 봉쇄는 세계 경제 전체를 위협하는 리스크 요인이었습니다. 호르무즈 해협은 단순한 운송로가 아니라, 이란이 미국과 세계를 상대로 들이댈 수 있는 가장 날카로운 전략적 무기였던 것입니다.

1950년대 후반, 국제 정치의 판도를 뒤흔든 석유 운송로의 위기가 찾아온 적이 있습니다. 당시 가장 중요한 운송로는 수에즈 운하Suez Canal였습니다. 이집트에 있는 이 운하는 지중해와 홍해를 연결해서 중동의 석유를 유럽으로 공급하는 통로였습니다. 이때는 유럽이 가장 큰 석유 소비처였기 때문에 아시아로 가는 호르무즈 해협보다는 유럽으로 통하는 수에즈 운하가 더 중요했습니다. 1956년 매일 130만 배럴의 석유가 이곳을 통과했는데, 이는 유럽 수요의 절반 이상이었습니다.[18]

수에즈 운하는 1869년 프랑스 기술자 페르디낭 드 레셉스Ferdinand de Lesseps에 의해 완성됩니다. 이후 1875년 이집트의 통치자 이스마일 파샤Ismail Pasha가 파산 위기에 처하자, 이집트 소유의 운하 지분이 시장에 나옵니다. 이때 영국은 수에즈 운하의 지분 44%를 취득합니다. 이후 영국과 프랑스는 수에즈 운하를 공동으로 소유하면서 운하 운영 수익의 대부분을 가져갑니다.

수에즈 운하가 위치한 이집트에서는 1952년 젊은 장교 가말 압델 나세르Gamal Abdel Nasser 등이 중심이 된 군부가 탱크와 장갑차로 쿠데타를 일으켜 왕을 폐위시키는 데 성공합니다. 참고로 나세르의 쿠데타는 우리나라에서 군부가 1961년 5·16 군사정변을 일으킬 때 모델이 됩니다.[19] 1954년 이후 나세르는 실권을 장악하며 국가 지도자로서의 위치를 굳힙니다. 그리고 1955년 인도네시아 반둥Bandung에서 열린 반둥 회의에 참석해 아시아와 아프리카 국가, 즉 제3세계 국가들과 함께 비동맹주의를 주창합니다. 미국과 소련 어느 편에도 서지 않고 중립을 유지하자는 것이었습니다. 이에 미국은 이집트를 회유하기 위해 아스완 댐 건설 지원을 약속합니다. 나일강에 건설된 아스완 댐은 오늘날에도 세계 최대의 댐 중 하나입니다. 그런데 이집트가 소련으로부터 무기를 구매하고 당시 적성국이었던 중국을 외교적으로 승인하는 등 미국의 의도와는 다르게 움직이자, 아스완 댐 건설 지원을 취소합니다. 특히 이집트가 소련과 무기 거래를 한 것은 미국의 지원금이 소련 무기 구매를 위해 사용될 수 있다는 의심을 낳습니다. 바야흐로 냉전의 시대였습니다.

미국의 지원을 받지 못한 나세르는 아스완 댐 건설 자금 확보를 위해 영국과 프랑스의 자산이었던 수에즈 운하를 일방적으로 국유화합니다. 나세르는 영국과 프랑스가 자국에 위치한 수에즈 운하 수익의 대부분을 가져가는 것은 제국주의의 산물이라고 주장합니다. 앞 장에서 이란의 모사데그 정권도 영국 소유의 앵글로-이란 석유회사를 국유화했었습니다. 이때는 영국과 미국이 지원한 쿠데타로 모사데그 정권이 축출되었습니다. 그로부터 3년이 지난 1956년에도 이집트가 영국에 도전하는 사건이 발생한 것입니다. 쇠락하는 영국은 이를 어떻게 다뤘을까요?

영국 입장에서는 과거 식민지였던 이집트가 소중한 자산을 빼앗은 것이 큰 충격이었습니다. 하지만 더 큰 타격은 수요가 급증한 중동산 석유의 운송로가 막힌 것이었습니다. 쇠락해 가는 대영제국의 조바심 때문이었는지 또는 석유 공급이 끊길지 모른다는 불안감 때문이었는지, 처칠의 뒤를 이어 수상이 된 앤서니 이든Anthony Eden은 즉시 프랑스와 함

1956년 이집트 대통령 나세르가 석유 운송의 길목인 수에즈 운하를 국유화하자 영국과 프랑스 그리고 이스라엘이 연합하여 군사 행동에 나서면서 이른바 '수에즈 위기'가 촉발되었다. 수에즈 위기는 이후 석유와 핵이 국제질서의 전면으로 나서는 계기가 된다.

출처: 위키피디아

께 군사 대응을 결정합니다. 그리고 이집트와 갈등 관계에 있던 이스라엘도 끌어들입니다. 이번에도 미국은 군사 대응을 강하게 반대했지만 영국과 프랑스는 이를 강행합니다. 이것이 2차 중동전쟁, 혹은 '수에즈 위기'라고 불리는 사건입니다.

1956년 10월, 압도적 군사력의 영국-프랑스-이스라엘은 간단히 수에즈 운하를 점령합니다. 그런데 이 군사 대응은 앞서 말한 것처럼 미국이 반대하는 가운데 진행되었습니다.

미국의 시각에서 영국과 프랑스의 군사 대응은 아랍의 반서방 정서를 격화시킬 수 있었고, 이 틈은 소련이 아랍 세계에서 영향력을 확대할 기회가 될 수 있었습니다. 더구나 미국은 세계 최대 산유국이었기 때문에 수에즈 운하로 운송되는 석유가 중요하지 않았습니다. 따라서 운하의 소유권보다 지역의 안정과 정치적 파장을 더 중시했던 것입니다.

그리고 당시는 미국 대통령 드와이트 아이젠하워<sup style="display:none"></sup>Dwight David Eisenhower가 재선을 노리고 선거를 준비하던 시기로, 아이젠하워는 한국전쟁의 휴전을 이끌어낸 대통령으로서 평화의 사도a man of peace 이미지를 구축하길 바라고 있었습니다. 지금도 아이젠하워는 노르망디 상륙 작전을 성공적으로 이끈 연합군의 사령관이자, 한국전쟁 휴전, 수에즈 위기 수습 등으로 평화를 지킨 대통령으로 평가받습니다. 아이젠하워의 재선 전략 차원에서도 아랍과의 관계를 고려해서도 군사 행위는 미국이 바라는 방향이 아니었습니다.

소련도 영국과 프랑스의 수에즈 점령에 강력히 반발합니다. 소련은 "런던과 파리에 핵 공격을 할 수도 있다"며 최고 강도로 위협합니다. 이에 아이젠하워는 영국과 프랑스 편에 서서 "런던과 파리를 공격한다면, 밤이 지나면 아침이 오는 것처럼 소련도 파멸적인 공격을 받는다"라며 설전을 벌입니다.[20] 여기서 현대사에서 매우 중요하고 흥미로운 장면이 펼쳐집니다. 미국과 소련의 반발에도 불구하고 영국과 프랑스가 군사 작전을 강행하자, 미국이 최후의 카드를 꺼내든 것입니다.

# 5

## 영국과 프랑스가 굴복한 최강의 무기

석유 제재, 그것이 모든 것을 끝냈다.

•

헤럴드 맥밀런, 전 영국 재무장관

많은 나라에서 석유 확보는 안보 문제로 다뤄집니다. 석유 공급이 끊기면 산업과 일상은 마비되고, 심지어 국방마저 약화될 수 있기 때문입니다. 바로 이러한 석유의 특성 때문에 석유는 국제 질서의 결정 요소로 작용해 왔습니다. 수에즈 위기의 결말은 이를 잘 보여주는 사례 중 하나입니다.

앞의 이야기로 돌아가보겠습니다. 이집트의 나세르 정권이 수에즈 운하를 일방적으로 국유화하자 영국-프랑스-이스라엘이 군사력으로 수에즈 운하를 점령했습니다. 이에 미국과 소련은 반발하며 수에즈 운하에서 즉시 철수할 것을 요구했습니다. IMF 금융 지원을 중단하는 경제 제재를 하기도 했고, 소련은 핵 공격 위협까지 동원했습니다. 하지만 영국과 프랑스도 쉽사리 물러설 수는 없었습니다. 그들도 한때 세계를 지배했던 열강이었습니다. 칼을 뽑았으니 뭐라도 해야 했습니다.

이집트의 나세르 정권은 수에즈 운하를 점령당하기 직전에 바위와 시멘트를 가득 선적한 선박을 침몰시켜서 수에즈 운하를 폐쇄합니다. 인양하는 데 수개월이 걸리는 거대한 방해물이었기에 중동산 석유가 유럽으로 가는 길이 막히게 됩니다. 미국은 중동비상위원회Middle East Emergency Committee를 설치해 서유럽 우방국에 석유를 공급할 계획을 세웠습니다. 당시 유럽의 석유 재고 수준은 단지 몇 주분 정도였습니다. 중동비상위원회를 통한 석유 공급이 없다면 서유럽은 심각한 에너지 위기를 겪을 것이었습니다. 이 상황에서 미국 대통령 아이젠하워는 영국과 프랑스가 수에즈에서 완전히 철수하기 전까지 중동비상위원회는 활동하지 않을 것이라고 선포하며 이렇게 덧붙입니다.

"수에즈에서 군사 대응을 한 사람들은 석유 문제도 그들 스스로 해결해야 한다."[21]

미국이 영국과 프랑스 군대를 철수시키기 위해 꺼낸 최후의 카드는 원유 공급 계획의 취소였습니다. 당시 아이젠하워 정부는 원유 공급 중단을 선언하고 즉각 실행합니다. 결국 영국과 프랑스는 1956년 11월 군사 대응 한 달여 만에 얌전히 군대를 철수합니다.

물론 원유 공급 계획 취소만으로 두 열강이 군대 철수를 결정했다고 볼 수는 없습니다. 역사적 사건의 인과를 어느 한 가지로만 설명할 수는 없습니다. 소련의 핵 공격 위협도 상당히 큰 요소였고, 미국의 경제 제

가말 압델 나세르는 쿠데타로 집권한 이후 이집트의 근대화와 아랍 민족주의를 이끌었다. 특히 수에즈 운하 국유화를 통해 서방의 영향력에 맞섰고, 비동맹운동의 핵심 주역이었다.

출처:위키피디아

재 등 다양한 요소가 작용했습니다. 하지만 결정적 요인은 원유 공급 계획 취소였습니다. 원유 공급 취소 조치가 전해지자 영국의 재무장관 헤럴드 맥밀런 Harold Macmillan 은 다음과 같이 말합니다.

"석유 제재, 그것이 모든 것을 끝냈다."[22]

영국과 프랑스가 이집트에서 힘없이 물러나고 수에즈 운하는 이집트 소유가 됩니다. 수에즈 위기가 나세르의 승리로 끝난 것입니다. 나세르는 전투에서 졌지만 전쟁에서 이기면서 중동의 영웅으로 떠오르고 그의 사상과 정책은 나세리즘 Nasserism (범아랍주의, 아랍민족주의)이라 불리며, 아랍 세계의 희망이 됩니다. 반면, 영국과 프랑스 입장에서 수에즈 위기는 20세기 최고의 굴욕이었습니다. 이 사건은 석유라는 자원이 한때 최강국이었던 국가의 자주권을 빼앗을 수도 있음을 보여줬습니다.

영국과 프랑스가 군대를 철수하자 석유 부족에 시달리는 서유럽을 구원하기 위한 미국산 석유 수송 작전이 개시됩니다. 수에즈 운하는 이듬해인 1957년 3월에야 이집트가 의도적으로 침몰시킨 선박이 인양되면서 정상적으로 운영됩니다. 그 사이에 이루어진 원유 비상 공급 작업을 유럽에서는 '슈가볼Sugar Bowl'이라고 불렀습니다. 검은 석유를 하얀 설탕에 비유할 만큼 부족했던 석유가 달콤하게 느껴졌던 것입니다.

이렇게 수습된 수에즈 위기는 현대 국제 질서의 형성에 큰 영향을 주었습니다. 2차 세계대전 이후, 힘의 이동을 보여주면서 새로운 질서를 명확히 하는 계기가 됩니다. 미국은 영국과 프랑스를 이집트에서 철수시킴으로써 국제 질서에서 주도적 지위를 확립합니다.[23] 반면, 영국과 프랑스는 자신들이 미국과 소련 같은 초강대국이 아님을 인식하고 그에 맞춰 새로운 전략을 수립합니다. 1970년대 미국의 국무장관을 지낸 헨리 키신저Henry Kissinger는 저서 《외교Diplomacy》에서 수에즈 위기는 프랑스와 독일이 화해하는 중요한 계기였다고 말합니다.[24] 콧대 높은 프랑스는 1·2차 세계대전 당시 적국이었던 독일과 화해를 추진하는데, 이는 프랑스 단독으로 미국과 소련에 맞설 수 없는 현실 때문이었다는 것입니다. 결국 두 나라는 1963년 독불 화해·협력 조약을 체결합니다. 이 조약은 훗날 유럽 통합의 출발점이 되었고, 두 나라는 유럽연합EU의 중심 국가가 됩니다.

수에즈 위기는 석유와 핵이 현대 국제 질서의 양대 축임이 드러난 사건이기도 했습니다. 미국의 원유 공급 취소와 더불어 소련의 핵 위협도 영국과 프랑스가 수에즈에서 철수한 중요한 이유였습니다. 그래서 그 이후로 프랑스는 핵무기 개발에 박차를 가합니다.[25] 영국은 수에즈 위기 이전에 이미 핵 개발을 상당히 진전시킨 상태였지만, 프랑스는 미국의 견제로 상당히 뒤처진 상태였습니다. 수에즈 위기로 결심을 굳힌 프랑스 드골 정부는 수에즈 위기 3년 후인 1960년, 알제리에서 프랑스 최초의 핵 실험에 성공하고 이후 핵무장을 완성합니다.

한편, 미국과 영국이 주도하는 석유 질서를 다른 나라들이 그저 가만히 보고만 있지는 않았습니다. 두 나라가 중동에서 석유 사업을 독점하는 것에 반발하며 도전장을 내민 돈키호테 같은 사나이가 이탈리아에서 등장합니다.

# 석유 제국에 반기를 든 남자

우리는 새로운 공식을 만들었다.[26]

•

엔리코 마테이, Eni 초대 사장

'세븐 시스터즈Seven Sisters'라는 말이 있습니다. 7개의 주요 석유기업을 지칭하는 말입니다. 1950년대 후반까지 석유사에서 두드러진 특징은 영국과 미국이 주도했다는 것입니다. 이 시기 7개의 주요 석유기업들이 모두 영미계라는 사실이 이를 반영합니다. 1950~1960년대의 세븐 시스터즈는 아래와 같습니다.

1. 스탠더드 오일 뉴저지(엑손으로 사명 변경 후 모빌과 합병해 현재의 엑손모빌이 됨)

2. 스탠더드 오일 뉴욕(자사 브랜드인 모빌로 사명 변경 후 엑손과 합병)

3. BP

4. Shell

5. 스탠더드 오일 캘리포니아(자사 브랜드인 셰브론으로 사명 변경)

6. 텍사코(셰브론에 합병)

7. 걸프오일(셰브론에 합병)


영국과 미국은 2차 세계대전 이전부터 중동 진출을 서두르고 유전을 선점합니다. 2차 세계대전 승전국이 된 이후에는 서로 타협해 두 나라의 석유기업이 중동의 사업권을 나눠 가집니다. 이 독점적 사업권을 통한 경제적 이익과 안정적인 석유 수급은 영국과 미국의 핵심 이익이 됐고, 그것의 유지가 중동 정세를 좌우하게 됩니다. 이 과정에서 성장한 것이 세븐 시스터즈입니다. 7개의 기업 중 5개는 미국계이고, 2개(BP와 Shell)는 영국계입니다.

그런데 영국과 미국 주도의 석유 질서에 야심차게 도전하면서 세븐 시스터즈를 공포에 떨게 하는 사람이 등장합니다. 이탈리아 출신의 엔리코 마테이 Enrico Mattei 입니다. 대니얼 예긴 Daniel Yegin 은 그를 '나폴레옹의 환생'이라 표현합니다. 그러나 사실 나폴레옹보다는 돈키호테에 가깝습니다. 거대 질서에 맞서 자신의 이상을 실현하려 했지만 세상의 질서를 바꾸지 못한 결말이 닮았기 때문입니다. 그의 도전은 이탈리아의 영화감독 프란체스코 로지 Francesco Rosi 에 의해 영화화되기도 했습니다. 그의 극적인 삶을 다룬 영화 〈마테이 사건 Il Caso Mattei〉은 정치적 성격이 강했음에도 1972년 프랑스 칸 영화제에서 황금종려상을 받았습니다.

'세븐 시스터즈'라는 말을 처음 사용한 것도 마테이였습니다. 마테이는 중동에서 미국과 영국의 석유기업이 배타적 사업권을 가지고 있는 것에 불만을 가졌습니다. 그것은 엔리코 마테이 개인의 불만이기도 하면서, 영국과 미국 중심의 석유 질서에서 배제된 이탈리아의 불만이기도 했습니다. 그래서 마테이는 영미계 석유기업들을 세븐 시스터즈라고 부르면서 그들의 담합을 비난합니다. 즉, 세븐 시스터즈라는 말에는 칠공주파처럼 패거리를 만들어 중동의 석유 이권을 독점하는 행태를 비난하는 의미가 담겨 있습니다.

마테이는 세븐 시스터즈에 도전하기 위해 이탈리아에서 1953년 Eni를 설립합니다. 그리고 그들의 지배 체제를 깨기 위해 여러 시도를 합니다. 먼저 중동으로 날아가 당시 영미계 석유기업들이 석유 수익을 중동 국가들과 50대 50으로 반분하는 원칙을 깨려고 합니다. 그렇게 해야만 마테이의 Eni가 세븐 시스터즈를 제치고 석유 개발권을 따낼 수 있었기 때문입니다. 수에즈 위기로 영국의 영향력이 많이 약해졌다고 판단한 마테이는 1957년 이란으로 가서 75(이란):25(Eni)의 파격적인 배분 조건으로 일부 석유 개발권을 따냅니다.[27]

마테이는 여기서 멈추지 않습니다. 1962년에는 지중해의 파이프라인과 소련의 파이프라인을 연결해서 소련의 석유를 대량으로 이탈리아에 들여오려고 했습니다. 이는 소련산 석유의 유럽 시장 점유율 확대를 의미했습니다. 동시에 영미계 석유기업이 주도하는 시장 질서를 위협하는 것이기도 했습니다. 또한 영국과 미국의 관심이 상대적으로 덜한 아프리카와 아시아 산유국에 진출해서 Eni의 사업을 확장하려 했습니다. 이러한 저돌적인 사업 추진으로 마테이는 이탈리아에서 대중적 인

엔리코 마테이는 2차 세계대전 후 이탈리아의 석유기업 Eni를 창립하고, 영미의 메이저 석유기업이 독점하던 질서에 도전하며, 사업을 확장해 나갔다. 그러던 중 1962년 의문의 비행기 추락 사고로 사망했다.

출처: 위키피디아

기도 얻게 됩니다. 당시 《뉴욕타임스》의 한 칼럼니스트는 마테이에 대해 '로마의 총리보다도, 바티칸의 교황보다도 이탈리아에서 더 중요한 인물'이라고 평했습니다.

그런데 1962년 마테이는 소련의 파이프라인과 지중해의 파이프라인을 연결하는 공사를 시작하려는 시점에 전용기가 추락하는 의문의 사고로 사망하게 됩니다. 이 사고는 확실한 물증이 없기 때문에 사고의 원인을 확정해서 이야기할 수는 없습니다. 《황금의 샘》은 이 사고의 원인이 기상 때문일 가능성이 크다고 말합니다.[28] 그러나 이는 다소 미국의 입장이 반영된 서술이라는 생각이 듭니다.

앞서 말한 마테이 사건을 다룬 영화를 비롯해서 Eni의 부사장이었던 레오나르도 마우게리 Leonardo Maugeri 와 이탈리아의 연구자들은 미국 CIA가 개입했을 가능성이 크다는 주장을 합니다.[29] CIA 개입설의 근거로는 당시 로마 주재 CIA 책임자가 사고 직후 서둘러 로마를 떠난 점, 마테이의 전용기가 미군의 접근이 쉬운 NATO의 공항에서 이륙한 점, 그리고 추락한 항공기 잔해에서 폭발 흔적이 발견된 점이 꼽힙니다.[30] 이러한 정황을 떠나서 마테이가 소련과 대규모 거래를 했고 영미계 메이저 석유기업이 형성한 기존 질서를 파괴해 미국의 주요 국익을 침해하려 했다는 점에서 미국의 정보기관이 개입했을 가능성은 꽤 높습니다. 특히 이 사건 이전에 영국과 미국이 보였던 대응을 떠올리면 말입니다. 마테이의 도전은 영국과 미국의 정보기관이 개입해 축출했던 이란의 모사데그만큼이나 석유 시장에 큰 위협이 될 수 있었습니다. 특히 이탈리아는 지중해에 위치한 반도라는 특징 때문에 유럽 내에서 세븐 시스터즈보다 원유 유통에서 큰 장점을 가지고 있었습니다. 그렇지만 확실한 증거가 없기 때문에 마테이 사건에 대한 판단과 해석은 여러분에게 맡겨야 하겠습니다.

Eni는 마테이의 사후에도 메이저급 대형 석유기업으로 성장했고 Eni 본사가 위치한 지역은 그의 이름을 따서 피아자 엔리코 마테이Piazza Enrico Mattei로 명명됐습니다. 같은 시기, 마테이 외에도 세븐 시스터즈에 대항한 사람들이 있었습니다. 베네수엘라의 석유 장관 후안 페레스 알폰소Juan Pérez Alfonzo와 사우디의 초대 석유 장관 압둘라 타리키Abdullah Tariki입니다. 마테이는 실패했지만, 이 두 사람의 결합으로 세븐 시스터즈는 드디어 강력한 라이벌을 마주합니다.

# 7

# 체 게바라의 꿈과 OPEC의 탄생

우리 모두 리얼리스트가 되자.
그러나 마음속에는 불가능한 꿈을 갖자.

•

체 게바라

1950~1960년대에 중동 산유국은 세븐 시스터즈가 주도하는 석유 질서에 불만이 많았습니다. 당시 중동의 석유 사업 구조는 영미계 메이저 석유기업이 원유 판매 이익의 과반을 가져가고 산유국 정부는 로열티와 세금을 통해 이익의 일부를 수취하는 형태였습니다. 이러한 분배 구조에 불만이 많았기에 이란의 모사데그 정권처럼 석유 자산을 일방적으로 국유화하는 경우도 있었습니다. 하지만 이 경우 영국과 미국이 개척하는 석유 시장에 접근조차 할 수 없게 된다는 문제가 있었습니다.

게다가 정치적으로 중동 산유국 정권은 어떤 면에서 영국과 미국에 종속돼 있었습니다. 이란의 팔라비 왕가는 영국과 미국이 지원한 쿠데타 덕분에 정권을 잡았고, 사우디의 사우드 왕가도 미국의 보호 하에 왕조를 안정적으로 유지했습니다. 이렇게 서구 강대국이 형성한 정치적 · 경제적 한계를 아랍 민족주의자들은 서구 제국주의의 산물로 여깁니다. 왕실은 서방과 우호적 관계를 유지했지만, 다수 국민과 왕정의 반대파는 전혀 다른 감정을 품고 있었습니다. 이러한 반대 세력을 억압하기 위해 이란의 팔라비 왕정은 비밀경찰조직 '사바크Savak'를 운영하며 이슬람 원리주의를 추종하는 사람들을 감시하고 무자비하게 처벌했습니다. 그래서 이란 인권 문제가 국제적인 이슈로 부각되기도 했습니다.

사우디에서도 미국이 세운 석유기업인 아람코가 자국의 석유 자원을 통제하는 것에 불만을 가진 사람들이 많았습니다. 사우디는 원래 원리주의 성격이 강한 나라로 서구에 대한 반발이 다른 아랍 국가보다 덜하다고 할 수 없었습니다. 훗날 등장하는 '오사마 빈 라덴Osama Bin Laden'도 사우디에서 나고 자란 사람으로, 사우디가 미국과 연합하는 것에 강한 불만을 가졌습니다. 사우디의 초대 석유 장관이었던 압둘라 타리키도 민족주의자이면서 반미 성향이 강한 사람이었습니다. 그는 미국 기업이었던 아람코를 국유화해서 사우디의 독립적인 석유 생산을 꿈꾸었습니다. 그런데도 친미 성향이 강한 사우디 왕가는 그를 초대 석유 장관으로 발탁합니다. 친미 성향의 왕가에서 반서구적 의식을 가진 인물을 석유 장관에 기용한 것은 상당히 특이합니다. 그러나 타리키는 그러한 면 때문에 미국의 눈치를 보지 않으며 할 말을 할 수 있었고, 겉으로 드러내기 힘든 왕가의 속마음도 표출할 수 있었습니다. 동시에 왕가 입장에서는 여차하면 버릴 수도 있는 인물이었습니다.

세븐 시스터즈와 산유국 간 이해가 첨예하게 대립했던 부분은 무엇보다 석유 판매 가격이었습니다. 타리키는 세븐 시스터즈가 독점하고 있던 원유 공시 가격의 결정권을 가져오려 했습니다. 이 시대에는 서부 텍사스산 원유West Texas Intermediate(이하 WTI)나 브렌트Brent 유가와 같이 공개 시장에서 유가가 결정되지 않고 서방의 세븐 시스터즈가 일방적으로 원유 공시 가격을 결정했습니다. 산유국들은 여기에 불만이 많았습니다. 당시 산유국과 석유기업 간 수익 분배의 기준은 공시 가격이었습니다. 즉, 공시 가격이 내려가면 산유국의 수익이 감소했습니다. 유가는 곧 왕가의 부와 직결되었기에 사우디 왕가로서는 유가 결정에 강경한 태도와 추진력을 가진 인물이 필요했습니다. 타리키는 그런 면에서 적임자였습니다.

대서양을 건너 남미에서도 미국에 강한 반발심을 가진 사람이 있었습니다. 베네수엘라의 석유 장관 후안 페레스 알폰소입니다. 1950년대 후반 중동에서 석유 생산량이 급증하는데, 그에 맞춰 미국은 베네수엘라에서 수입하는 석유 물량을 쿼터제로 제한합니다. 그런데 미국은 베네수엘라의 석유 수입량만 제한하고 캐나다와 멕시코의 수입량은 제한하지 않는 차별적인 모습을 보였습니다. 이에 알폰소가 격분합니다.

이렇게 분노한 두 명이 1959년에 처음 만나 서로 마음이 통하는 대화를 하고 미래를 약속합니다. 둘은 의기투합해 미국에 대항하기로 합니다. 그 약속을 서두르는 계기가 바로 다음 해 발생합니다. 1960년 8월 스탠더드 오일 뉴저지(훗날 엑손)의 최고경영자 먼로 래스본Monroe J. Rathbone은 중요한 결정을 내립니다. 중동산 원유의 가격을 배럴당 평균 10센트 인하하겠다고 선언한 것입니다.[31] 이 결정에 BP 등 다른 메이저 석유기업들이 동참하면서 중동 국가들의 반감은 극에 달합니다.

주요 산유국은 석유 수입이 미국 사기업의 사무실에서 결정되는 현실을 받아들일 수 없었습니다. 분노한 사우디의 타리키는 알폰소에게 연락해 약속했던 계획을 실행합니다. 그리고 여기에 중동 3개국이 동참하면서 1960년 9월 바그다드에서 석유수출국기구Organization of the Petroleum Exporting Countries, 즉 OPEC이 결성됩니다. 사우디, 베네수엘라, 이란, 이라크, 쿠웨이트 이렇게 5개국이 창설 멤버였습니다. 이 5개국이 당시 원유 수출량의 80%를 점유했기 때문에 물량만 보면 시장을 지배할 조건이 마련됐습니다.

오늘날 석유 관련 뉴스에 가장 많이 등장하는 OPEC이지만, 창설 직후부터 1970년대 초반까지는 그 영향력이 미미했습니다. 그 이유는 당시의 복잡한 정치적·경제적 상황 때문이었는데, 세 가지로 정리해 볼 수 있습니다.

첫째, OPEC이 창설된 이듬해인 1961년 미국에서 케네디 대통령이 취임합니다. 케네디 정부는 '진보를 위한 연대Alliance for Progress'라고 불리는 중남미 경제 원조를 시행합니다. 당시 피델 카스트로Fidel Castro가 주도하고 체 게바라Che Guevara가 참여했던 쿠바 혁명과 그로부터 확산되던 사회주의의 물결을 막기 위한 대규모 경제 지원이었습니다. 베네수엘라가 이 정책의 주요 수혜국이 되면서 반미 정서가 옅어집니다. 미국의 이러한 접근은 2차 세계대전 직후 추진했던 마셜 플랜과 닮아 있습니다. 일반적으로 마셜 플랜은 서유럽의 경제를 부흥시킴으로써 소련의 세력을 봉쇄하기 위한 경제 지원 정책으로 설명됩니다. 이념 대결에서 승리하고 미국 주도의 경제 질서를 확립하려는 의도가 있었다는 점에서는 '진보를 위한 연대'도 같은 지향점을 가집니다. 당시 OPEC은 미국·영국 주도의 석유 질서에 맞서려 했지만 경제 원조는 그 힘을 약화시켰습니다. 이 시대에 체 게바라는 '리얼리스트'가 되자고 말했지만, 정작 그의 이상은 '불가능한 꿈'이었습니다. 마찬가지로 OPEC의 꿈도 아직까지는 현실적이지 않았습니다.

둘째, 중동 산유국의 양대 산맥인 사우디와 이란의 관계가 좋지 못했습니다. 두 나라는 수니파(사우디)와 시아파(이란)의 맹주로서 중동의 패권을 놓고 다투는 사이였습니다. 또한 사우디는 아랍어를 쓰는 아랍 민족인 반면 이란은 페르시아어를 쓰는 페르시아 민족이라는 이질성도 있었습니다. 유가 정책에 불만이 있다 해도 그것만으로 연합을 이루기는 어려웠습니다.

마지막인 셋째 이유가 가장 중요합니다. 당시 산유국들은 석유 개발에 필요한 자본과 기술, 판매에 이르기까지 사업의 모든 부분을 메이저 석유기업에 의존하고 있었습니다. 메이저 석유기업에 도전하기 어려운 구조적 상황이었던 것입니다.

이 시기에 현실주의자의 눈으로 보면서도 꿈꾸기를 멈추지 않은 사람이 있었습니다. 훗날 OPEC의 꿈을 현실로 만든 이는 사우디의 2대 석유 장관이자, 24년간 그 자리를 유지한 사우디의 현자, 자키 야마니Ahmed Zaki Yamani였습니다. 1962년 초대 석유 장관인 압둘라 타리키가 해임된 이후, 그 자리에 오른 야마니는 대담한 정책과 생산량 담합으로 OPEC을 석유 질서의 한 축으로 만들었습니다. 뉴욕대와 하버드 로스쿨 출신의 야마니는 국제적인 감각과 정교한 정책으로 외국 석유기업을 다루고 OPEC의 단결도 끌어냅니다. 앞으로 다룰 1970년대 오일쇼크의 중심에도 그가 있습니다. 훗날 야마니는 사우디의 석유 황제로 불리며, 그의 최대 목표였던 사우디아람코의 국유화를 이뤄내기도 합니다.[32] 불가능한 꿈도 언젠가는 현실이 되기 마련이지요.

야마니가 다른 산유국의 지도자들과 다른 모습을 보이게 된 것은 1967년 3차 중동전쟁 때부터입니다. 그는 이 전쟁에서 중동 산유국들과 다른 목소리를 내어 시리아로부터 암살 위협을 받기도 합니다. 야마니의 조언을 무시한 중동 산유국들은 3차 중동전쟁에서 뼈아픈 실패를 경험합니다. 홀로 다른 목소리를 낸 야마니는 자신이 옳았음을 증명하며 OPEC의 중심에 서게 됩니다.

# 아랍의 이중 실패, 3차 중동전쟁

영국인이 입을 열면
또 다른 영국인이 반드시 그를 증오하거나 경멸하게 된다.

•

조지 버나드 쇼

1956년 영국과 프랑스에 맞서 수에즈 운하를 국유화한 이집트의 대통령 나세르를 기억하시나요? 당시 나세르는 영국과 프랑스를 상대로 수에즈 운하 국유화에 성공해 서구와 이스라엘에 맞서는 아랍의 지도자로 떠올랐습니다. 이후 나세르는 새로운 도전을 준비합니다. 바로 이스라엘 침공입니다. 3차 중동전쟁은 이렇게 시작합니다.

3차 중동전쟁을 이해하려면 왜 아랍 국가들이 이스라엘을 원수로 여기는지 알아야 합니다. 1차 세계대전 이전까지 중동 지역은 오스만 제국이 지배했습니다. 그런데 1차 세계대전 중에 영국은 상호 모순

된 두 가지 선언을 합니다. 1917년 밸푸어 선언Balfour Declaration을 통해 중동 팔레스타인 지역에 유대인 국가 건설을 지지한다고 천명합니다. 그런데 이 선언은 영국이 1915년 아랍에 보낸 맥마흔 서한McMahon-Hussein Correspondence과 정면으로 충돌합니다. 맥마흔 서한에서는 이 지역에 아랍의 독립 국가 건설을 지지한다고 말했기 때문입니다. 1916년 영국과 프랑스가 체결한 사이크스-피코 협정Sykes–Picot Agreement도 문제가 있었습니다. 이 협정은 아라비아 지역에서 영국과 프랑스의 세력 범위를 정하는 것이 주요 내용이었는데, 이 또한 아랍 민족에게 약속한 독립 국가 건설과 상충했습니다.

영국은 1차 세계대전 당시 유대인의 경제적 도움이 필요할 때는 그들의 염원인 시오니즘Zionism(유대인의 독립 국가 건설 사상)을 실현해주겠다는 약속을 하고, 아랍의 도움이 필요할 때는 아랍 민족의 독립 국가 건설을 지지하겠다는 약속을 했습니다. 아랍에 한 약속은 공수표였지만, 유대인에게 한 약속은 진심이었을 것입니다. 영국은 이 지역에서 이스라엘이라는 우방의 건국이 전략적으로 필요한 상황이었습니다. 앞서 설명했듯이 팔레스타인 지역은 수에즈 운하가 위치한 이집트와 인접하고 있습니다. 영국의 입장에서 수에즈 운하는 최대 식민지인 인도로 가는 고속도로의 역할을 하고 있었습니다. 식민지의 존재 목적은 원료의 확보와 상품의 판매였고 수에즈 운하는 식민지 물류의 핵심이었습니다.

영국은 프랑스와 함께 운하를 소유하고 자유롭게 사용하고 있었지만 그 사용 권리를 지켜줄 우군이 필요했습니다. 더군다나 처칠이 해군 함대 연료를 석유로 전환한 이후 석유 운송로 차원에서 수에즈는 더욱 중요해졌습니다. 오늘날 미국은 원유 수송로의 요충지인 호르무즈 해협을 감시하기 위해 페르시아만에 미 해군 5함대를 운용하고 있습니다. 이와 마찬가지로 영국은 수에즈 운하를 감시하는 항공모함 역할 차원에서도 이스라엘이 필요했습니다. 실제로 1956년 이집트가 수에즈 운하를 국유화하자 가장 먼저 군사 대응을 한 나라가 이스라엘이었습니다.

아랍 민족은 1차 세계대전 중에 영국을 믿고 함께 싸웠다가 뒤통수를 맞은 격이었습니다. 이후 UN이 중재를 통해 팔레스타인을 유대인 지역과 아랍인 지역으로 나누어 분리 독립을 추진하지만 아랍은 이에 반발합니다. 결국 1948년 5월 이스라엘이 건국됩니다. 이를 막으려는 아랍 민족과 이스라엘 간에 전쟁이 발발하는데 이것이 1차 중동전쟁입니다. 10개월간의 전쟁 끝에 휴전했지만, 이는 이후 수십 년간 계속된 피비린내 나는 분쟁의 서막일 뿐이었습니다.

이스라엘 건국으로 2000년 전 로마 제국에 의해 뿔뿔이 흩어졌던 유대인들은 디아스포라Diaspora의 시대를 끝내고, 그들이 염원하던 조국을 가지게 됩니다. 하지만 이로 인해 100만이 넘는 팔레스타인 난민이 발생합니다. 그로부터 8년 후인 1956년 발발한 2차 중동전쟁은 수에즈 운하를 놓고 이집트와 영국-프랑스-이스라엘 간에 벌어진 전쟁이었습니다. 앞서 봤듯이 이 전쟁에서 이집트의 나세르는 수에즈 운하 국유화에 성공하며 아랍 세계의 지도자로 떠오릅니다. 강력한 리더십을 얻게 된 나세르는 1·2차 중동전쟁에서 풀지 못한 아랍의 과제를 완수하려 합니다. 바로 아랍의 통합입니다. 나세리즘이라 불리는 그의 사상의 핵심은 아랍 민족의 통일을 추구하는 범아랍주의였습니다. 이를 통해 아랍을 미국과 소련처럼 단일한 슈퍼 파워로 만들고자 했습니다.

석유라는 막강한 무기를 가진 아랍이 하나의 통일체로 국제사회에 등장한다면 이는 서구 중심의 세계 질서에 대한 거대한 도전이 될 것이었습니다. 그러나 영국은 이스라엘 건국을 기획했고, 훗날 미국은 이스라엘의 핵심 우방이 됩니다. 이스라엘이 존재하는 한 아랍의 지리적 통일은 불가능했습니다. 이런 면에서 단일 아랍 국가 건설을 꿈꾸는 아랍 지도자 나세르의 시대적 사명은 명확했습니다. 바로 이스라엘 점령입니다.

이집트는 시리아와 요르단 등과 함께 이스라엘 침공 준비를 합니다. 이집트는 시나이 반도에 군대를 전진 배치하고, 이스라엘이 인도양으로 나갈 수 있는 해상 통로인 티란 해협을 봉쇄하겠다고 선언합니다. 시리아도 이스라엘 접경 지역인 골란고원에 약 4만 명의 병력과 전차와 자주포 200여 대를 배치합니다. 요르단도 약 5만 명의 병력과 전차를 서안지구West Bank에 집중 배치하며 전면전을 준비했습니다.

그러나 선제공격은 이스라엘이 감행합니다. 이스라엘은 아랍 국가들의 공격 징후가 명백해지자 1967년 6월 5일, '애꾸눈의 명장' 모셰 다얀Moshe Dayan 장군의 지휘 아래 아랍 국가들을 기습 공격했습니다. 이로써 3차 중동전쟁이 발발합니다.

개전 직후 이스라엘은 아랍의 공군기지를 집중 공습했습니다. 개전 3시간 만에 20개 이상의 공군기지와 전투기를 파괴해 이집트 공군 전력을 대부분 무력화했습니다. 전쟁 이틀 동안 이스라엘 공군은 이집트 전투기 300여 대를 포함해 아랍 전투기 400여 대를 파괴했습니다.[33]

이 전쟁은 서방과 소련의 무기 체계 간 대리전이기도 했는데 무기 성능은 큰 차이가 없었고 병력 규모는 아랍 쪽이 훨씬 많았습니다. 인구 역시 아랍이 이스라엘의 수십 배에 달했습니다. 그런데도 아랍 국가들은 이스라엘의 초반 기습에 속수무책으로 당했습니다. 초반 공습으로 공군이 궤멸하자 아랍의 지상군은 막대한 피해를 입고 일방적으로 밀렸습니다. 개전 직후 3시간의 공습이 전쟁의 승패를 가른 셈입니다. 이는 20세기 전쟁사에서 가장 체계적이고 효과적인 기습 작전 중 하나로 평가됩니다.

결국 수만 명의 인명 피해뿐만 아니라, 이집트는 시나이 반도를, 시리아는 골란고원을, 요르단은 서안지구를 잃은 상태에서 UN의 중재로 6일 만에 전쟁이 종료됩니다. 그래서 3차 중동전쟁을 6일 전쟁이라고도 합니다.

아랍의 패배는 영토 상실에 그치지 않았습니다. 전쟁 중 아랍 국가들은 석유의 무기화를 통해 서방 국가들을 압박하려 했습니다. 전쟁이 발발한 다음날인 1967년 6월 6일, 아랍 국가들은 석유 수출 중단을 결의하고 즉시 실행합니다. 이때 사우디의 석유 장관 야마니는 이러한 조치에 강력히 반대하며 이렇게 말합니다.

"(현 상황에서) 완전한 봉쇄는 불가능하고 부분적인 봉쇄는 의미가 없다."[34]

당시 아랍의 석유 수출 중단으로 하루 최대 600만 배럴의 공급을 줄일 수 있었습니다. 하지만 미국에 우호적인 팔라비 왕가의 이란은 생산을 계속했고, 베네수엘라와 인도네시아는 오히려 생산을 늘리면서 아랍의 수출 중단은 그 영향이 미미했습니다. 야마니는 이러한 결과를 예상했던 것입니다. 그는 아직은 석유를 무기화할 시기가 아니며 석유 수출 중단은 아랍의 경제적 손실만 가져올 것이라고 주장합니다. 그리고 그 주장은 정확히 들어맞았습니다.

야마니의 예상대로 석유 금수 조치는 아무런 영향을 주지 못하고 시장 점유율만 뺏기는 결과를 초래했습니다. 이후 지속적으로 증산이 이뤄지면서 전쟁 직후 오히려 공급이 수요를 초과하는 현상이 나타나 공급 과잉 위기를 불러오기도 했습니다.

아랍 국가들은 전쟁 패배로 군사력의 심각한 불균형이 드러나면서 외교적 위상도 약해졌을 뿐 아니라, 석유 무기화에도 실패하면서 큰 좌절과 분노에 빠지게 됩니다. 그러나 대망의 1970년대가 열리면서 아랍이 반격할 여건이 조성됩니다. 그 여건을 만들어준 것은 다름 아닌 석유 시장의 변화였습니다.

새로운 상황이 펼쳐지는 1970년대로 가보기에 앞서 살펴볼 나라가 있습니다. 비산유국 중 최대 석유 소비국인 일본이 1960년대에 영국과 미국의 텃밭인 중동에서 놀라운 도전을 합니다.

# 9

# 일본은 왜 미국을 상대로 전쟁을 벌였을까?

아마추어는 전략을 말하지만 프로는 보급을 말한다.

•

오마 브래들리, 미국 초대 합참의장

앞에서 다룬 1960년대 말까지의 석유사는 서구와 중동 중심으로 서술되어 있습니다. 그럴 수밖에 없는 것이 아직은 아시아의 석유 생산이나 소비가 본격화되지 않은 상황이었습니다. 그렇다고 이렇게 1960년대를 마무리하기에는 아쉬운 점이 있습니다. 그래서 1970년대로 가기 전에 우리와 비슷한 상황에 있는 나라, 즉 석유가 거의 나지 않으면서 석유 소비량은 세계 최고 수준인 일본의 도전을 살펴보면서 1960년대를 마무리하려 합니다.

1960년대 이전 일본을 비롯한 대부분의 나라에서 주요 에너지원은 석탄이었습니다. 물론 앞에서 봤듯 영국은 1911년 처칠에 의해 주 연료를 석유로 전환했지만, 대부분의 아시아 국가들은 석탄 또는 나무를 주 연료로 사용하던 시절이었습니다. 그런데 일본의 석유 소비에 중대한 전환점을 마련하는 사건이 발생합니다. 바로 6·25입니다. 한국전쟁 특수로 일본의 외환 보유고가 급격히 증가합니다. 일본은 증가한 재원으로 석유 수입을 크게 늘리면서 산업용 에너지를 빠르게 석유로 전환합니다.[35] 석유의 중요성이 커진 일본은 중동 진출을 모색하게 되는데, 앞서 살펴봤듯 당시의 중동은 영미의 세븐 시스터즈가 장악하고 있었고 이탈리아의 마테이가 어렵사리 도전장을 내밀던 상황이었습니다.

일본은 이탈리아 Eni의 마테이처럼 산유국과 반분 원칙을 깨고 사우디에 진출해서 석유 개발권을 획득합니다. 일본은 석유 수익의 44%를, 사우디가 56%를 갖는 조건으로 사우디에 '아라비안 석유회사Arabian Oil Company'를 설립합니다. 이 회사는 1959년 처음으로 시추해서 이듬해 생산을 개시합니다. 당시 일본 통상산업성은 이 사업을 국가 사업으로 간주하고 일본의 정유사들로 하여금 이 사업에서 생산되는 원유를 도입하게 합니다.[36] 사실상 의무 도입입니다. 그 결과, 1960년대 중반 아라비안 석유회사는 일본 내 석유 공급의 15%를 담당하게 됩니다. 당시는 영미의 메이저 석유기업이 석유 탐사와 생산부터 정제와 판매에 이르기까지 석유 사업 전반을 수직적으로 통합하여 운영하는 시대였습니다.[37] 따라서 비산유국들은 석유 공급을 전적으로 메이저 석유기업에 의존했습니다. 일본은 메이저 석유기업 외의 공급 통로를 확보하고자 했고, 결국 성공하여 15% 정도의 자체 공급원을 갖추었던 것입니다.

이러한 시도가 1950~1960년대라는 이른 시기에 이루어졌다는 것은 일본의 근현대사와도 관련이 있습니다. 일본이 태평양 전쟁을 결심한 것에도, 패망한 것에도 석유가 큰 부분을 차지합니다. 진주만 공습 6개월 전인 1941년 6월, 독일이 전격적으로 소련을 침공합니다. 이때 일본은 중대한 선택의 기로에 섭니다. 독일이 소련의 서쪽을 공격하는 동안 일본은 소련의 동쪽인 시베리아를 공격할지, 아니면 동남아를 계속 공격할지 결정해야 했습니다. 일본의 선택은 자원 확보를 위한 남진이었습니다. 1941년 7월, 일본은 당시 프랑스가 지배하고 있던 인도차이나를 점령합니다. 이에 대한 반발로 미국 루즈벨트 정부는 일본에 석유 금수 조치를 단행합니다. 당시 일본은 석유 소비량의 약 80%를 미국에 의존하고 있었습니다.[38] 따라서 미국의 석유 금수 조치는 경제적 제재를 넘어 생존의 위협으로 다가왔습니다. 더욱이 당시 일본은 중국과의 전면적인 전쟁 상태에 있었고, 해군과 공군의 작전은 물론 산업 전반이 석유에 절대적으로 의존하고 있었습니다.

진주만 공습은 석유 금수 조치로부터 약 4개월 후인 1941년 12월에 이루어집니다. 진주만 공습은 인도네시아 수마트라와 보르네오 섬 등에서 생산된 석유를 미국 함대의 방해 없이 안전하게 일본으로 수송하기 위함이었습니다. 미국의 석유 금수 조치 하에서 인도네시아의 유전 지역 점령과 석유 운송로 확보는 중대한 과제였습니다. 따라서 일본은 하와이 진주만에 있는 미 해군 전력을 무력화하여 원유 운송로의 측면 위협을 제거함으로써, 동남아 유전에서 생산된 석유를 안전하게 운송하려 한 것입니다. 장기적으로도 석유 공급을 미국에 의존하는 상황에서는 주도적인 협상력을 행사할 수도 없었고, 아시아에서 지배권을 확대하려는 구상을 실현하기도 어려웠습니다. 결국 진주만 공습의 궁극적 목적은 진주만이 아니라 석유가 풍부한 동남아였습니다.

진주만 공습 직전과 직후, 일본은 동남아 전선에 승승장구합니다. 당시 필리핀에 주둔하고 있던 맥아더 장군은 호주로 퇴각하며 "나는 반드시 돌아온다"라는 말을 남깁니다.

일본은 진주만 공습 이듬해인 1942년 인도네시아를 포함한 점령지에서 석유를 생산할 수 있었습니다. 그리고 상당한 물량을 일본으로 들여올 수 있었습니다. 그러나 미 해군은 전력을 빠르게 회복했고 1942년 6월 미드웨이 해전에서 승리한 이후 태평양의 제해권을 확보하게 됩니다. 이후 대다수의 일본 석유 운송선이 격침되면서 일본은 극심한 석유 부족에 시달립니다.

이러한 역사 때문인지 전후 일본은 동남아의 주요 산유국인 인도네시아, 말레이시아 등과 관계 개선을 위해 노력해왔습니다. 특히 1960년대 이후 인도네시아에 엄청난 액수의 차관을 빌려주고 교역도 확대했습니다. 오늘날 일본은 인도네시아의 제2위 투자국이기도 합니다.[39] 일본 최대 석유기업 인펙스Inpex의 핵심 자산 중 상당수가 인도네시아 광구들입니다. 인펙스는 2000년에도 인도네시아 해상에서 대형 가스전을 발견했습니다. 아바디Abadi라 불리는 이 가스전은 그 규모와 경제적 가치 때문에 많은 주목을 받고 있습니다. 2030년 생산 개시 예정인데, 예상 연간 생산량은 일본 연 가스 수입량의 10% 이상일 정도로 큰 규모입니다.[40]

이 같은 일본의 인도네시아 진출은 2차 세계대전부터 일관성 있게 이어진 일본의 자원 확보 노력입니다. 인도네시아 등 동남아 산유국은 중동의 석유 공급이 불안정할 때 지리적인 면에서 대안이 될 수 있는 곳입니다. 일본 인펙스의 전신은 국영 기업 일본석유공단JNOC이고, 일본 석유공단의 역사는 1966년 인도네시아 석유 개발에 참여하면서 시작 됐습니다. 일본은 2차 세계대전 때 인도네시아를 침략했던 역사가 있는 데 지금은 주요 투자국이자 최대 차관 공여국으로 새로운 관계를 이어 가고 있습니다.

2부에서는 두 차례 오일쇼크가 있었던 1970년대로 가보겠습니다. 전 세계적으로 석유의 수요가 증가하면서 석유 시장은 물론, 세계 정세 도 1부와는 전혀 다른 양상을 보이게 됩니다. 산업화에 박차를 가하며 석유 소비량을 늘려가던 한국도 석유 역사의 한 부분으로 등장합니다.

# 2부

# 석유, 무기가 되다

## (1970~1979년)

# 10

## 잉여의 소멸이 불러온 새로운 질서

잉여 식량은 정치, 전쟁, 예술, 철학의 원동력이 되었다.

•

유발 하라리

1부에서 석유를 중심에 두고 1970년 이전 세계를 살펴보았습니다. 이 시기에 서구에 맞서며 영국이 설립한 앵글로-이란 석유회사를 국유화한 모사데그는 축출 당했고, 세븐 시스터즈에 도전했던 이탈리아의 엔리코 마테이는 의문의 죽음을 당했습니다. 1960년 창설된 OPEC도 기존 석유 질서에 별다른 영향을 주지 못하면서 영미계 메이저 석유기업이 주도하는 질서는 견고하게 유지되었습니다. 또한 3차 중동전쟁에서 아랍 국가들은 무력하게 이스라엘에 패하고 영토를 잃었습니다. 석유 수출 중단을 통한 석유 무기화도 실패했습니다.

이렇게 전쟁도, 혁명가도, 사업가도 어찌하지 못했던 영국과 미국 주도의 석유 질서가 1970년을 기점으로 변화를 맞습니다. 한국석유공사가 펴낸《석유산업의 이해》는 1970년을 기준으로 그 이전을 '메이저 석유회사의 시대'라 부르고 1970년 이후를 'OPEC의 시대'로 표현합니다.[1] 그렇다면 무엇이 새로운 시대로 가는 길을 열었을까요?

역사에서 정치적 변화를 포함한 대부분의 중요한 변화는 경제 문제와 떼어놓기 힘듭니다. 20세기를 지배한 미국과 소련의 냉전도 개념적으로 보면 생산물과 생산 수단의 통제와 분배 방식을 놓고 벌인 경제 해법의 대결이었습니다. 생산물은 '부富' 그 자체입니다. 생산물에 기대어 화폐와 금융 경제가 돌아갑니다. 생산물이 뒷받침되지 않은 화폐는 한낱 종잇조각일 뿐입니다. 생산물이 없다면 정치도 다뤄야 할 갈등과 이견이 없어서 '예술'이 될 필요도, '권력'을 수반할 필요도 없는 한낱 잡음에 지나지 않을 것입니다.

주요 생산물에 더 강한 지배력을 확보하는 것이 강자의 목표이고, 그 과정을 무력을 사용하지 않고 조정해 나가는 것이 정치입니다. 이 정치적 조정 과정에서 만들어지는 관행과 규범이 하나의 질서를 형성하면서 국제 관계가 자리 잡습니다.

석유를 통해 보면 국제 관계도 결국 부의 통제와 분배 문제임이 드러납니다. 1970년대 이전 서구의 제국주의는 아랍 산유국의 입장에서 '생산물의 침탈'과 동의어였습니다. 1980년대 신자유주의와 이에 기초한 1990년대의 세계화는 강자 중심의 생산물 분배 방식을 그럴듯한 논리로 포장한 것이라는 시각도 있습니다. 이렇게 정치는 생산물에 대한 통제와 관련이 깊습니다. 그렇기에 반대로 생산물의 변화가 정치의 변화를 초래하기도 합니다. 1970년대의 새로운 흐름도 생산물의 변화에서 비롯합니다.

역사학자들은 인류의 역사를 거시적으로 봤을 때 '잉여 생산물의 발생'이라는 경제 상황의 변화가 인간 사회의 계급, 정치, 문화 활동을 발생시킨 중요한 전환점이라고 설명합니다. 이를테면 유발 하라리는 《사피엔스》에서 "농업 혁명에 의한 잉여 식량이 정치, 전쟁, 예술, 철학의 원동력이었다"고 말합니다.[2] 1970년경부터 시작된 석유 질서의 전환도 잉여 생산물에서 비롯되었습니다. 인류 역사에서 잉여가 변화를 이끌었듯, 석유 역사에서도 잉여는 변화의 핵심 동인이었습니다. 다만 차이는 '잉여의 발생'이 아닌 '잉여의 소멸'이 그 변화를 이끌었다는 것입니다.

1970년대로 접어들며 강자의 잉여가 소멸하는 상황이 발생합니다. 미국은 1970년대 초까지 자국 석유 산업을 보호하기 위해 석유 수입 물량을 제한했습니다. 그 정도로 석유 생산량이 충분했습니다. 심지어 자국의 석유 생산 시설을 100% 가동하지 않고 여유 생산 능력을 일정 부분 남겨 두어 비상시를 대비했습니다. 그러나 1960년대 후반 수요의 증가가 공급의 증가를 앞지르면서 상황이 바뀝니다. 미국은 1968년 파리에서 열린 OECD 회의에서 "미국은 원유 생산 능력의 100%를 가동할 것이다"라고 말합니다. 생산 능력을 100% 가동하게 된 상황, 즉 잉여 생산 능력spare capacity이 소멸된 상황은 매우 중요한 의미를 갖습니다. 그 전까지는 텍사스, 오클라호마 등 미국의 주요 유전에서 언제든지 생산을 늘려 공급 공백을 방지할 수 있었습니다.

그러나 생산 능력이 100% 가동되는 상황에서는 시장의 수급 변화에 대응할 여력이 없습니다. 이를테면 앞에서 다룬 1956년 수에즈 위기 때, 수에즈 운하가 수개월간 폐쇄되어 유럽에 에너지 위기가 발생할 수 있었지만, 미국의 잉여 생산 능력이 이를 막아주었습니다.

1967년 3차 중동전쟁 때도 마찬가지였습니다. 아랍 국가들이 단행한 석유 금수 조치는 남아돌던 공급 물량 때문에 위협이 되지 못했습니다. 그러나 상황이 달라졌습니다. 잉여 생산 능력이 사라지면서 공급 중단은 곧바로 공급 공백으로 이어지는 상황이 된 것입니다. 석유는 이전보다 귀한 자원이 되었고, 아랍 국가들이 석유의 국유화나 무기화를 통해 서구를 압박할 경우 치명적인 에너지 위기를 불러올 수 있었습니다. 그 결과 아랍의 지위가 자연스레 상승했고 협상력도 더욱 강해졌습니다.

결국 아랍은 기존 석유 질서에서 가장 중요하고 핵심적인 영역에 도전할 수 있게 됩니다. 바로 생산물의 분배 문제입니다. 1950년대 이후 영국과 미국이 주도해온 석유 질서에서는 산유국 정부와 영미계 석유기업이 수익을 50:50으로 나눈다는 원칙, 이른바 반분 협정이 확립되어 있었습니다.

하지만 이 반분 협정은 어디까지나 원유 생산 단계의 수익만을 대상으로 했습니다. 메이저 석유기업들은 로열티와 세금 납부로 원유 생산 수익만 절반으로 나눴을 뿐, 정유·운송·석유화학 등 후방 산업에서 발생하는 막대한 이익은 대부분 독점했습니다. 또한 원유 수익 분배의 기준이 되는 유가도 낮게 유지했습니다. 산유국의 입장에서 보면 서구 기업들이 국부를 강탈해간다고 느낄 만한 상황이었습니다.

1970년대에 접어들자 마침내 수익 반분 원칙을 깨는 지도자가 등장합니다. 바로 리비아의 무아마르 알 카다피Muammar Gaddafi 입니다. 1969년, 젊은 장교 카다피는 쿠데타로 정권을 장악했고 이후 2011년까지 무려

1969년 쿠데타로 집권한 카다피는 미국 석유기업 옥시덴탈을 위협해 석유 수익 반분 원칙을 깼다. 카다피의 성공은 1970년대 석유 질서의 주도권이 메이저 석유기업에서 중동 산유국으로 옮겨 가는 신호탄이었다.

출처: 위키피디아

42년간 집권합니다. 그가 초기에 권력을 공고히 할 수 있었던 중요한 요인 중 하나는 영국과 미국이 설정해온 반분 원칙을 깨는 데 선도적 역할을 했다는 점입니다.

카다피는 리비아에서 운영 중이던 미국 석유기업 옥시덴탈Occidental을 상대로 협상에 나섭니다. 그는 자신의 요구를 수용하지 않을 경우, 옥시덴탈이 가진 자산을 국유화하겠다고 압박했고, 결국 리비아 정부 몫을 기존 50%에서 55%로 높이는 데 성공합니다.

이를 시작으로 이란은 55%, 베네수엘라는 60%로 자국의 몫을 올렸고, 이는 곧 다른 산유국으로 확산되었습니다. 이러한 흐름은 결국 산유국과 메이저 석유기업 간의 단체 협정 체결로 이어집니다. 1971년 테헤란과 트리폴리에서 '석유 분배'에 대한 협상이 열리는데, 반분 원칙이 공식적으로 깨지는 중대한 전환점이 됐습니다.[3] 테헤란 협정과 트리폴리 협정의 결과로 수십 년 동안 이어져온 반분 원칙이 깨지고, 산유국이 55~60%를 가져가는 형태로 전환됩니다. 이와 함께 매장된 석유의 소유권도 과거 메이저 석유기업이 독점하던 구조에서 산유국이 일부 소유권을 공유하는 형태로 변합니다.

이러한 석유 질서의 변화는 석유 수급의 변화, 즉 잉여 공급량의 소멸 때문이기도 하지만 국제사회에서 미국과 영국의 영향력이 줄어든 탓도 있었습니다. 미국은 베트남전에서 고전하면서 전 세계적인 반미, 반전 여론에 직면했고, 이후 미국은 군사 개입과 정치적 간섭을 줄이는 방향으로 외교 정책을 전환합니다. 미국 대통령 리처드 닉슨은 1969년 7월, 동맹국이 스스로 방위를 책임지는 방향으로 나아가야 한다고 천명했습니다. 이 노선은 이후 '닉슨 독트린 Nixon Doctrine'으로 불립니다.

한편 영국은 이미 대영제국의 영화를 잃은 지 오래였고, 수에즈 위기 등을 통해 미국, 소련과 힘의 격차를 절감하고 있었습니다. E. H. 카 E. H. Carr는 고전이 된 《역사란 무엇인가》에서 "19세기의 우월함과 20세기의 열등함이 가장 두드러지게 대비되는 지역은 영국이다"[4]라고 지적하며 영국의 급속한 쇠퇴를 설명합니다. 여기에 경제 불황까지 겹치며 '영국병 British disease'이라는 표현이 등장했고, 이러한 퇴보는 1970년대 후반 철의 여인 마가렛 대처 Margaret Thatcher의 신자유주의 Neoliberalism 정책이 탄생하는 배경이 되었습니다.

그런데 아랍 국가들은 1970년의 변화를 단지 석유 수익 증대의 기회로만 활용했을까요? 아닙니다. 그들에게는 훨씬 중대한 과제가 있었습니다. 3차 중동전쟁의 굴욕적인 패배 후 복수를 노리던 아랍에 석유라는 막강한 무기가 생겼습니다. 석유가 세계의 일상이 되면서, 아랍의 이상을 실현할 기회가 찾아온 것입니다.

# 11

## 승리가 목적이 아닌 전쟁, 4차 중동전쟁

승리의 희망이 없을 때에도 싸워야 할 때가 있다.
노예로 사는 것보다 차라리 죽는 게 낫기 때문이다.

•

윈스턴 처칠

앞에서 1970년대 초반 석유의 잉여 생산량이 소멸하면서 영국·미국과 중동 산유국 간의 역학 관계가 변하고 생산물의 분배 조건이 산유국에 유리한 방향으로 바뀌는 과정을 살펴보았습니다. 이 추세가 1970년대 이후 지속되면서 석유 시장의 주도권이 영미계 세븐 시스터즈에서 OPEC으로 넘어갑니다. 그리고 석유 감산이나 금수 조치 등으로 석유를 상대국에 대한 압력 수단이나 외교적 지렛대로 활용하는 석유 무기화의 길이 열립니다.

1970년대의 석유 무기화는 1차 오일쇼크를 촉발하기도 합니다. 1차 오일쇼크 발생 30주년이었던 2003년 《이코노미스트Economist》는 석유 무기화를 기획한 야마니를 조명하면서 오일쇼크에 대해 다음과 같이 평합니다.

"야마니는 석유 금수 조치 기간 중 처음으로 전 세계에 주목을 받는 인물로 떠오르게 된다. 30년 전 그가 주도한 석유 무기화는 이후 현대 정치와 경제사의 경로를 바꿔 놓는다."[5]

1970년대 두 차례 일어난 오일쇼크는 현대 세계사에서 가장 많이 언급되는 사건들입니다. 그런데 두 번의 오일쇼크는 배경과 원인이 각기 다릅니다. 1차는 야마니의 주도 하에 정교하게 계획됐던 반면, 2차는 이란 혁명으로 중동 정세가 불안해지고, 그 여파로 시장의 공포와 산유국들의 탐욕이 뒤섞이면서 우발적으로 발생했습니다. 2차 오일쇼크는 석유의 수급이 주요한 원인이 아니었기 때문에 장기적으로는 유가 하락의 요인으로 작용합니다. 2차 오일쇼크는 1970년대 후반을 다루는 뒤에서 알아보기로 하고, 여기서는 4차 중동전쟁과 그 직후 이어진 1차 오일쇼크에 관해 알아보겠습니다.

1970년, 이집트에 새로운 지도자가 등장합니다. 수에즈 위기 때 승리했지만 3차 중동전쟁에서 굴욕적으로 패배한 나세르가 물러나고, 나세르와 사관학교 동기이자 부통령이었던 안와르 사다트Anwar Sadat가 대통령이 됩니다. 사다트 또한 4차 중동전쟁을 일으키고도 노벨 평화상을 받은 영욕의 지도자입니다.

3차 중동전쟁에서 이집트를 비롯한 아랍권은 군사력의 열세를 절감했습니다. 6일 만에 패퇴하고 영토를 잃었습니다. 그로부터 6년이 지난 시점인 1973년, 사다트는 석유 시장의 변화를 등에 업고 다시 한 번

전쟁을 준비합니다. 3차 중동전쟁에서 아랍의 패배 원인은 두 가지였습니다. 첫째는 미국의 이스라엘 군사 지원, 둘째는 이스라엘의 선제 기습 공격입니다. 그래서 사다트는 석유 무기화를 통해 미국의 지원을 억제한 후 선제 타격하는 계획을 세웁니다.

한편, 이스라엘은 4차 중동전쟁이 발발할 가능성을 매우 낮게 보았습니다. 3차 중동전쟁에서 이스라엘이 일방적으로 승리하면서 군사력의 차이가 명백히 드러났고, 이집트 등 아랍 국가들의 전투기는 거의 파괴되어 공군 전력을 회복하려면 꽤 오랜 시간이 걸린다고 생각한 것입니다. 전쟁이 임박할 때까지 이스라엘 정보국 모사드Mossad는 전쟁 가능성이 낮다고 판단했습니다.

아랍권은 이러한 이스라엘 정보기관의 편견을 역이용합니다. 침공 전에 대규모 병력과 무기를 국경으로 전개하는 훈련을 했다가 물러나기를 수차례 반복했습니다. 이는 실제 침공을 위한 군사력의 전개를 감추려는 의도였습니다. 대규모 병력과 무기가 훈련이라는 명분으로 움직일 때 잠재적인 적국은 그것이 실전인지 훈련인지 판단하기 어렵습니다. 오늘날 지구촌 곳곳에서 실시되는 미국, 중국 등의 군사 훈련 역시 유사시 실제 군사력의 전개를 훈련으로 위장할 수 있다는 점에서 전략적인 가치가 큽니다.

4차 중동전쟁에서 이스라엘도 실제 침공을 위한 아랍의 군사력 전개를 훈련으로 판단하는 실수를 합니다. 아랍 국가들이 공군력을 거의 잃은 상황에서 전쟁을 하는 것은 자살 행위라고 속단한 것입니다. 이스라엘의 판단이 비합리적이라고 볼 수는 없지만 간과한 것이 있었습니다. 당시 정세에서 전쟁은 꼭 승리를 위해서만 벌이는 것은 아니었다는 점입니다. 사다트는 승리가 불확실하더라도 전쟁을 꼭 해야만 한다고 생각했는데, 이를 당시 미국의 국무장관 키신저는 이렇게 설명합니다.

"사다트의 목적은 전쟁의 승리를 통해 영토를 얻는 게 아니었다. 3차 중동전쟁의 참패로 인해 고착화된 이스라엘의 태도를 바꿔야 할 필요가 있었다. 전쟁을 통해 이스라엘의 태도를 변화시켜야만 협상의 길이라도 열 수 있었다."[6]

3차 중동전쟁 때 단 6일 만에 아랍 국가들이 참패한 이후 아랍이 아무리 위협을 해도 이스라엘은 쳐다보지도 않았습니다. 패배로 인한 자존심의 상처도 문제였지만, 무시해도 되는 대상으로 전락한 것이 무엇보다 뼈아팠습니다. 그런 상황에서는 할 수 있는 것이 없었습니다. 그래서 아랍권은 승리를 예상할 수 없을지라도 전쟁을 구상한 것입니다.

무엇보다 아랍권에는 전 세계를 공포에 빠뜨릴 수 있는 비장의 무기가 있었습니다. 바로 석유입니다. 사다트는 석유 공급 제한, 즉 석유 무기화로 미국의 개입을 어느 정도 막을 수 있다고 판단했습니다.[7] 아랍권이 소련으로부터 군사 지원을 받고, 석유 공급을 중단하겠다는 위협으로 미국을 압박해서 이스라엘에 대한 지원을 끊는다면 상실한 영토의 일부라도 회복할 수 있다고 생각한 것입니다. 그런데 이 계획이 성공하려면 아랍의 맏형 격인 사우디의 협조가 필요했습니다. 석유로 미국을 견제하려면 중동 석유의 최대 주주인 사우디가 석유 금수 조치에 동참해야 했습니다. 그래서 사다트는 전쟁 전에 사우디의 국왕 파이살Faisal bin Abdulaziz Al Saud을 만나 끈질기게 설득합니다. 그러나 사우디 국왕은 망설입니다.

파이살이 석유 무기화를 망설인 것은 무엇보다 사우디 왕가가 왕실의 안전과 부를 지키기 위해 미국에 의존하고 있었기 때문입니다. 당시 중동에서는 쿠데타를 통해 정권이 전복되는 경우가 많았기에 사우디 왕가도 반대 세력에 의한 쿠데타를 걱정할 수밖에 없었습니다. 대외적으로도 사우디는 적은 인구(2025년 기준, 사우디 3,456만, 이란은 9,241만, 이라크 4,702만)로 막대한 석유가 매장된 넓은 영토를 지켜야 했습니다. 미국과 우호적 관계는 사우디의 체제 유지와 안보 차원에서 중요했습니다. 경제적으로도 사우디의 막대한 석유 판매 수익은 달러로 전환되어 미국 금융기관에 예치되어 있었습니다. 미국이 사우디에 아람코를 설립한 이후 사우디는 이미 달러와 공동 운명체였습니다. 이렇게 사우디는 정치적·경제적 관계 때문에 미국을 쉽게 압박할 수 없었습니다. 이 즈음 이라크에서는 사담 후세인Saddam Hussein이 부통령에 오르는데, 그는 미국을 압박하는 데 미온적이었던 사우디 왕가에 대해 미국 자본과 결탁한 반동 세력이라며 격렬하게 비난합니다.

사우디의 확답을 받지 못한 채 1973년 10월 6일, 이집트와 시리아 등은 이스라엘이 했던 것처럼 선제 기습으로 4차 중동전쟁을 개시합니다. 이 전쟁은 욤키푸르Yom Kippur 전쟁이라고도 불리는데, 전쟁이 발발한 10월 6일이 이스라엘의 종교 기념일인 욤키푸르(신성한 속죄일)였기 때문입니다.

전쟁 초반, 이집트와 시리아는 3차 중동전쟁에서 이스라엘이 그랬던 것처럼 선제 타격의 효과로 이스라엘을 압도합니다. 이스라엘은 3차 중동전쟁에서 그들이 압도했던 아랍군에게 패퇴하면서 엄청난 충격을 받습니다. 이스라엘의 군사력은 더 이상 압도적이지 않았습니다. 미국과 사우디의 태도에 따라 전세의 방향이 결정될 상황이 만들어진 것입니다.

# 12

# 1차 오일쇼크, 석유는 어떻게 무기가 되었나

병법은 기만술이다. 기만술은 병법가가 승리하는 비결이며,
따라서 사전에 계획이 누설되어서는 안 된다.

•

《손자병법》계(計)'편

1973년 10월 6일, 아랍의 기습으로 4차 중동전쟁이 발발합니다. 아랍권의 초반 기습은 성공적이었습니다. 그 누구도 아랍의 선제공격을 예측하지 못했기 때문입니다. 당시 이스라엘의 정보기관 모사드는 물론이고, 미국 CIA도 아랍의 기습을 예측하지 못했습니다. 침공 직전 포착된 이집트의 대규모 병력 이동에 대해 미국 국가안전보장회의 National Security Council의 관계자가 CIA에 질의하자, CIA 측은 "이집트는 지금 통상적인 군사훈련을 하고 있는 것이다"라고 답합니다.[8] 명백한 오판이었습니다.

아랍의 기습에 당황한 이스라엘은 미국에 급히 지원 요청을 하고, 닉슨 정부는 대량의 무기와 장비를 지원한다. 이에 분노한 아랍 산유국들은 석유 감산과 금수 조치로 대응한다. 이러한 석유 무기화는 종전 이후까지 지속되며 1차 오일쇼크를 발생시킨다.

출처: 위키피디아

당시 이스라엘 군사정보국Directorate of Military Intelligence의 수장 엘리 제이라Eli Zeira는 '컨셉트The Concept'라 불리는 분석 프레임에 따라 경보 지표를 선별하고 평가했습니다. 여기서 그는 이집트가 공군 우세를 확보하지 않는 한 전면전을 감행하지 않을 것이라는 기존의 가정을 고집한 나머지 수많은 경고 신호를 과소평가했습니다.[9] 훗날 그는 이스라엘을 위기에 빠트렸다는 비난을 받으며 자리에서 물러납니다.

이집트군이 이스라엘에 빼앗겼던 시나이 반도를 탈환하고 이스라엘로 진입하기 시작하자, 이스라엘 총리 골다 메이르Golda Meir는 미국 대통령 리처드 닉슨에게 이스라엘이 붕괴 위험에 놓였다며 다급하게 지원을 요청합니다.

미국은 망설입니다. 석유 사업의 최대 파트너인 아랍 국가들의 눈치를 봐야 했습니다. 미국은 과거 수에즈 위기 때 영국과 프랑스의 군사 개입을 억제하며 표면적으로나마 아랍 지역에서 공정한 중재자honest broker 역할을 했습니다. 중동은 영국과 미국 석유 업계의 최대 사업장이고, 아랍 국가들은 그들의 가장 중요한 파트너였기에 신중을 기해야 했습니다. 영미의 석유 업체들도 미국 정부에 대 중동 정책의 수정을 강하게 요구했습니다.

그러나 마냥 신중할 수는 없었습니다. 미국이 군사 지원을 하지 않으면 이스라엘이 패망할 수 있었습니다. 이는 미국이 움직이는 거대한 체스판의 요충지에서 중요한 말을 잃게 된다는 의미였습니다. 이 상황에서 미국에 이스라엘을 지원할 작은 명분이 생깁니다. 소련이 이집트에 막대한 군수 물자를 지원한 것인데, 이를 구실로 미국 또한 이스라엘에 대한 대규모 군수 지원을 실시합니다. 이는 당연히 아랍권의 강한 반발을 부릅니다. 전쟁 발발 12일째인 10월 17일 헨리 키신저는 아랍 국가들에 다음과 같이 궁색한 변명을 합니다.

"미국이 이스라엘에 군수 물자를 지원하는 것은 반反아랍의 문제가 아니라, '미국과 소련 간'의 문제 때문이다."**10**

여기서 헨리 키신저의 등장에 대해 잠깐 살펴볼 필요가 있습니다. 1973년 미국의 대통령은 리처드 닉슨이었습니다. 그러나 그는 대선 기간 중 불법 도청 사건인 워터게이트 사건으로 탄핵 위기에 몰리며 대통령으로서 권위는 추락합니다. 그는 탄핵이 확실해지자 이듬해 사임합니다. 그러자 2차 세계대전 중 나치를 피해 미국으로 건너 왔던 독일계 유대인 출신 헨리 키신저가 미국의 대외 정책을 대변하는 주요 인물로 떠오릅니다. 키신저는 닉슨의 사임 이후에도 대외 정책 전략가로 활동하며 중동 현대사의 핵심 인물이 됩니다. 트럼프 1기 정부에서도 외교 자문으로 활동할 정도로 오랜 시간 미국의 외교 정책에 영향을 미쳤습니다.

명성 높은 키신저의 변명과 함께 미국은 이스라엘에 군수 물자와 무기 지원을 위한 공수 작전을 실행합니다. 니켈 그라스Nickel Grass라는 작전명으로 대형 수송기가 탱크, 장갑차, 미사일을 이스라엘로 실어 나릅니다. 지금도 운용되고 있는 미군 최대의 수송기 C-5 갤럭시 70여 대와 C-141 수송기 260여 대가 쉴 새 없이 비행하며 군수 물자를 공급합니다.[11] 미국의 지원은 서서히 전쟁의 양상을 바꿔 놓습니다. 초반에 일방적으로 밀렸던 이스라엘은 전열을 가다듬고 반격에 나섭니다.

그러자 이번엔 사우디가 움직입니다. 사우디가 석유 무기화에 동참하기로 합니다. 당시 석유 무기화의 방법과 강도에 대해 아랍 국가들 사이에 이견이 많았습니다. 가장 강경했던 이라크는 전면적인 석유 생산 중단과 석유 자산의 국유화를 주장했습니다. 이에 반해 사우디의 석유 장관 야마니는 전쟁이 발발한 10월부터 매월 5%씩 감산해야 한다고 주장합니다. 5%의 감산으로도 시장에 충분히 충격을 줄 수 있고 아랍 산유국들의 참여도 극대화할 수 있다고 본 것입니다. 결국 야마니의 주장대로 매월 5%씩 감산하는 것으로 의견이 모아집니다. 아이러니하게도 가장 강력한 제재를 주장했던 이라크는 자국의 방안이 받아들여지지 않자 감산 조치에 참여하지 않으면서 오일쇼크 시기에 막대한 석유 판매 이익을 챙기는 이중적인 모습을 보입니다.[12] 감산 합의와 이행은 그때나 지금이나 쉽지 않습니다. 누군가의 감산이 누군가에게는 기회가 되기 때문입니다.

한편, 2만여 병력의 이집트 3군단은 그들이 되찾으려 했던 시나이 반도에서 개전 초기 이스라엘군을 밀어냈지만, 진격 이후 이스라엘군에게 후방을 돌파당해 고립됩니다. 이후 탄약과 식량 등의 군수 지원을 받지 못한 채 전멸의 위기에 몰립니다. 북쪽 전선의 시리아군도 후퇴를 거듭하며 시리아의 수도 다마스쿠스까지 점령당할 위기에 처합니다. 이렇게 전세가 역전되자 미국은 소련이 이 전쟁에 본격적으로 개입할 것을 우려하게 됩니다. 소련은 이집트 3군단이 전멸할 경우, 전쟁에 개입할 것임을 강력하게 시사합니다.

한국전쟁처럼 중국의 개입으로 전쟁이 장기화되는 것을 우려한 키신저는 급히 모스크바를 방문하고 소련과 전쟁을 종료하기로 합의합니다. 이스라엘은 미국의 압력으로 더 이상의 진격을 포기하고 종전에 합의합니다. 1973년 10월 25일 전쟁 발발 20일 만에 총성이 멎고 전쟁은 종료됩니다.

이 전쟁으로 이스라엘 진영에서 약 1만 명이 죽거나 다친 것으로 파악되고 이집트와 시리아에서는 그보다 훨씬 많은 3만 명 이상의 사상자가 발생한 것으로 추정됩니다.[13] 아랍은 이스라엘보다 더 많은 사상자를 내고 영토도 회복하지 못했지만 소기의 성과는 달성했습니다. 1~3차 중동전쟁처럼 형편없이 밀렸던 모습이 아닌 대등하게 싸우는 모습을 보여주며 긍지를 회복한 것입니다. 미국의 지원이 없었다면 이스라엘을 상당한 위험에 빠뜨릴 수도 있음을 증명했습니다. 특히 아랍은 4차 중동전쟁에서 이스라엘 전투기 100여 대를 격추하며 공군 전투력에서 달라진 모습을 보여줍니다.[14] 아랍은 이제 무시할만한 상대가 아니었습니다.

아랍의 소득은 그것만이 아니었습니다. 아랍의 강력한 무기인 석유의 힘을 드러낸 것이 더 큰 소득이었습니다. 전쟁 중 압박 수단이었던 석유 감산과 금수 조치로 1차 오일쇼크가 발생합니다. 아랍은 전쟁 중에 시행한 석유 감산 조치를 전후에도 그대로 유지합니다. 종전 후에도 무기를 놓지 않았던 것입니다. 매월 5%의 점진적 감산이었지만 그 충격은 대단해서 배럴당 3달러 수준이던 유가는 수개월 만에 약 12달러까지 올라갔습니다.

아랍은 군사적 승리는 거두지 못했지만, 석유로 전 세계에 충격을 주면서 유럽과 일본 등이 아랍을 지지하는 성명을 내도록 유도하는 데 성공합니다. 한국 또한 예외가 아니어서 4차 중동전쟁이 끝난 직후인 1973년 12월, 미국과의 관계를 중시하는 정부 성향에도 불구하고 친아랍 성명을 발표합니다. 이러한 분위기를 등에 업고 아랍은 이스라엘에 잃은 영토를 돌려받기 위한 노력을 다시 시작합니다.

# 13

## 한국이 친아랍 성명을 낸 적이 있다?

정부 중동정책 대전환, 친아랍 성명발표,

이스라엘 점령지 철수하라.

•

《동아일보》 1973년 12월 17일자 1면 헤드라인

4차 중동전쟁이 이스라엘의 우세 속에 종전되었지만, 전쟁 중에 실시된 아랍권의 석유 감산 조치는 전쟁이 끝난 후에도 계속됩니다. 아랍권은 석유라는 무기를 계속 휘두르면서 강한 영향력을 행사합니다. 전쟁 다음 해인 1974년 3월경까지 감산 조치가 계속되면서 세계 각국은 극심한 석유 공급난에 빠집니다. 미국에서는 휘발유 가격이 40% 이상 폭등했고, 국민총생산GNP은 1973년에서 1975년 사이 약 7% 감소했습니다.[15] 일본 또한 2차 세계대전 이후 급속한 경제 성장을 하다가 1974년 처음으로 국민총생산이 감소하는 상황을 맞이합니다. 아랍은 중동전쟁 직후 전 세계에 말 그대로 '쇼크'를 주는 데 성공합니다.

아랍의 석유 무기화로 석유 공급량이 줄어들자 석유기업이 석유를 어떻게 배분하는가도 중요한 이슈로 떠오릅니다. 당시 석유 판매는 메이저 석유기업이 90% 이상 독점하고 있었습니다. 산유국이 직접 판매하는 물량은 10% 미만으로, 아랍은 아직 석유 판매와 유통 분야에는 진출하지 못하고 있었습니다. 한국과 같은 석유 수입국은 대체로 중동에서 원유를 직접 구매하지 않고 메이저 석유기업들로부터 구매했습니다.

메이저 석유기업들은 줄어든 원유 공급량을 미국이나 영국에 먼저 배분하지 않고 모든 수입국에 똑같이 분배한다는 원칙을 지킵니다. 이것을 그들은 '평등한 고통Equal Misery'[16]이라고 표현했습니다. 메이저 석유기업이 석유를 조국인 미국과 영국에 우선 분배하지 않은 데는 몇 가지 이유가 있습니다. 첫째로 산유국의 감산은 미국과 그 우방국에 대한 공급 감소가 목적이었기 때문에 이러한 감산 의도를 무시하고 자국에 우선 공급할 경우, 석유 자산 국유화나 몰수와 같은 더 큰 피해가 예상되었기 때문입니다.

또 다른 이유는 당시의 정치적 상황이었습니다. 냉전 상황에서 영국과 미국이 우방국의 석유 공급을 외면할 경우, 동맹국이 이탈할 가능성이 있었습니다. 즉, 소련의 세력이 강화될 수 있었습니다. 당시는 경제적으로 체제의 우위가 명확히 드러나지 않았던 시기로, 미국과 소련이 첨예하게 대립하고 있었습니다. 인공위성을 누가 먼저 쏘아 올리고 달에 누가 먼저 사람을 보내느냐로 두 나라가 경쟁하던 시기였습니다. 미국은 동맹국의 이탈을 막기 위해 마셜 플랜, 중남미 원조 등 경제 원조 정책을 추진하기도 했습니다. 그만큼 동맹국의 이탈은 큰 손실이었기에 쉽사리 자국을 우선할 수 없었습니다.

영국의 BP 입장에서는 다른 이유도 있었습니다. BP의 주요 사업지였던 이란은 아랍 문화권이 아니기 때문에 감산 조치에 참여하지 않았습니다.[17] 그래서 BP는 상대적으로 물량 확보가 쉬웠습니다. 그러나 BP 지분 중 절반은 영국이 아닌 유럽 국가들이 분산 보유하고 있었습니다. 당시 회사법상 BP 지분을 소유한 주주의 동의가 없으면 영국으로 전량 공급하는 것이 불가능했습니다. 당시 영국 총리 에드워드 히스Edward Heath는 BP 사장 에릭 드레이크Eric Drake에게 이란 등 해외에서 확보한 물량을 영국에 우선 공급해줄 것을 요청합니다. 그러나 드레이크는 다음과 같이 대답합니다.

"지금 총리께서는 주주로서 요청하시는 것입니까? 아니면 정부의 수장으로서 요청하시는 것입니까? 만약 전자라면 회사법에 따라 저는 다른 주주들과 차별 대우를 할 수 없습니다. 만약 후자라면 '공문'으로 요청해주시기 바랍니다, 그럼 정부의 명령이라는 구실로 불가항력 상황임을 주장할 수 있습니다."[18]

공문 지시는 다른 주주 국가들과 외교 문제를 불러올 수 있었습니다. 이를 알면서도 공문을 요청하는 드레이크에게 히스는 격분합니다.[19] 그러나 드레이크 입장에서는 주주와 법률에 반하는 행위를 하려면 근거가 필요했습니다. 이 장면에서 영국 정부가 BP 지분을 절반만 소유하고, 나머지는 유럽 국가들이 소유한 탓에 영국의 이익만을 위해 공급지를 조정할 수 없는 모습이 그려집니다.

이렇게 석유 공급량 감소로 유럽 전체가 '평등한 고통'을 겪게 되자, 유럽공동체European Community, EC는 1973년 11월 '아랍을 지지한다'는 성명을 발표합니다. 특히 프랑스가 적극적이었습니다. 프랑스는 1차 오일 쇼크가 발생한 것도 충격이었지만 그전에 미국이 중동에서 가진 입지, 즉 세븐 시스터즈가 중동의 석유 이권을 독점하는 것에도 불만이 많았습니다. 수에즈 위기 때도 미국은 프랑스 편에 서지 않고 수에즈 운하의 소유권을 이집트에 넘겨주도록 했었습니다. 석유 감산 조치가 지속되자 프랑스의 주도로 유럽공동체는 아랍을 지지한다는 성명문을 통과시킵니다. 그 결과 1973년 12월에 예정되어 있던 아랍의 5% 추가 감산이 유예됩니다.

일본도 유럽과 동일한 시기에 아랍 지지 성명을 발표하며 추가 감산 대상 국가에서 제외되는 보상을 받습니다. 일본의 아랍 지지는 유럽의 그것보다 미국을 당황하게 했습니다. 일본 외교의 근간은 미일 동맹이었고, 4차 중동전쟁 직후 당시 미국의 권력자였던 키신저가 일본을 방문하여 중립 기조의 유지를 요청했습니다.[20] 그런데 키신저가 다녀간 지 불과 일주일 만에 일본이 아랍의 편을 든 것입니다. 일본에 이어 동남아 국가들도 아랍 지지에 동참합니다. 이렇게 아랍권은 석유를 무기로 국제사회에 강력한 영향력을 행사합니다.

그렇다면 당시 한국은 어땠을까요? 유럽과 일본이 아랍에 대한 지지 성명을 발표하던 1973년 11월 한국 대통령 박정희는 친서와 함께 경제수석 오원철 등을 셰브론과 걸프Gulf사에 급파합니다. 이들 메이저 석유기업에 석유 공급 약속을 받아 오라는 것이었습니다. KBS 인터뷰 자료에 따르면 한국 특사단은 현지에서 싸우기도 하고 회유하기도 하면서, 석유를 공급해주지 않으면 동맹국의 책임을 다하지 않은 것이라는 주장을 했다고 합니다.[21] 한국은 베트남 파병을 비롯해서 동맹국의

출처: 《동아일보》 1973.12.17.

책임을 다했으니 미국도 그리해야 함을 내세운 것입니다.

'기업'인 메이저 석유회사에 '정부'의 책임을 요구하는 모습이 낯설게 보입니다. 그러나 이들 기업은 미국 정부와 긴밀한 관계를 맺고 있었습니다. 미국의 메이저 석유기업은 중동 등 분쟁 지역에서 사업을 하면서 미국 정부는 물론이고 산유국 정부와도 긴밀한 관계를 유지해야 했습니다. 따라서 이들 기업은 사실상 정부 외교권의 일부를 위임받아왔습니다.[22] 엑손모빌의 CEO였던 렉스 틸러슨Rex Tillerson이 정치 경력이 없었음에도 트럼프 1기 정부의 첫 번째 국무장관이 될 수 있었던 것도, 과거 미국 대통령을 지낸 부시 부자父子가 석유기업가 출신인 것도, 석유 사업계와 미국 정부의 긴밀한 관계를 반영합니다. 당시 한국 특사단의 원유 공급 요청에 대해서도 미국 정부가 아닌 셰브론과 걸프사가 한 국에 공급 약속을 합니다.

그러나 이 약속에도 불구하고, 다음 달인 1973년 12월 15일 한국 정부는 친親아랍 성명을 발표합니다. 전 세계적인 아랍 지지 흐름을 거 스르지 않았던 것입니다. 한국 정부는 친아랍 성명을 발표하며 이스라 엘이 3차 중동전쟁 중에 점령한 지역에서 철수할 것을 촉구합니다. 현 재까지도 UN은 3차 중동전쟁에서 이스라엘이 선제공격을 통해 점령 한 지역을 인정하지 않고 있는데 이러한 UN의 입장에 선 것입니다.

이렇게 아랍은 석유 무기화의 힘으로 형식적으로나마 국제사회가 같은 목소리를 내게 하는 데 성공합니다. 당시 아랍권은 국제사회에 이 스라엘과 단교할 것까지 요구합니다. 하지만 한국을 포함해서 국제사 회는 아랍을 지지하되, 아랍이 요구하는 수준까지의 행동은 취하지 않 았습니다. 미국의 눈치도 봐야 했습니다. 당시《동아일보》는 미국과의 역학 관계 때문에 이스라엘과 단교까지는 어려울 것이라고 말합니다. 하지만 이스라엘이 점령지에서 물러날 것을 촉구하는 성명은 석유 자 원 확보 차원에서 불가피했다고 보도합니다.[23]

이렇게 석유로 미국과 국제사회를 윽박지르던 아랍은 과연 그들의 의도대로 잃은 영토를 회복했을까요? 4차 중동전쟁 이후 중동 정세는 국제사회의 여론과 미국의 적극적 개입으로 이전과는 다른 양상을 보 입니다. 미국은 동맹국의 이탈을 막고 자국의 석유 안보를 위해서 어느 정도 아랍의 체면을 세워주는 방향으로 중재합니다.

# 14

# 전쟁을 일으키고도 노벨 평화상을 받은 사다트

나는 많은 사람들이 가장 어렵다고 생각하는 그 길을 택했습니다.

•

안와르 사다트, 전 이집트 대통령

아랍의 석유 무기화는 한국을 포함한 각국의 아랍 지지 성명 등으로 이듬해인 1974년 3월 대부분 종료됩니다. 그러나 그 결과물인 오일쇼크는 긴 여진을 남기면서 현대사에 깊이 각인됩니다. 여러 나라의 정치적 입장과 경제 정책, 그리고 에너지 정책에 깊은 영향을 미친 것입니다.

미국은 석유 감산의 주요 표적이 되며 가장 큰 손실을 입었습니다. 다른 나라들은 아랍 지지 성명 등으로 석유 감산 대상 국가에서 유예되거나 제외되기도 했지만 미국은 석유 무기화의 충격을 그대로 받았습니다. 이후 미국은 오일쇼크의 근본 원인이었던 아랍과 이스라엘의 갈등에 적극적으로 개입합니다. 오일쇼크 이후 이스라엘은 국제사회로부터 점령지에서 물러나라는 압박을 받게 되는데, 미국 또한 중동의 평화와 오일쇼크의 재발 방지를 위해서 이스라엘이 점령지 일부를 양보하는 행위가 필요하다고 생각했습니다. 그러지 않고는 중동의 긴장과 오일쇼크의 위험을 줄일 수 없었기 때문입니다.

1978년 미국 대통령 지미 카터Jimmy Carter는 이스라엘 총리 메나헴 베긴Menachem Begin과 이집트 대통령 안와르 사다트를 미 대통령 별장인 캠프 데이비드로 초청했습니다. 이곳에서 카터의 중재로 이스라엘과 이집트는 시나이 반도 반환에 합의하는 캠프 데이비드 협정Camp David Accords을 체결합니다.

시나이 반도는 이스라엘이 3차 중동전쟁 때 점령했던 지역입니다. 4차 중동전쟁에서 이집트가 일시적으로 탈환에 성공했지만, 이후 이스라엘이 반격해 다시 점령했습니다. 이 협정으로 이집트는 잃었던 영토를 회복합니다. 이집트의 시나이 반도 회복은 석유 무기화로 인한 오일쇼크가 없었다면 불가능했을 것입니다.

캠프 데이비드에서는 팔레스타인 자치 문제도 논의되었는데, 이 문제는 오늘날까지 이어지고 있습니다. 팔레스타인은 독립국가 인정과 완전한 자치를 주장하지만, 이스라엘은 이를 받아들이지 않고 있습니다. 이러한 갈등은 시간이 지날수록 더욱 악화되었고, 특히 2023년 10월 팔레스타인의 무장정파 하마스Hamas가 대규모 공격을 단행하고, 이스라엘이 강력히 대응하면서 최악의 상황으로 치닫게 됩니다.

캠프 데이비드에서 팔레스타인 문제의 접점을 찾지 못했지만, 이집트는 아랍권의 반발을 무릅쓰고 1979년 이스라엘과 평화조약을 체결합니다. 아랍을 놀라게 한 파격적인 입장 전환이었습니다. 이스라엘과 접경한 이집트 입장에서는 전쟁 준비와 수행으로 인한 인명 피해와 경제 손실이 컸기 때문에 5차, 6차 중동전쟁을 또 벌이기는 힘들었습니다. 이스라엘의 존재를 부정하면서 완전히 격멸하는 것도 현실적으로 불가능했습니다.

평화조약 체결 이후, 이스라엘과 아랍권 사이의 갈등은 이스라엘과 팔레스타인 간의 문제로 국지화되는 경향을 보였습니다. 오늘날 아랍 국가들의 이스라엘에 대한 적대감은 옅어진 반면, 비아랍국인 이란은 여전히 이스라엘을 적대시하고 있습니다. 뒤에서 아랍의 이스라엘에 대한 적대감이 변한 이유를 다룰 예정이지만, 여기서는 그 변화의 출발점에 있는 이집트 대통령 사다트에 주목할 필요가 있습니다.

사다트는 앞서 설명한 캠프 데이비드 협정을 비롯해 줄곧 평화 정책을 지향했습니다. 1977년 그는 이스라엘을 방문해 이스라엘 무명용사의 묘에 헌화하고, 이스라엘 국회에서 연설했습니다. 이것은 과거 이스라엘의 존재 자체를 부정하던 사람들에게는 상상조차 할 수 없는 일이었습니다. 그는 이스라엘 국회에서 다음과 같이 말했습니다.

"나는 새로운 삶과 평화를 위해 이 땅(이스라엘)에 섰습니다. 내가 이곳을 방문한다고 선언하자 많은 사람이 동요와 혼란, 놀라움을 표시했습니다. 나는 그 분들을 이해합니다. (중략) 우리는 과거 30년간 네 차례의 처참한 전쟁으로 피해와 아픔을 여전히 겪고 있습니다. 전쟁 중에 목숨을 잃은 사람들은 이스라엘인이건 아랍인이건 모두 소중한 생명이었습니다. (중략) 나는 많은 사람이 가장 어렵다고 여기는 길을 택했습니다. 나는 여러분 앞에서 열린 가슴과 마음으로 섰습니다. 평화는 여러분

이집트 대통령 사다트는 4차 중동전쟁을 일으킨 장본인이나, 이스라엘과 평화조약을 체결하고 이를 지키고자 노력하면서 노벨 평화상까지 받았다. 그는 1977년 이스라엘을 방문해 의회에서 연설하는 등 파격적인 평화 정책을 추진하지만, 아랍 세계로부터 배반자라는 비난을 받으며 결국 비극적인 암살로 생을 마감한다.

출처: 위키피디아

이 점령한 땅 위에서 이뤄지는 것이 아니라 정의 위에서 이뤄질 수 있습니다."**24**

그의 온건한 정책은 아랍권에서 강한 반발을 불러왔습니다. 새로운 역사는 쉽게 써지는 것이 아니겠지요. 아랍권의 당초 목표는 이스라엘의 건국을 부정하는 것이었고, 이후 네 차례의 전쟁으로 인한 막대한 피해는 증오의 물결을 이루면서, 평화 정책을 받아들일 수 없는 분위기를 만들었습니다. 국제사회는 사다트의 노력을 평가해 그에게 1978년 노벨 평화상을 안겨주었지만, 아랍권은 그를 '아랍의 배반자Betrayer of Arab'라고 비난합니다.

이집트는 7세기경 이슬람 제국의 침략으로 아랍 문화에 편입되면서, 이슬람교를 믿고 아랍어를 쓰는 아랍 문화권의 정체성을 유지해왔습니다. 이후 네 차례의 중동전쟁에서 아랍을 대표해 싸우며 가장 큰 피해를 입은 나라 역시 이집트였습니다. 이러한 이집트의 정책 전환을 아랍권은 받아들일 수 없었습니다. 평화조약 파기를 촉구하는 테러가 이어지는 가운데, 이집트는 1979년 아랍연맹League of Arab States에서 강제 퇴출당했습니다. 사다트는 1981년 10월, 4차 중동전쟁 기념일 행사 중 그를 반대하던 이슬람 원리주의자의 암살로 생을 마감합니다.

다시 1차 오일쇼크 직후로 돌아가 다른 나라들의 대응을 살펴보겠습니다. 오일쇼크 이후 중동에 석유 지배권을 넘겨준 서구 국가들은 다양한 자구책을 모색했습니다. 영국은 북해 유전 개발에 박차를 가했습니다. 북해의 대표 유전인 포티스Forties, 브렌트Brent 유전 등은 이미 발견되어 있었지만, 오일쇼크 이후에 본격적으로 개발되어 생산이 시작됩니다. 1975년 북해 유전에서 본격적으로 원유가 생산되면서 영국 정부는 영국 국영 석유개발회사British National Oil Corporation라는 석유기업을 설립하고, 포티스 유전과 스코틀랜드를 연결하는 거대한 포티스 송유관도 건설합니다. 이후 북해산 브렌트유는 국제 유가의 3대 벤치마크 중 하나로 자리 잡아, 오늘날 석유 시장에서 가장 주목받는 유종 중 하나가 되었습니다.

미국은 알래스카를 새로운 석유 공급지로 기대했습니다. 알래스카 유전 개발과 장거리 송유관 건설에 집중했는데, 이후 알래스카는 미국 석유 생산의 한축을 담당하게 됩니다. 동시에 이미 개발이 진행 중이던 미국 멕시코만Gulf of Mexico에서도 투자가 본격화되며 또 다른 핵심 석유 공급지로 떠올랐습니다.

개별 국가의 노력 외에도 4차 중동전쟁의 이듬해인 1974년, 국제사
회는 석유 수급 위기에 공동 대응하고자 국제에너지기구International Energy
Agency, IEA를 창립했습니다. 미국이 설립을 주도한 IEA는 중동 산유국에
맞선 서방의 공동 대응 기구 성격이 강했습니다. 그러나 서구 선진국 중
IEA 창립을 비난하며 가입을 거부한 국가가 있었습니다. 바로 자존심
강한 프랑스입니다.

# 15

# 프랑스, 미국 주도 질서에 반기를 들다

안녕하시오. 배신자들!

•

미셸 조베르, 전 프랑스 외무장관

1차 오일쇼크 이후, 국제사회가 석유 수급 위기를 공동으로 대비할 필요성이 제기됩니다. 4차 중동전쟁의 이듬해인 1974년 미국의 주도로 서방 선진국 16개국이 IEA를 설립하고, 가입 자격 요건으로 90일분 이상의 비축유 확보 의무를 부여했습니다. 우리나라는 한국석유공사의 비축 사업을 통해 자격 요건을 충족하면서 2002년 IEA에 가입했습니다.

IEA 설립 당시 프랑스는 다른 서구 국가들과는 달리 이를 비판하며 가입을 거부했습니다. IEA를 미국이 중동 정세를 주도하기 위한 발판이자, '전쟁의 도구instrument of war'라며 강하게 비판한 것입니다. 프랑스는 오일쇼크 직후에도 미국 중동 정책에 반기를 들며, 유럽공동체EC의 아랍 지지 성명을 주도했습니다. 1974년 프랑스 외무장관이 공식적인 외교 석상인 국제에너지회의에서 유럽공동체 회원국들에게 "안녕하시오. 배신자들Bonjour les traitres!"[25]이라고 인사했다는 일화도 전해집니다. 이는 유럽공동체 회원국들이 프랑스 주도의 아랍 지지 성명에 동참했으면서도, 미국 주도의 IEA 설립에는 다시 동조한 것에 대한 프랑스의 불만을 보여줍니다.

미국의 중동 정책에 대한 프랑스의 비판적인 자세는 2003년 이라크 전쟁까지 이어졌습니다. 당시에 미국과 영국은 이라크에서 형과 아우처럼 나란히 전쟁을 수행했지만, 프랑스는 이에 반대했습니다. 이 때문에 미국 내에서는 감자튀김을 프렌치 프라이French fries 대신 프리덤 프라이Freedom fries 라고 부르자는 주장이 나오기도 했습니다.[26]

또한 2003년 이라크전 직전 이라크와 프랑스는 석유 사업 협력 관계를 강화하며 이라크 석유 거래에서 유로화 사용을 늘렸습니다.[27] 이러한 시도는 반미 성향이 강한 이란 등으로 확산되어 기축통화로서 달러의 지위를 흔들 위험 요인이 될 수 있었습니다. 일부에서는 이를 미국이 이라크를 공격하게 된 주요 배경으로 해석하기도 합니다.

프랑스가 IEA 가입을 거부한 주된 이유는, 세븐 시스터즈가 주도하는 석유 질서에서 자국이 배제되었다는 불만이었습니다. 중동에서 배타적 사업권을 영유하는 영국과 미국에 밀려 석유에 대한 지배권을 확보하지 못한 프랑스는 IEA 가입 거부와 더불어 영미에 끌려가지 않을 독자적인 에너지 정책을 구상합니다.

우선 프랑스는 오일쇼크 이후, 석유 의존을 줄이고자 원자력 발전

확대에 집중했습니다. 그 결과 2024년 기준 총 발전량의 약 66.8%를 원자력으로 조달하는 세계 3위의 원자력 대국이 됩니다.[28] 미국과 중국 다음으로 큰 규모의 원자력 발전을 유지하는 것인데, 프랑스가 원자력 대국이 된 것에는 국제정치적 배경이 있었던 것입니다. 수에즈 위기 때도 미국이 석유 공급 중단을 무기로 사용하며 수에즈 철수를 종용하자, 프랑스는 백기를 들어야 했습니다. 프랑스의 원자력 확대는 수에즈 위기 때의 굴욕을 다시 겪지 않겠다는 의지의 산물이기도 합니다.

일반적으로 국가의 주권에 영향을 주는 요소로 국방, 식량, 에너지를 들 수 있습니다. 한 국가가 이 세 가지를 스스로 해결하지 못하면, 외국에 일방적으로 의존하게 되어 자주권 확보가 어렵습니다. 그래서 국방, 식량, 에너지 영역에서의 역량 확보는 경제적 가치 외에 비경제적 가치도 함께 고려하며 접근해야 합니다. 단순히 경제적 가치만 따지지 않기 때문에 대다수 청년들이 각자의 상황에 관계없이 국방의 의무를 지고, 중국산 혹은 미국산 농산물이 아무리 싸도 자국의 농업을 지키려 합니다. 에너지도 마찬가지입니다. 지나친 의존은 종속의 이유가 될 수 있기에 에너지의 전략적 가치에도 주목해야 합니다.

한편 IEA는 OPEC에 대응해 설립된 기구였지만 오일쇼크 이후 강력해진 OPEC의 힘을 약화시키기에는 역부족이었습니다. OPEC은 오일쇼크 직후부터 1980년대 초반까지 전성기를 누렸습니다. 산유국의 위상이 올라가면서 영미계 메이저 석유기업은 과거와 같이 석유 사업을 주도하기 힘들어졌습니다. 이때부터 서서히 석유 사업의 주도권은 산유국 정부 또는 산유국의 국영 석유기업으로 옮겨갑니다.

이를 잘 보여주는 것이 산유국과 석유기업 간에 계약 형태 변화입니다. 석유 사업은 외국의 석유기업이 산유국 영토 내에서 사업을 하는 경우가 많습니다. 따라서 생산된 석유를 산유국과 외국 석유기업이 어떻게 나눌 것인지가 매우 중요한 이슈입니다. 오일쇼크 이전인 1960년대까지는 석유가 산유국의 영토에 있다고 해도 법적인 소유 주체는 외국 석유기업이었습니다. 산유국이 석유기업에 개발권과 생산물에 대한 권리를 일방적으로 '양허Concession'하는 형태의 계약이 주류였기 때문입니다. 이러한 계약 하에서는 산유국은 석유가 자국 영토에서 생산되는 것임에도 석유기업이 석유를 판매한 수익의 절반 정도만 로열티와 세금의 형태로 가져갔습니다.

1차 오일쇼크 이후, 세계 도처에서 '생산물분배계약Production Sharing Contract'이라는 새로운 형태의 계약으로 바뀌어 갑니다. 생산물분배계약은 1966년 인도네시아에서 처음 시작되었는데, 이 계약 형태에서는 외국의 석유기업이 석유를 발견했다 하더라도 매장량과 생산량 등 석유의 소유 주체는 산유국 정부입니다. 산유국 정부가 석유에 대한 통제권을 가지면서 석유기업과 수익을 분배하는 것입니다. 즉, 과거에는 석유기업들이 자신이 발견한 석유의 '소유자Concessionaire'로서의 권리를 가졌다면, 이제는 발견된 석유에 대해 수익을 분배받는 '계약자Contractor'의 지위로 격하됩니다.[29]

자연스럽게 생산물분배계약은 산유국의 몫을 크게 증대하는 효과를 냈습니다. 생산물분배계약 하에서는 산유국 정부가 대체로 60~90% 이상의 이익을 가져갈 수 있어 과거 계약 형태에서 반분하는 형태와는 크게 상황이 바뀐 것입니다. 한 걸음 더 나아가 산유국 정부들은 외국 석유기업에 개발과 생산을 위탁하기보다, 스스로 사업 주체가 되고

자 노력했습니다. 이를 위해 산유국 정부들은 앞다투어 국영 석유기업을 설립하고 석유 이익을 독점하고자 합니다. 산유국이 자본과 기술을 축적하면서 이것이 어느 정도는 가능해진 것입니다. 결국 지금은 산유국 국영 석유기업의 매출 규모나 영향력이 서구의 세븐 시스터즈를 압도하고 있습니다. 2007년 3월,《파이낸셜 타임스》는 과거 세븐 시스터즈를 대신할 새로운 7개의 석유·가스 기업을 뉴 세븐 시스터즈New Seven Sisters라고 명명했습니다.[30]

1. 사우디 아람코Saudi Aramco(사우디 국영 석유기업)
2. CNPC China National Petroleum Corporation(중국 국영 석유기업)
3. NIOC National Iranian Oil Company(이란 국영 석유기업)
4. 가즈프롬Gazprom(러시아 국영 천연가스 기업)
5. 페트로브라스Petrobras(브라질 국영 석유기업)
6. PDVSA Petroleos de Venezuela(베네수엘라 국영 석유기업)
7. 페트로나스Petronas(말레이시아 국영 석유기업)

이름에서 알 수 있듯이 뉴 세븐 시스터즈는 모두 산유국의 국영 기업입니다. 1970년대 이후 중동 산유국은 석유 사업의 주체로서 이익의 대부분을 차지하며 오일머니의 시대를 열게 됩니다. 넘치는 오일머니는 세계 경제와 산업, 특히 한국의 산업 구조에도 큰 영향을 미쳤습니다. 한국 업체들이 대거 중동으로 진출하는 '중동 붐'이 이때 일어납니다.

# 16

## 서울에 왜 테헤란로가 있을까?

그리고 멀리 계신 해외 근로자 여러분.

김동건 아나운서, 〈KBS 가요무대〉 오프닝 멘트

1차 오일쇼크 이후 서구 사회는 새로운 유전 개발, 석유 비축, 원자력 발전 등으로 중동 산유국에 대한 의존도를 낮추려 했습니다. 이는 공급 위기를 방지하고, 중동 산유국이 석유를 무기로 활용하려는 것을 막기 위함이기도 했습니다. 하지만 석유 시장의 주도권이 산유국으로 이동하는 것은 막을 수 없었습니다. 석유 수요 증가에 따른 잉여 생산량의 소멸, 그리고 1970년대 지속된 석유 수요 증가 추세는 산유국의 협상력과 지위를 크게 올려놓았습니다. 산유국이 감산이나 수출 중단을 실행할 경우, 세계 경제가 큰 위기에 빠질 수 있는 환경이 조성되었고 1차 오일쇼크는 이를 분명하게 증명했습니다.

국영 석유기업의 성장과 계약 방식의 변경 등을 통해 중동 산유국은 수익의 주체로 등장하고 수익도 크게 늘어났습니다. 구체적으로 중동 산유국의 수입은 1973년 230억 달러에 불과했지만, 1977년 1,400억 달러에 이릅니다.[31] 중동 산유국의 급속한 수익 증가는 한국의 산업 구조에도 영향을 미쳤습니다. 이 시기에 산유국들은 넘쳐나는 오일머니를 바탕으로 국가 인프라를 재정비했는데, 이에 따라 도로, 항만, 주택 건설 수요가 크게 증가했습니다.

바로 이때 한국 건설업체들이 중동으로 대거 진출해 대형 토목 공사를 수행합니다. 대표적으로 1976년 한국 건설사가 수주한 사우디 주베일Jubail항 공사는 당시 단일 업체가 맡은 공사로는 최대 규모였습니다. 주베일항은 사우디 유전 지대에 위치한 원유 수출항인데, 이 항만 공사를 통해 한국은 약 9억 달러의 외화를 유치했습니다. 이 공사의 성공으로 한국 건설사들은 더 많은 인프라 건설에 참여하게 됐습니다. 대표적으로 1984년 한국 업체가 사하라 사막의 지하수를 리비아 주요 도시로 운송하기 위해 약 4,000km의 송수관을 건설하는 공사를 수주했습니다. 이른바 리비아 대수로 공사입니다.

당시 초등학교 교과서에는 사막에서 일하는 아버지가 아들에게 쓴 편지가 실렸습니다. 또한 '열사熱砂의 나라에서 고생하는 근로자'라는 말이 상투적으로 쓰일 정도로, 우리나라의 많은 건설 노동자가 사막 한복판에서 모래 바람을 맞으며 무에서 유를 창조했습니다. 이와 동시에 세계적으로 석유 수출입이 증가하면서 유조선 수요가 급증했는데, 이는 한국 조선업 발전의 밑거름이 됐습니다. 중동의 오일머니는 우리나라의 산업화와 경제 성장과도 밀접한 관련이 있었던 것입니다.

한국은 중동 국가와의 외교 관계 개선에 힘썼습니다. 중동은 석유의 공급원인 동시에 중동 특수를 통한 외화의 주요 공급원이었기 때문입니다. 당시 우호 관계 확립을 위한 한국의 몇 가지 외교적 행위가 나타났습니다. 대표적으로 1977년 이란의 테헤란 시장을 초청해서 서울시와 자매결연을 맺습니다. 이때 테헤란 시장이 참석한 가운데, 지금의 역삼, 선릉, 삼성역 등이 위치한 도로를 '테헤란로'로 명명합니다.

1978년, 친아랍 성명 이후 관계가 소원해진 이스라엘이 주한 이스라엘 대사관을 폐쇄하고 철수했습니다. 겉으로는 자진 철수였지만, 이스라엘과 거리를 둔 한국 정부의 영향이 없었다고 할 수 없습니다. 1979년에는 정부가 사우디 내무성 장관인 나이프 왕자Naif bin Abdulaziz Al Saud를 국빈 초청했습니다. KBS 자료에 따르면 5박 6일간 초청 경비로 사용한 예산이 4,000만 원에 달했습니다.[32] 당시 물가 기준으로 엄청난 액수입니다. 굉장한 환대를 받은 나이프 왕자는 안정적인 석유 공급과 사우디에서 일하는 한국 근로자의 복지를 약속했습니다. 극진한 대접에 나이프 왕자는 한국을 떠날 때 눈물을 보일 정도였다고 합니다.[33]

한편, 중동 국가들은 오일머니의 상당 부분을 무기 구매에 썼습니다. 사우디와 이란의 갈등, 8년간 지속된 이란-이라크 전쟁, 평화조약이 체결되긴 했으나 여전히 진행 중인 이스라엘과 아랍의 대립 등 중동의 불안정한 정세는 이 지역에서 무기 수요를 꾸준히 발생시켰습니다. 결과적으로 미국의 방산 업체는 한국의 건설, 조선업체보다도 더 많은 오일머니를 흡수했습니다. 2020~2024년 5개년 누적 기준 미국산 무기 구매 수입국 순위에서 사우디는 부동의 1위로, 미국 방산 업체의 VIP

고객 지위를 유지하고 있습니다.[34] 사우디의 수입액은 미국의 무기 수출 총액의 12%에 이르는데, 이는 같은 기간 중 전쟁을 겪은 우크라이나의 미국 무기 수입액과 비교해도 약 30% 많습니다.

석유 산업이 커지면서 유가를 둘러싼 갈등이 깊어지는 모습도 나타났습니다. 오일쇼크 이후 중동 산유국들은 과거 메이저 석유기업이 가지고 있던 원유 공시 가격 결정권을 가져왔습니다. 이후 원유 수출국 1·2위인 사우디와 이란은 원유 가격 정책에서 큰 의견 차이를 보였습니다. 사우디와 이란은 종파적으로도 각각 수니파와 시아파를 대표하는 국가로 서로를 견제하는 관계인데, 유가 정책에서도 극명하게 다른 선택을 합니다.

사우디는 시장에 충분한 물량을 공급하며 유가를 낮게 유지하고자 했습니다. 그러나 이란과 리비아 등 다른 산유국들은 공급량을 조절하여 높은 유가로 이익을 극대화하려 했습니다. 사우디는 물량 중심, 이란은 가격 중심의 정책으로 생각이 정반대였던 것입니다. 하지만 당시 석유 시장의 주도권은 사우디가 쥐고 있었습니다. 사우디는 미국이 세운 세계 최대의 석유기업 아람코를 인수해 석유 시장의 스윙 프로듀서Swing Producer 역할을 합니다. 스윙 프로듀서란 막대한 석유 생산 능력을 바탕으로 공급량을 조절해 유가의 급등락을 방어하고, 석유 시장을 안정시킬 수 있는 산유국을 의미합니다. 1차 오일쇼크를 주도한 사우디는 명실상부한 스윙 프로듀서로 시장의 관리자 역할을 하게 되었고, 그 중심에는 사우디의 석유 황제라 불리는 야마니가 있었습니다.

야마니가 이끈 물량 중심의 유가 안정 정책은 다른 산유국의 반발을 불렀습니다. 야마니는 '서구 자본가의 앞잡이이자 아랍 세계의 반역자'

라는 비난도 받았습니다. 그러나 야마니는 소신을 굽히지 않았습니다. 사우디 왕실 또한 그를 반역자로 여기지 않았습니다. 야마니의 전기를 쓴 제프리 로빈슨Jeffrey Robinson에 따르면 야마니는 자주 '세계 경제의 안정'을 언급했다고 합니다. 고유가로 세계 경제가 침체될 경우 석유 소비가 감소하므로, 꾸준한 석유 소비 증대를 위해 저유가 기조를 유지해야 한다는 것이었습니다.[35] 당시 사우디의 실권자였던 왕세자 파드Fahd bin Abdulaziz Al Saud도 야마니의 정책을 적극적으로 후원했습니다. 파드는 유가 상승 억제가 야마니 개인의 입장이 아니라 사우디의 국가 정책임을 분명히 했습니다.

야마니의 정책은 다른 산유국들의 분노를 삽니다. 야마니는 1975년 테러 집단에게 납치되어 피살당할 위험에 처하기도 합니다. 이 사건의 배후에는 야마니의 입장에 반대하는 리비아, 베네수엘라 등이 있다는 주장이 있는데, 피살 시도는 실패했지만 당시 산유국 간의 갈등이 얼마나 심했는지 보여준 사건이었습니다. 앞으로 살펴보겠지만 결과적으로 야마니가 옳았습니다. 이를 입증하는 사건이 이란에서 발생합니다.

# 17

# 사우디가 목숨을 걸고 고유가 정책을 반대한 이유

석기 시대는 돌이 부족해져서 끝난 것이 아니다.
석유 시대는 석유가 고갈되기 전에 끝날 것이다.

•

자키 야마니, 전 사우디 석유 장관

앞서 유가 정책을 둘러싼 산유국 사이의 이견과 갈등, 그 중심에 있었던 사우디 석유 장관 야마니의 정책에 대해 알아보았습니다. 야마니는 석유의 꾸준한 수요 증대를 위해 유가를 낮게 유지해야 한다고 주장했습니다. 고유가가 지속될 경우 세계 경제는 침체를 넘어 장기적인 불황에 빠질 수 있고, 이는 결국 석유 소비 감소로 이어진다는 것이 그의 논리였습니다. 이란 등 다른 산유국의 강한 반발에도, 야마니가 저유가 정책을 추진한 이유는 몇 가지 더 있습니다. 야마니는 훗날 자신의 생각을 대변하는 유명한 말을 남겼는데, 지금까지도 논쟁이 되는 말입니다.

"석기 시대는 돌이 부족해져서 끝난 것이 아니다. 석유 시대는 석유가 고갈되기 전에 끝날 것이다."[36]

2003년 10월, 《이코노미스트》는 '석유 시대의 종말The End of Oil Age'이라는 기사에서 야마니가 앞과 같이 말한 이유를 이야기했습니다. 기사에 따르면 야마니는 1973년 1차 오일쇼크 이후 에너지 시장에 근본적인 변화가 일어나고 있다고 믿었습니다. 그는 기술 진보가 에너지 공급원을 다양화할 것이며 이것이 궁극적으로 석유 수요를 줄일 것이라고 예측했습니다.[37]

그러나 미래를 예측하는 것은 대단히 어려운 일입니다. 《엔트로피》, 《소유의 종말》, 《3차 산업혁명》과 같은 저서로 잘 알려진 제러미 리프킨Jeremy Rifkin은 2002년에 쓴 《수소 혁명The Hydrogen Economy》에서 당시 최신 연구 결과들을 인용하며 석유 생산은 2010년에서 2020년 사이 절정(오일피크)을 이루고, 그 이후부터 감소할 것이라 예측했습니다.[38]

그러나 2010년 이후에도 세계 석유 생산량은 오히려 늘어났습니다. 특히 미국의 셰일 산업은 유가를 크게 떨어뜨릴 정도로 공급을 늘렸습니다. 리프킨의 예측이 크게 빗나간 것입니다. 뒤에서 살펴보겠지만, 2000년대 초반 미국 정부에서 발행된 보고서들도 생산량 예측에서 크게 빗나갔습니다. 그 이전에 1974년 로마클럽은 《성장의 한계》라는 명저를 발간했습니다. 이 연구에서도 40~50년 내에 석유 시대가 끝날 것으로 예측했습니다. 그로부터 50여 년이 지난 현재 석유의 시대는 계속되고 있습니다. 이렇게 예측이 빗나간 사례는 역사에 수없이 많습니다.

인류의 석유 예측은 번번이 틀려 왔습니다. 그럼에도 우리는 당대의 최신 연구에 기대어 석유 수급과 석유 시대의 끝을 예측하려 합니다. 그러나 인류가 갑자기 똑똑해지지 않는 이상 우리 시대의 예측도 틀릴 가능성이 높습니다. 이는 전 지구의 '땅속'에 있는 석유 매장량은 물론이고, 그것의 경제성을 결정하는 '땅위'의 정치적·경제적·기술적 요소를 모두 알아야 하는 복잡한 문제이기 때문입니다.

그런데도 야마니는 석유 시대가 석기 시대처럼 끝날 수 있다며, 미래의 대체 에너지원과 가격 경쟁을 했습니다. 이는 당시에 성급한 판단으로 보였을 것입니다. 그래서 사우디의 저유가 정책에는 미국과 사우디 간의 결탁과 배후 거래가 있었을 것이라는 추측이 있습니다. 1970년대 초반 석유의 결제 통화를 달러로 통일하며 달러의 기축통화 지위를 지켜준 사우디의 결정, 그리고 미국 기업이었던 아람코를 별도의 시가 평가 없이 사우디에 매각 후 사우디의 국유화를 허용한 미국의 결정은 양국이 긴밀한 협력 관계에 있으리라는 짐작을 하게 합니다. 즉, 양국의 협력 관계가 사우디의 저유가 기조에 영향을 주었을 것이라는 의혹이 있습니다. 야마니가 '서구 자본가의 앞잡이'라는 비난도 이러한 의혹 때문에 생긴 것입니다.

그러나 야마니의 생각에도 일리가 있기 때문에 의혹을 사실로 단정할 수는 없습니다. 야마니는 고유가 기조가 대체 에너지 개발을 촉진할 것이라고 주장했습니다.[39] 1970년대 석유의 잠재적 경쟁자로는 원자력과 당시 개발이 시도되었던 비전통 석유, 비중동 국가의 석유 등을 들 수 있는데, 고유가는 이러한 경쟁 자원 개발에 힘을 실어줄 수 있었습니다. 가령 1975년의 미국 대통령 포드는 에너지 안보를 위해 원자력 발전을 대거 확대하겠다고 천명했습니다. 이후 미국은 세계 1위의 원전 규모를 갖춘 나라가 되는데, 이러한 모습에서 사우디는 불안을 느꼈을

OPEC의 초대 사무총장이자 1962년부터 1986년까지 사우디 석유 장관을 역임한 야마니는 시장에 충분한 물량을 공급해 유가를 낮게 유지하는 정책을 고수했다. 이는 고유가가 지속될 경우, 비중동 산 석유, 비전통 석유, 원자력 등 대체 자원의 개발이 촉진될 수 있다는 판단에서 나온 것이었다.

출처: 위키피디아

것입니다.

사우디의 저유가 정책에는 한 가지 이유가 더 있습니다. 이는 2차 오일쇼크를 이해하는 중요한 열쇠이기도 합니다. 사우디는 고유가로 인한 석유 수익의 급증이 사회 분열과 혼란을 야기한다고 판단했습니다. 실제로 고유가를 주장하던 이란에서 이러한 현상이 심하게 나타났습니다. 당시 이란은 늘어난 석유 수익이 국민에게 고루 분배되지 않았습니다. 오히려 석유로 인한 부가 일부 계층에 집중되면서 낭비와 타락을 조장하고 빈부 격차를 심화했습니다. 자원의 풍요가 오히려 다른 산업의 발달을 저해하는 이른바 '자원의 저주Resource Curse' 현상이 나타나기도 했습니다. 한마디로 오일머니의 홍수는 혼돈과 부패, 인플레이션 속에서 이란 경제와 사회를 파괴하고 있었습니다. 그리고 이는 팔라비 왕가에 대한 반체제 여론을 확산시켰습니다. 이란 혁명은 이런 상황에서 터져 나왔고, 그것이 2차 오일쇼크의 출발점이 됩니다.

1970년대에 지속된 고유가는 이란 사회의 갈등, 혼란, 부패를 야기한 요인이었음을 부정할 수 없습니다. 그렇다고 저유가 정책으로의 전환이 해결책이 되었을지는 불확실합니다. 당시 이란 사회의 분열과 갈등은 부의 편중도 원인이지만, 팔라비 왕정이 이슬람의 정체성을 무시하고 강압적으로 서구화 정책을 추진한 탓도 있었기 때문입니다. 그러나 이란의 극심한 사회 갈등과 경제 혼란은 저유가 정책을 최후의 해법으로 선택합니다.

1977년 11월, 이란 국왕 팔라비는 미국을 방문해 미국 대통령 카터와 회담을 가졌습니다. 그리고 이 회담 후에 1973년 이후 줄곧 유지해온 유가에 대한 입장을 바꿨습니다. 카터는 '유가 상승이 산업 경제에 미치는 악영향'을 강조했는데, 팔라비는 처음으로 그 의견에 동조하며 유가 인상 자제를 약속한 것입니다.[40]

1973년 1차 오일쇼크 이후, 고유가로 인한 석유 수익의 급증은 이란 경제가 감당할 수 없을 정도로 통화량을 팽창시켰습니다. 그러나 상품 생산 및 공급 능력이 이를 따라가지 못하면서 물가가 폭등했습니다. 당시 팔라비가 카터와 유가 완화에 동의한 것은 일단 통화량을 축소하여 인플레이션을 억제하고자 했기 때문이라고도 볼 수 있습니다. 이란의 심각한 사회 문제는 지나친 물가 상승과 이로 인한 국민의 불만이었기 때문입니다.

팔라비는 유가 정책에 동의하는 대신 자국 인권 문제에 대한 불간섭과 무기 지원을 요구했습니다. 회담장의 분위기는 좋았고, 이란이 유가에 대한 태도를 바꾸자 양국은 더 많은 것을 협의할 수 있었습니다. 카터 대통령은 불과 한 달여 만에 이란을 다시 방문해 이란 국왕 내외와 함께 1978년 새해를 함께 맞이합니다. 이때 카터는 신년 만찬에서 이란 국왕의 지도력 덕분에 이란이 "불안한 중동에서 안정의 섬Island of stability in one of the most troubled areas of the world"41이 되었다는 찬사를 보냅니다.

이란은 미국에 매우 중요한 국가였습니다. 팔라비는 친미 노선을 지키며 소련의 중동 진출을 막아주었고, 이제는 유가 정책까지도 미국이 선호하는 방향으로 선회하려는 상황이었습니다. 그래서 카터는 불과 한 달여 만에 두 차례 정상회담을 가지며 팔라비를 찬양하고 지지한 것입니다. 하지만 이미 때는 늦었습니다. 카터의 말과는 정반대로 1978년 한 해 동안 이란 사회는 폭력과 유혈 사태로 얼룩집니다.

# 18

# 이란, 친미에서 반미로 돌아서다

생각할 수 없는 것에 대한 생각

•

1978년 11월 이란 주재 미 대사관의 보고서 제목

1부에서 1950년대 이란을 다루면서 이란이 우리나라와 다른 듯하면서도 닮았다고 했습니다. 이 시기에 한국과 이란은 각각 극동과 중동에서 지정학적으로 중요한 국가였고, 그래서 공통적으로 영국과 미국이 개입한 역사가 있습니다. 그런데 1950년대뿐만 아니라, 1960년대 이후에도 이란은 한국과 닮은 역사를 이어갑니다. 두 나라 모두 정권의 장기 집권 하에서 산업화를 추진했습니다. 다만, 다른 점은 이란에서 독재와 서구화에 대한 반발은 전 세계에 엄청난 충격을 준 2차 오일쇼크로 이어졌다는 것입니다.

한국전쟁 직후인 1953년 8월, 이란 국왕 팔라비는 미 CIA의 지원으로 모사데그를 축출하고 정권을 잡았습니다. 이후 팔라비는 친미 노선을 유지하며 26년간 장기 집권했습니다. 1963년 이후에는 서구식 근대화와 산업화를 추진했습니다. 팔라비 왕은 이란을 독일 같은 산업화된 국가로 만들 것이라고 천명했습니다.[42] 언론, 출판, 집회의 자유를 확대했고, 여성에게 참정권을 주었으며 여성의 히잡 의무 착용도 폐지하는 등 파격적 정책을 이어갑니다. 이러한 일련의 근대화 정책을 '백색 혁명White Revolution'이라고 합니다. 서구화 정책이 추진되던 시기, 이란 테헤란 거리는 미국이나 유럽의 도시를 연상하게 했습니다.

이란은 이슬람 전통이 강한 국가였기 때문에 서구화 정책에 반발심을 갖는 사람도 많았습니다. 또한 정책 추진 과정에서 이슬람 종교 조직의 토지와 재산이 상당 부분 국유화되는데, 이로 인해 성직자 계층의 불만이 커졌습니다. 팔라비는 장기 집권을 유지하기 위해 비밀경찰 사바크를 통해 자신의 반대파를 철저히 감시, 고문, 처형해서 국민의 불만은 더욱 커졌습니다.

당시 이란은 석유 수출로 엄청난 부를 얻었습니다. 하지만 부가 국민에게 골고루 돌아가지 못합니다. 부가 편중되면서 양극화가 심화되고 농촌이 몰락하며 전통 상업 조직인 '바자르Bazaar'가 붕괴합니다. 급격한 물가 상승으로 도시 빈민이 늘어나고 농촌은 슬럼화되었습니다. 일부 권력층의 부패가 심화하면서 계층 간의 골은 더욱 깊어졌습니다.

팔라비 왕정에서 석유로 인한 부가 오히려 사회를 병들게 하고 독재를 강화하자 이란 국민들은 다른 곳에서 희망을 찾았습니다. 바로 이슬람 원리주의입니다. 이런 상황에서 팔라비 왕가에 반기를 든 혁명가이자 이란 시아파 지도자 아야톨라 호메이니Ayatollah Ruhollah Khomeini가 영향력을 확대합니다. 시아파 최고 지도자란 뜻의 '아야톨라Ayatollah'란 호칭을 얻은 호메이니는 서구화 정책을 추진하는 팔라비를 비판하며 반체제 활동을 하다가 1964년 해외로 망명합니다. 그는 망명 중에 자신의 신학 이론을 체계화하고, 이슬람 성직자가 국가를 통치해야 한다는 '신정 정치'를 주장합니다. 팔라비를 향한 불만이 깊어지는 만큼 호메이니의 영향력은 점점 커져갔습니다. 그 와중에 1977년 말, 호메이니의 아들이 의문의 죽음을 당합니다. 이 사건에 팔라비가 개입했다는 소문이 확산되면서 혁명의 뇌관이 터집니다. 호메이니의 고향을 비롯한 주요 도시에서 시위가 일어나고, 1978년 한 해 동안 전국적인 시위로 번집니다.[43] 군대의 무력 진압으로 곳곳에서 순교자가 발생합니다. 특히 1978년 9월 8일, 이른바 검은 금요일Black Friday에는 수백에서 수천 명이 사망(이란 정부 발표 88명, 서구 언론 보도 2,000~3,000명[44])하는 유혈 사태가 발생합니다. 이란 국민의 분노가 극에 달한 이 시점부터 국왕의 하야를 요구하는 시위가 전국으로 확산되면서, 석유업계 종사자들도 이 시위에 동참합니다. 1978년 12월 25일 석유업계 파업으로 이란의 석유 수출이 중단됩니다. 이로써 약 2년여 간 지속된 2차 오일쇼크의 서막이 오릅니다.

이란 전역의 시위는 군대가 진압할 수 없을 정도로 거세집니다. 결국 1979년 1월 팔라비가 이란을 탈출하면서 이란의 마지막 왕조가 막을 내립니다. 1979년 2월 1일, 팔라비가 탈출한 테헤란에 호메이니가 수많은 군중의 환영을 받으며 귀환합니다. 그리고 그를 중심으로 정부가 수립됩니다. 이를 '이란 혁명' 또는 '이슬람 혁명'이라 부릅니다. 2차 오일쇼크는 이러한 혁명 과정에서 발생한 것입니다.

이란 국왕 팔라비의 반인권적인 정책과 살인적인 인플레이션으로 이란 국민의 분노는 극에 달한다. 이란 국민은 이슬람의 회복과 원리주의에서 희망을 찾게 되었고, 그 중심에는 아야톨라 호메이니가 있었다. 결국 이란은 1979년 혁명을 통해 왕정을 무너뜨리고 성직자가 최고 지도자가 되는 신정 공화국이 된다. 동시에 친미에서 반미로 돌아선다.

출처: 위키피디아

정리하면 이란 혁명은 정치적·경제적·사회적 요인이 모두 작용한 결과였습니다. 정치적으로는 팔라비의 장기 집권과 이를 유지하기 위한 반인권적인 감시와 처형, 경제적으로는 석유 수익으로 발생한 부의 편중과 인플레이션의 심화, 사회적으로는 이슬람 전통을 무시한 서구화 정책에 대한 반발이 작용했습니다.

미국의 오판도 한몫을 했습니다. 1978년 9월 미 국방부 정보국Defense Intelligence Agency은 친미 성향의 팔라비 왕정이 반대 세력에도 불구하고 향후 10년은 유지될 것이라고 보고했습니다. 그러나 그로부터 반년도 되지 않아 이란 혁명이 일어났습니다. 이란 혁명이 발발하기 불과 3개월 전이 되어서야 이란 주재 미국 대사관은 그동안 생각하지 못했던 최악의 시나리오를 생각하기 시작했습니다. 그리고 '생각할 수 없는 것에 대한 생각Thinking the Unthinkable'이라는 제목의 보고서를 통해 팔라비의 실각 가능성을 보고합니다.[45] 워싱턴은 이 뒤늦은 보고서마저도 심각하게 받아들이지 않습니다. 1978년 미국 대통령 카터는 이란 국왕 팔라비와 정상회담에서 그의 위대한 영도력으로 이란이 '불안한 지역에서 안정의 섬'이 되었다고 찬양했지만 이는 현실과 완전히 동떨어진 평가였습니다.

미국은 이슬람의 역동성도 과소평가했습니다. 이란에서 이슬람 원리주의가 부흥하리라는 것을 전혀 예측하지 못했던 것입니다. 세속화를 경험한 국민이 엄격한 중세적 전통으로 회귀하는 것은 현대사에서도 특이한 일입니다. 그런데 이는 이슬람 문화의 전통과 정체성이 그만큼 강력하다는 방증이기도 합니다. 이란인들은 무슬림으로서 강한 정체성을 지녔었고, 이란 혁명의 큰 부분은 팔라비 왕정 하에서 '빼앗긴 이슬람 정체성의 반작용'이었습니다. 그러한 반작용은 오늘날까지 힘을 잃지 않고 이란의 정치 지형과 생활양식을 지배하고 있습니다.

이란에 대한 오판과 무지의 대가는 매우 치명적이었습니다. 일찍이 처칠은 "이란은 한국보다 중요하다"고 했습니다. 그렇게 전략적으로 중요한 지역에서 친미 정권을 잃었습니다. 게다가 혁명 직전 이란의 원유 수출이 중단되면서 미국 경제에 심각한 충격을 준 2차 오일쇼크가 발생합니다. 이후 이란은 중국과 협력 관계를 확대해 나갑니다. 중국이 성장할수록 이란은 원유 시장을 서구에 의존하지 않아도 됩니다. 중국의 일대일로一帶一路 계획에서는 중국의 길이 이란을 거쳐 유럽으로 통하게 됩니다. 이러한 상황에서 이란에 다시 팔라비 왕정과 같은 미국에 우호적인 정권이 들어서기는 힘들어 보입니다.

한편 정권을 잡은 호메이니는 기존 왕정 세력을 무자비하게 숙청했습니다. 그에게 1950년대부터 쌓인 적폐를 청산하는 것은 무엇보다 중요한 일이었습니다. 복수의 성격도 있었습니다. 과거 팔라비가 비밀경찰 사바크를 통해 반대파를 무자비하게 처형한 것에 대한 '피의 복수'를 했다고 볼 수도 있습니다. '혁명 위원회'와 '혁명 재판소'는 팔라비 왕정의 고위 관료, 고위 군인, 사바크 요원 등 수백 명을 처형했습니다.[46]

그리고 이란의 새 정부는 친미 노선을 버리고 미국을 '대악마Great Satan'로 규정합니다. 아울러 미국의 핵심 우방이자 시오니즘의 나라, 이스라엘을 이슬람의 적으로 규정하고 본격적인 악연의 시대로 들어섭니다.

# 19

# 2차 오일쇼크는 왜 뜻밖의 사건이었나

투자자들은 과도한 확신과 극단의 공포를 오간다.
그 감정의 폭이 오버슈팅을 낳는다.

•

하워드 막스

1979년 2월의 이란 혁명은 현대사에서 중요한 한 장을 차지하는 2차 오일쇼크를 촉발했습니다. 2차 오일쇼크는 1차 오일쇼크와 조금 다른 설명이 필요합니다. 1차 오일쇼크는 중동 산유국의 의도적 생산 축소가 그대로 공급 공백으로 이어지면서 석유 시장에 충격을 주었습니다. 그러나 2차 오일쇼크는 달랐습니다. 북해, 중남미, 동남아 등 비중동 지역에서 새로운 유전이 개발되어 생산 중이었기에 이란 혁명으로 석유 공급이 감소해도 다른 지역의 증산으로 보충할 수 있었습니다. 그럼에도 1979년 배럴당 13달러 수준이던 유가가 1981년 초에 약 40달러까지 급등했습니다. 더욱이 이란도 석유 수출 중단 3개월이 지난 1979년 3월, 호메이니 정권이 들어서면서 석유 생산을 일부 재개했습니다. 공급 부족이 완화된 상황이었음에도 2차 오일쇼크라는 거대한 충격이 발생한 것입니다. 그 이유가 무엇일까요?

우선 불안과 공포를 첫째 이유로 들 수 있습니다. 시장은 인간의 심리적 특성에 휘둘리는 경우가 많습니다. 금융위기 시 예금 인출 사태, 주식시장에서 패닉에 의한 폭락, 부동산과 상품시장에서 광기어린 폭등과 자산 거품 등은 대부분 경제적 요인보다 불안과 탐욕과 같은 심리적 특성에서 비롯합니다. 2차 오일쇼크도 불안과 공포라는 심리적 요인이 컸습니다.

그렇다면 왜 우리는 불안과 공포를 느낄까요? 알랭 드 보통은 그의 책 《불안》에서 불안의 원인으로 '사랑결핍', '기대(욕망)' 등과 더불어 '불확실성'을 꼽습니다. 영화 〈올드보이〉는 사람이 공포를 느끼는 이유는 "인간에게 상상력이 있기 때문"이라는 내용의 명대사를 남깁니다. 결국 불안과 공포는 알 수 없는 미래의 '불확실성'에 '상상력'이 더해지면서 생긴 결과일 것입니다. 개인의 삶에서도 지나보면 '그렇게까지 걱정하거나 불안해 할 필요가 없었는데'라고 생각되는 일이 있습니다. 하지만 사건의 한가운데에서는 결말을 모르기 때문에 불안합니다. 이란 혁명이 석유 시장에 미친 영향도 비슷합니다.

이란 혁명은 종교적으로 보면 시아파 원리주의 세력이 주도했습니다. 따라서 이웃한 사우디, 이라크 등의 시아파와 수니파 간의 갈등에 어떤 영향을 줄지 불확실했습니다. 이란에서 시아파가 혁명에 성공한 것처럼 이웃한 이라크에서도 국민의 60%를 차지하는 시아파가 수니파 정권에 항거할 수도 있었습니다. 정치적으로 보면 이란 혁명은 반미 세력이 친미 정권을 전복한 것이었는데, 이는 친미 노선을 걸고 있던 사우디 왕가와 이에 맞서는 반체제 세력에게 어떠한 영향을 줄지 알 수 없었습니다. 요컨대 이란 혁명의 불길이 어디까지 확산될지 알 수 없었기 때문에 시장의 공포는 커질 수밖에 없었습니다. 혁명의 여파가 중동 전반에 미친다면 전 세계 석유 공급이 중단되는 극단적인 상황도 벌어질 수 있었습니다. 혁명의 바람이 찻잔 속의 폭풍에 그칠지, 아니면 대륙을 휩쓰는 광풍이 될지는 누구도 장담할 수 없었습니다.

게다가 이란 혁명 직후, 시장의 공포와 상상력을 자극하는 사건들이 잇따라 발생하며 불확실성을 더했습니다. 먼저 미국 대사관 인질 사건The Iran Hostage Crisis을 들 수 있습니다. 호메이니는 혁명으로 이란을 그가 꿈꾸던 이슬람 국가로 바꿨습니다. 하지만 그가 혁명을 완성하기 위해서 꼭 해야 할 일이 남아 있었습니다. 바로 팔라비를 심판하는 것입니다. 혁명 직전, 이란을 탈출한 팔라비는 미국으로 망명했습니다. 호메이니는 적폐의 수장인 팔라비가 그의 비호 세력인 미국에 머무는 것을 용납할 수 없었습니다. 이란 혁명의 원인 중 하나는 미국과 팔라비 왕에 대한 증오였습니다. 그는 팔라비와 미국에 대해 이렇게 말했습니다.

"나의 첫 번째 적은 국왕 팔라비이고, 두 번째 적은 대악마 미국이다."[47]

팔라비가 미국의 보호 아래 건재할 경우, 1953년 미국이 쿠데타를 지원하여 왕정복고에 성공했듯이 다시 한 번 왕정 지지 세력을 규합하여 정권을 회복할 가능성도 있었습니다. 따라서 호메이니는 미국에 팔라비의 신병 인도를 요구하지만 미국은 이를 거부했습니다. 그러자 이란 대학생들이 1979년 11월 이란 주재 미국대사관을 점거하고 대사관 직원 52명을 인질로 잡는 사건이 발생합니다. 미 대사관 인질 사건은 무려 15개월이나 지속되며, 2차 오일쇼크 장기화의 중요한 원인이 됩니다.

설상가상으로 이란 혁명 직후인 1979년 3월, 미국에서 원자력 발전소 사고가 발생했습니다. 체르노빌 원전 사고, 후쿠시마 원전 사고와 함께 대표적인 원전 사고로 언급되는 스리마일섬 원전 사고입니다. 이 사고는 냉각수 시스템에 문제가 생겨 원자로가 과열되면서 발생했습니다. 다행히 폭발이나 해일에 의한 사고가 아니어서 방사능 유출이 크지는 않았지만 세계가 받은 충격은 매우 컸습니다. 스리마일섬 사고는 원전과 인간의 불완전함을 보여주며 대체 에너지원으로서 원자력에 대한 기대치를 대폭 낮춥니다. 이 사고로 미국의 카터 정부는 40여 기의 원전 건설 계획을 취소하거나 중단합니다. 그 결과 석유 수요에 대한 불확실성은 더욱 커집니다.

1979년 11월 사우디에서도 약 500명의 무장 원리주의자들이 친미 정권 타도를 외치며 메카의 대사원을 점거하는 사건이 발생합니다. 메카 대사원 점거 사건은 사우디 정예부대가 진압에 실패하고, 프랑스의 특수부대 GIGN까지 동원된 끝에 300여 명의 사망자를 내면서 마무리됩니다.[48] 진압은 되었지만 사우디라는 석유 생산의 중심지에서 발생한 사건이었기에 이 또한 석유 시장의 불안을 부채질합니다.

한 달 후인 1979년 12월에는 소련이 아프가니스탄(이하 아프간)을 침공합니다. 당시 아프간에는 공산주의 계열의 정치 지도자 무함마드 타라키Mohammad Taraki가 이끄는 친소련 성향의 인민민주당PDPA 정권이

들어서 있었습니다. 그러나 그 입지는 위태로웠습니다. 아프간의 이슬람 원리주의 세력은 종교를 인정하지 않는 공산주의 정권을 적으로 간주하고 '무자헤딘Mujahedin'이라는 무장 집단을 만들어 아프간 정부를 위협했습니다. 그러한 상황에서 인접한 이란에서 혁명이 발발하자 아프가니스탄 내에 원리주의 세력의 위협은 더욱 커집니다. 친소련 성향의 정권이 위태로워지자 소련은 아프가니스탄 정권과의 우호적 협력을 위한다는 명분으로 군대를 파견합니다.

미국은 이를 강력한 도발로 간주했습니다. 당시는 이란에서 친미 정권이 몰락하고, 사우디에서 친미 정권 타도를 외치는 무장 세력에 의해 유혈 사태가 발생한 상황이었습니다. 즉, 중동에서 미국의 자신감이 많이 약해져 있었습니다. 따라서 소련의 군사 행동은 미국을 크게 자극합니다. 미국은 소련이 아프간을 발판 삼아 걸프만 지역에서 영향력을 확대할지도 모른다는 불안한 상상을 합니다. 소련이 2차 세계대전 이후 동유럽에서 영향력을 확대했던 것처럼 말입니다.

# 3부

# 석유, 시장을 열다

## (1980~1999년)

# 20

# 미-소의 마지막 대결, 아프간 전쟁

소련에 베트남 전쟁을 선물할 기회를 얻었다.[1]

•

즈비그뉴 브레진스키, 전 미국 국가안보보좌관

1979년은 석유 시장의 불안을 자극한 사건들이 가장 많았던 해라고 해도 과언이 아닙니다. 그해에만 이란 혁명, 미 대사관 인질 사건, 사우디 메카 대사원 점거, 스리마일섬 원전 사고가 잇따라 발생했습니다. 이러한 사건들은 시장 심리를 크게 흔들어 1979년 내내 유가 상승을 부추겼습니다.

특히 그해 12월 시작된 소련의 아프가니스탄 침공은 10년 가까이 이어지며 석유 시장은 물론 미소 관계와 이후 소련 붕괴에까지 영향을 미쳤습니다. 당시 미국은 이란 혁명으로 중동 내 입지에 불안을 느끼는 상황이었습니다. 이란이라는 '방파제'가 사라진 만큼, 소련이 아프간을 교두보 삼아 중동에서 영향력을 확대할 가능성을 우려했습니다. 미국 입장에서는 소련의 군사 행동에 단호하고 강력하게 대응해야 했습니다. 이듬해(1980년) 1월 미국 대통령 지미 카터는 "중동에서 미국의 국익에 반하는 행위가 있다면 군사 행위를 하겠다"고 직접 밝힙니다.

오늘날 국제사회에서 흔히 사용되는 "군사적 옵션을 배제하지 않는다"라는 식의 완곡한 외교 수사와 달리, 카터 대통령의 발언은 단호하고 명료했습니다. 언론 매체나 참모진을 통하지 않고 대통령이 직접 "필요하다면 군사 행위를 하겠다"라고 명확한 언어로 선언하면서 이 경고가 단순한 엄포가 아닌 국가 정책의 원칙임을 분명히 했습니다. 그래서 이를 '카터 독트린 Carter Doctrine'이라고 합니다.

카터 정부의 대응은 미국이 중동 석유 질서에 얼마나 민감하게 반응하는지 보여줍니다. 카터 독트린의 핵심은 '소련은 중동 지역으로 세력을 확장하지 말라'는 것이었습니다.[2] 이란 혁명으로 중동에서 친미 정권이 무너지기는 했지만, 그렇다고 그것이 소련이 중동에 진출할 기회는 아님을 명확히 합니다. 또한 핵심 이익인 중동에서의 기득권을 수호하겠다는 의지의 표현이기도 합니다. 자기 영역에 눈독 들이지 말라고 경고하면서, 선을 넘으면 결전을 불사하겠다고 으르렁거린 것입니다. 실제로 미국은 1991년과 2003년 이라크에서 전쟁을 벌였고, 아프가니스탄에서는 2001년부터 무려 20년 가까이 전쟁을 지속했으니 카터의 선언이 허언은 아니었습니다.

그러나 카터 정부는 과잉 대응한 면이 있습니다. 당시 소련의 아프간 개입이 수세적인지 공세적인지 논란이 있었습니다. 즉, 소련이 아프간 사회주의 정권의 현상 유지 차원에서 개입한 것인지, 아니면 아프간에서 세력을 공고히 한 후 중동으로의 영향력 확대를 꾀할 것인지를 두고 미국 내부에서 논쟁이 있었습니다. 카터의 결론은 후자였습니다. 그는 소련의 아프간 침공이 "세계 석유 공급량의 상당 부분을 통제하기 위한 디딤돌이자 2차 세계대전 이래 세계 평화에 대한 가장 심각한 위협"[3]이라고 주장했습니다.

결과적으로 카터는 소련을 과대평가했고 아프간을 과소평가했습니다. 소련은 중동에서 세를 확장하기는커녕 아프간의 이슬람 무장 세력 무자헤딘의 저항에 고전을 면치 못합니다. 소련은 10년 동안 전쟁을 끝내지 못합니다. 물론 이러한 결과에는 미국도 한몫 했습니다. 미국은 스팅어 미사일 등 무기와 자금을 무자헤딘에 지원합니다. CIA는 위성사진을 통해 공격 목표를 정해주기도 했습니다.[4] 소련은 미군 수준으로 무장되어 있고, 정신적으로는 그보다 더 잘 무장된 군대와 싸워야 했습니다. 아프간에서 소련은 엄청난 인명 피해와 물적 손실을 입습니다. 그래서 아프간은 '소련의 베트남'으로 불리기도 합니다. 오랜 소모전은 소련 붕괴의 단초가 됩니다.

미국은 무자헤딘을 지원하는 과정에서 훗날 미국을 향한 테러의 씨앗을 뿌리게 됩니다. 아프간 전쟁은 이슬람 원리주의 세력이 정신적으로 그들의 신념을 내면화하고 군사적으로 무기 체계를 발전시킨 계기가 되었습니다. 미국은 소련군과 맞서는 이슬람 원리주의 세력을 지원하면서 탈레반과 오사마 빈 라덴의 세력을 키워주게 됩니다. 결과적으로 미래의 적에게 무기와 자금을 지원한 것이었습니다. 훗날 오사마 빈 라덴이 미 군복을 입고 미군의 무기를 들고서 성전을 독려하는 영상이 방송에 소개되기도 합니다.

소련은 10년 동안 아프간에서 전쟁을 수행하며 무려 1만 5,000여 명의 전사자를 냈습니다.[5] 막대한 희생에도 불구하고 전쟁을 수행한 데에는 그만한 전략적 이유가 있었습니다. 만약 아프간에서 이슬람 원리주의 세력이 친소련 정부를 전복한다면 이슬람교도가 많은 인근의 투르크메니스탄과 우즈베키스탄도 같은 위험에 빠질 수 있었습니다. 종교를 부정하는 공산주의와 종교를 절대시하는 이슬람 원리주의는 본질적으로 충돌할 수밖에 없습니다. 아프간이 무너지면 공산주의 이념에 기반을 둔 소비에트 연방 유지에 큰 위협이 되는 상황이었습니다.

더 나아가 아프간이 미국의 영향하에 들어간다면 지리적으로 코앞에 나토NATO의 공격 미사일이 배치되어 소련 안보에 직격탄이 될 수도 있었습니다. 아프간과 그 주변 카스피해 연안은 석유 운송로 측면에서도 중요했습니다. 이 지역은 인도양과 페르시아만으로 가는 요충지입니다. 여러모로 아프간은 전략적 요충지였습니다.

이러한 지정학적 위치 때문에 아프간은 과거에도 열강의 각축장이었습니다. 19세기에도 영국과 러시아가 아프간과 주변 중앙아시아 지역에서 맞붙었는데 이 대결은 '그레이트게임Great Game'이라는 별칭으로 잘 알려져 있습니다. 당시 전성기를 누리던 영국은 러시아가 아프간을 통해 최대 식민지 인도를 위협할 수 있다고 판단하고 과잉 대응에 나섰습니다. 영국은 아프간의 수도 카불을 점령했지만 아프간 부족들에 의해 1만 6,500여 명의 병력을 잃었습니다. 이로 인해 아프간은 '제국의 무덤Graveyard of Empires'으로 불리게 됩니다.

20세기의 아프간 전쟁도 1989년 소련의 철군으로 끝납니다. 이후 아프간의 공산주의 정부는 4년을 더 버티지만 결국 무너지고 1996년 반미 성향의 탈레반이 권력을 장악했습니다. 결과적으로 소련의 아프간 침공은 치욕적인 철군과 엄청난 피해를 남기며 소련 붕괴에 영향을 미쳤습니다. 한편 미국에도 이 전쟁은 탈레반이라는 반미 세력을 성장시키며 훗날 9·11 테러와 아프간 전쟁, 나아가 이라크 전쟁의 발단이 되었습니다. 미국과 소련 모두 오판으로 큰 대가를 치른 것입니다.

소련의 아프간 침공 직후인 1980년, 이라크의 사담 후세인도 중대한 오판을 합니다. 이란 혁명과 아프간 전쟁이 벌어진 어수선한 상황을 틈타 전쟁을 결심한 것입니다.

# 21

# 고유가가 산유국에 유리하지만은 않다?

수요와 공급의 법칙은 '신에 의한 법칙 Divine Law'이다.

•

쟈키 야마니

1979년 이란 혁명이 촉발한 석유 시장의 불안은 1980년까지 이어졌습니다. 아프간 전쟁이 발발한 상황에서 석유 시장에 큰 충격을 주는 또 다른 전쟁이 발발합니다. 1980년 9월 이라크의 선제공격으로 이란-이라크 전쟁이 시작되었습니다. 중동의 대표적인 산유국 간 전쟁인 데다 양국이 석유 시설을 공격 목표로 삼으면서 석유 시장은 다시 한 번 공포에 휩싸였습니다.

전쟁의 원인은 다양하게 제시되지만 핵심적인 이유로 두 가지가 꼽힙니다. 첫째는 이란 혁명 확산에 대한 우려입니다.[6] 이라크의 사담 후세인 정권은 수니파입니다. 정권은 수니파지만, 이라크 국민의 60% 이상이 시아파입니다. 즉, 이라크는 소수의 수니파가 다수의 시아파를 통치하는 상황이었습니다. 그러므로 이웃나라에서 시아파인 호메이니가 혁명으로 정권을 잡고 그 영향력이 점점 커지는 것은 이라크 수니파 정권의 체제를 위협하는 중대한 문제였습니다.

둘째는 영토 분쟁입니다. 이란과 이라크 국경 지역에 샤트 알아랍Shatt al-Arab강이 있습니다. 이 강의 수로는 석유 수출 통로로 이용되는 중요한 지역인데, 1937년 이래로 이라크가 점유해왔습니다. 그런데 1975년 양국 간 협정을 통해 이라크가 강 영유권의 상당 부분을 이란에 양보했습니다. 양보라고 표현했지만 이라크 입장에서는 협박에 의한 강탈에 가까웠습니다. 이라크가 양보할 수밖에 없었던 이유는 인구의 약 20%를 차지하는 쿠르드족Kurd 때문이었습니다. 쿠르드족은 1차 세계대전 이후 서구 열강이 일방적으로 설정한 국경에 의해 이라크, 시리아, 튀르키예 등에 분산되었고, 이후 각국에서 치열한 분리 독립 투쟁을 해왔습니다. 그중 이라크에서 가장 격렬한 투쟁을 해왔고 현재도 그러한 상황입니다. 이란은 이라크를 견제하고자 이라크 내 쿠르드족의 무장 독립 투쟁을 지원했는데, 이는 당시 이라크에 상당한 타격이었습니다. 견디다 못한 이라크는 1975년 이란의 주장대로 강의 계곡선(강의 수심이 가장 깊은 곳)을 새로운 국경으로 받아들이는 대신에, 이란은 쿠르드족에 대한 일체의 지원을 중단하기로 합의합니다. 이른바 알제 협정Algiers Agreement입니다. 기존에는 이라크가 강의 수로 대부분을 점유했는데, 이 협정으로 강의 절반을 내준 것입니다. 후세인은 이 합의를 협박에 의한 강탈로 간주했습니다. 이후 복수의 칼날을 갈다가 이란이 혁명으로 혼란스러워지자 전쟁을 결심한 것입니다.

이란-이라크 전에 대한 다른 주장도 있습니다. 미국이 이라크를 부추거서 전쟁을 유도했다는 것입니다.[7] 미국은 이란에서 친미 성향의 팔라비 왕가를 잃었습니다. 그리고 미국을 악마로 규정하는 호메이니가 그 자리를 차지했습니다. 미국은 호메이니를 축출하고 싶었고 그래서 이라크에 무기 지원을 하며 전쟁을 유도했다는 것입니다. 전쟁을 유도했다는 주장은 음모론에 가깝지만, 전쟁 이후 서방 세계가 소극적 태도를 취했던 것은 사실입니다. 전쟁 발발 후 서방 세계는 별다른 중재 시도를 하지 않습니다. 과거 이스라엘과 아랍 간의 전쟁 때는 미국과 유엔이 적극적으로 중재 노력을 한 것과 상반되지요. 미국의 경우, 이란 견제 효과뿐만 아니라 무기 판매 수입이 늘어나서 전쟁을 방관했다는 주장도 있습니다. 실제로 전쟁 중 미국과 프랑스는 이라크의 주요 무기 공급원이었습니다.[8] 이 전쟁은 서구의 방관 속에서 무려 8년 동안 지속됩니다.

전쟁이 발발한 직후 시장은 다시 경색됐고 석유 수입국들은 공포에 빠졌습니다. 석유기업들은 실제 수요를 고려하지 않고 사재기에 나섰고, 그 결과 중동의 대표적 원유인 아라비안 라이트Arabian Light의 현물 유가Spot Price는 42달러까지 치솟았으며 역대 최고가를 기록했습니다. 이 시기에는 특히 일본의 조급함이 눈에 띕니다. 유럽은 일본 무역상사들이 석유를 사재기하는 것에 불만이 많았습니다. 이 때문에 1980년 12월 IEA 회의에서 유럽공동체EC의 고위 책임자는 일본 정부가 일본 무역상사들의 무분별한 석유 구매를 방관할 경우 소니와 도요타의 유럽 수출을 금지하겠다고 위협했습니다. 일본은 자원이 없는 국가였기 때문

에 석유 수급에 차질이 생기는 것을 여느 나라보다 두려워했습니다.[9]

정도의 차이는 있지만 다른 수입국들도 필요 이상으로 석유를 사들이기는 마찬가지였습니다. 원유 재고가 넘쳐서 저장할 공간이 부족해 임시로 유조선에 저장할 정도였습니다. 이러한 비이성적 수요가 1979~1980년의 유가를 폭등시켰습니다. 이란 혁명과 이란-이라크 전쟁, 소련의 아프간 침공 등은 모두 석유 시장의 불안을 증폭시키는 요인이었습니다. 그러나 이 모든 사건은 중동 지역에 한정해서 일어났고, 중동 대부분의 지역에서는 정상적인 생산 활동이 이뤄지고 있었습니다. 게다가 1970년대에 새로운 유전(북해, 멕시코만, 러시아 등)이 개발되고 1980년대 초반부터 전 세계가 경기 침체에 빠지면서 공급이 수요를 앞지릅니다. 그런데도 유가가 상승했던 것입니다.

한편, 당시 유가 상승은 1차적으로 구매자의 공포 때문이었지만 그에 못지않게 산유국의 탐욕도 큰 역할을 했습니다. 1차 오일쇼크 이후 유가 결정 권한은 OPEC에 있었습니다. OPEC 회원국들은 유가를 올려도 수요가 감소하지 않으니 공식 판매 가격 Official Selling Price 을 계속 인상합니다. 1980년 OPEC 장기전략위원회는 유가를 지속적으로 올려 5년 내 배럴당 60달러로 만드는 계획을 세웁니다. 이란 혁명 직전 유가가 13달러 수준이었으니 60달러는 엄청난 욕심이었습니다. 여기서 중요한 것은 시장 수요가 실제 소비를 반영하지 않고 공포와 탐욕에 의해 왜곡되었다는 것입니다.

이런 시장 상황을 냉정하게 직시하며 경고한 사람이 있었으니, 바로 사우디의 석유 장관 야마니였습니다. 야마니는 1979~1980년 OPEC 회의 때마다 유가 억제를 강하게 주장했습니다. "수요와 공급의 법칙은 신성한 것"이라고 말하며, 탐욕에 빠져 그 법칙을 거스르는 정책은 반드시 대가를 치른다고 경고했습니다. 즉, 가격을 인위적으로 올리면 수요가 급격히 줄어서 가격이 폭락한다는 것입니다. 그러나 다른 OPEC 회원국 석유 장관들은 야마니의 주장에 전혀 동의하지 않았습니다. "야마니가 마약을 해서 정신이 이상해졌다"고 말하는 석유 장관도 있을 정도였습니다.[10]

수요와 공급의 법칙은 경제의 기본이자 시장의 작동 원리입니다. 수요와 공급이 아닌 각종 사건과 공포 그리고 탐욕에 의해 형성된 가격은 수요와 공급의 법칙을 단기적으로 이탈할 수 있습니다. 그러나 결국에는 자체적으로 조정을 거치며 원래의 균형점으로 회귀합니다. 이는 경제의 안정성을 유지하는 중요한 원리이기도 합니다.

수요와 공급의 법칙은 시장의 원리를 넘어 세상의 원리이자 역사의 수레바퀴를 굴리는 동력이기도 했습니다. 신대륙의 발견은 더 많은 공급원을 찾기 위함이었고, 열강의 제국주의 또한 더 많은 수요처와 공급원을 찾기 위한 노력이었습니다. 잉여 생산물로 인한 초과 공급에서 계급이 발생했고 그것이 소멸하자 공급자와 수요자 간의 역학 관계가 바뀌었습니다. 그래서 야마니는 수요와 공급의 법칙을 '신에 의한 법칙Divine Law'이라고 표현합니다.

신의 법칙은 마침내 시장을 심판합니다. 1982년, 전 세계적으로 경제 불황이 닥치고 석유 수요는 계속 감소합니다. 동시에 1차 오일쇼크 이후, 유가가 고공 행진을 하는 동안 경제성을 확보한 북해, 멕시코만, 알래스카의 석유 개발이 급진전되고, 새로운 유전의 생산량이 꾸준히 증가합니다. 결국 1982년을 기점으로 비OPEC 생산량이 OPEC 생산량을 앞지르면서 OPEC은 시장을 지배할 힘을 잃어 갑니다. 공급이 늘어나면서 이제 공급자가 구매자를 확보하기 위해 경쟁해야 하는 시장이 펼쳐집니다.

OPEC의 인위적인 고유가 정책은 비OPEC 국가의 생산량 증대를 야기하며 OPEC의 시장 지배력을 약화시켰습니다. 고유가로 인해 세계 에너지에서 석유가 차지하는 비중도 줄었습니다. 1978년에는 선진 공업국의 전체 에너지 중 석유가 53%를 차지했으나 1985년에는 43%로 축소됐습니다.[11] 석유 수요가 줄면서 서서히 공급 과잉의 시대로 변해갑니다. 시장 상황을 반영하지 않고 지속적인 가격 인상으로 대응한 OPEC 공식가격osp은 신뢰성과 수용성이 추락했고, 결국 시장은 새로운 기준 유가의 등장을 요구합니다.

바로 이때 시장의 새로운 질서를 알리는 바람이 뉴욕에서 불어옵니다. 1983년 3월, 오늘날까지 국제유가 뉴스에서 중요하게 다루어지는 뉴욕상품거래소NYMEX의 WTI 선물 유가가 등장한 것입니다.

# 22

# 국제유가, 월가의 손에 들어가다

유럽을 석유에 의존하게 만들고 미국이 그 석유를 확실히 통제하면
유럽은 미국에 의존할 수밖에 없다는 결론이 자연스레 도출된다.[12]

•

노엄 촘스키

1983년 3월, 뉴욕상품거래소가 WTI 선물거래를 시작한 것은 석유
시장에 새로운 시대가 왔음을 알리는 이정표와 같은 사건입니다. 이 사
건이 가지는 시대적 의미를 이해하기 위해서는 지금까지의 석유 시대
를 간략히 정리할 필요가 있습니다.

2000년 이전의 석유 산업은 세 시기로 구분됩니다. 그 기준은 수요
와 공급의 변화에 따른 힘의 변화인데, 이 변화에 따라 시장을 주도하는
주체가 달라졌기 때문입니다. 현대사에서 석유 수급 변화로 인한 역학
관계의 변화를 이해하는 것은 매우 중요합니다.

2차 세계대전 이후부터 1970년까지는 영미계 메이저 석유기업이 압도적인 기술과 자본으로 석유 산업을 지배했던 시대였습니다. 한국석유공사가 펴낸《석유산업의 이해》는 이 시기를 '메이저 지배 시대'라고 명시합니다. 이 시기에는 수요보다 공급이 많았습니다. 더 정확히 말하면 수요가 창출되기 전이었습니다. 따라서 석유라는 상품은 시장 개척이 필요했습니다. 주요 공급자였던 중동 국가들은 서구의 자본과 기술 없이는 석유를 온전히 생산할 수도 시장에 내다팔 수도 없었습니다. 판매 가격도 메이저 석유기업이 정했습니다. 중동 국가들의 영향력은 미미한 시기였습니다. 이러한 상황에서 영미계 메이저 석유기업이 석유를 개발하고 시장을 개척하며 석유 시대를 엽니다.

'메이저 지배 시대'의 시장 개척과 수요 창출은 단지 메이저 석유기업의 힘으로만 이뤄지지는 않았습니다. 미국은 이 시기에 마셜 플랜을 실행하며 서유럽에 경제 원조를 시행했는데, 뉴욕대학 중동연구센터 소장을 역임한 티머시 미첼Timothy Mitchell은 마셜 플랜의 주요 목적이 서유럽의 주요 에너지를 석탄에서 석유로 전환시키는 것이었다고 설명합니다. 마셜 플랜이 제공한 자금은 정유 공장을 건설하고 산업용 석유 보일러를 설치하는 등 석탄에서 석유로의 전환을 위한 인프라 건설에 지출됐습니다.[13] 마셜 플랜 기금의 10% 이상이 석유 조달에 사용되었는데, 이는 전체 기금의 용도 중 단일 항목으로는 가장 큰 비중이었습니다.[14] 또한 미국은 마셜 플랜을 통해 유럽에 제공한 현금 차관을 미국 기업으로부터 석유를 구매하는 데 사용하도록 합니다.[15]

촘스키는 미국의 이러한 노력이 세계 지배를 위함이었다고 주장합니다. 즉, 미국은 세계의 주요 에너지원을 석유로 비꾼 후, 석유를 지배하는 전략을 취하여 동맹국을 통제하게 되었다는 것입니다. 이를테면 미국은 중동 석유를 장악하고 호르무즈 해협과 같은 수송로의 통과를 보장함으로써 동맹국의 충성을 끌어낼 수 있었습니다.[16]

산업화의 진전과 마셜 플랜 등으로 석유 수요는 급속히 증가했습니다. 지속적인 수요 증가로 1970년을 기점으로 새로운 시대가 열립니다. 바로 이 시점에 잉여 생산량이 소멸하고 수요가 공급을 초과합니다. 이제 시장의 힘은 공급자인 OPEC으로 옮겨갑니다. 그래서 1970년 이후부터 1980년대 중반까지를 'OPEC 지배 시대'라 부릅니다.[17] 중동국가들은 이 시기에 석유를 무기화해 오일쇼크를 일으키기도 하고, 외교의 지렛대로 활용하기도 합니다. 또한 우월한 시장 지위 덕분에 OPEC이 석유 판매 가격을 정했습니다. OPEC 회의 때마다 석유 공식 판매 가격을 결정하는 것이 중요한 의제이자 이슈였습니다. OPEC 지배 시대의 끝은 관점에 따라 1983년 또는 1985년으로 갈립니다. 1983년을 끝으로 본다면 그것을 알리는 사건은 앞에서 언급한 뉴욕상업거래소의 원유 선물거래 개시입니다. 1985년을 끝으로 본다면 OPEC의 공식 판매 가격 제도가 유명무실해지는 1985년 말의 유가 폭락이 새로운 시대의 시작점입니다.

앞에서 설명했듯이 1983년 이전에 원유 가격은 OPEC의 공식 판매 가격이 주도했습니다. OPEC이 정한 가격을 수요자는 그대로 받아들여야 했습니다. 사우디의 주요 유종인 아라비안 라이트 등의 가격이 그 기준이었습니다. 그러나 1982년을 기점으로 비OPEC의 석유 생산량이 OPEC의 생산량을 앞지르게 됩니다. OPEC이 가격 결정권을 가졌던 시기에 유지했던 고유가가 비중동 지역의 석유 개발을 촉진한 결과였습니다. 1982년부터 OPEC은 생산량 측면에서도, 가격 신뢰성 측면에서도 시장을 지배할 힘을 상실합니다. 이에 따라 보다 정확하게 가격을 반영하고 거래할 수 있는 시스템에 대한 수요가 커졌습니다. 이러한 흐름에서 1983년 3월, 뉴욕상업거래소가 WTI 선물거래를 개시한 것입니다. 이로써 유가 결정권은 점차 생산국에서 거래 시장으로, 특히 미국과 영국이 주도하는 금융 시장으로 이동하기 시작했습니다.

이제 석유 시장은 다수의 공급자와 다수의 수요자가 경쟁하는 시대로 나아갑니다. 가격의 기준도 과거 OPEC이 일방적으로 공시하던 가격에서 시장 참여자의 수요와 공급에 의해 결정됩니다. 그래서《석유산업의 이해》는 1986년 이후를 '시장 상품화 시대'로 부르며 다음과 같이 규정합니다.

"실제 석유 수요와 공급에 따라 가격이 결정되어 시장 수급 영향력이 증대된 시기로 이에 따라 OPEC의 시장 통제력이 약화되었던 시대."[18]

이제 석유는 특수한 지위를 갖는 재화에서 시장의 원리에 지배받는 평범한 상품Commodity이 되었습니다. 그런데 사우디 석유 장관 야마니는 석유가 상품화되는 것에 매우 부정적이었습니다. 야마니뿐만 아니라 중동 산유국 모두가 석유의 상품화를 바라지 않았습니다. 그들은 석유가 특별하기를 바랐고, 시장이 아닌 OPEC의 영향 아래에서 거래되기를 바랐습니다. 석유가 시장 질서로 편입된다는 것은 자유 시장을 지배하는 세력, 즉 시장과 금융을 주도하는 미국에게 석유의 자산 가치를 결정할 권한을 넘겨준다는 의미였기 때문입니다. 야마니는 OPEC이 유가 결정권을 가진 시절에 아래와 같은 입장을 밝힌 적이 있습니다.

"석유는 차, 커피와 같은 일반적인 상품과 다르다는 것을 알아야 한다. 석유는 전략 상품이다. 너무 중요한 재화여서 현물 시장과 선물 시장의 변덕에 맡기거나 투기의 대상이 될 수 없다."[19]

그러나 상황은 야마니가 원하는 방향과 정확히 반대로 나아갔습니다. 뉴욕상품거래소의 원유 선물거래 가격은 단시간에 석유 가격의 벤치마크로 자리를 잡습니다. 이제 유가는 미국이 주도하는 거대한 금융 질서에 편입되어 실제 수요자와 공급자는 물론이고 다양한 투자자와 투기 세력 모두에 의해 결정됩니다. 이후 WTI 선물 가격은 금리, 주요 주가지수 등과 함께 경제 상황을 표시하는 지표가 됩니다.

이렇게 석유가 시장 질서로 편입된 것은 당시 세계 정세의 영향도 컸습니다. 석유 질서를 주도하는 국가 중 하나였던 영국에서 1979년 자유 시장과 자유 경제를 신봉하는 마거릿 대처가 총리로 선출됩니다. 대처는 '철의 여인Iron Lady'이라는 별명답게 거센 반발을 무릅쓰고 시장에 모든 것을 맡기는 정책을 추진했습니다. 대처는 BP의 정부 지분(전체 중 51%)을 모두 매각하여 자국의 석유 산업을 시장에 위임합니다. 영국산 원유 또한 예외가 아니었습니다. 북해산 브렌트유의 거래도 시장 질서를 따르게 됩니다. 대처가 총리가 되고 2년이 지난 1981년 런던국제석유거래소IPE(현재 ICE)가 설립됩니다. 그리고 1988년 브렌트유 선물 거래를 시작합니다. 영국은 금융업의 나라지요. 브렌트 유가는 영국의 강력한 금융업계와 연계되면서 전 세계 유가에 강력한 영향을 미치는 벤치마크로 자리잡습니다. 미국에서도 1981년 공화당의 로널드 레이건Ronald Reagan이 대통령에 취임하면서 대처와 동일한 지향점을 가진 경제 정책을 추진했습니다. 이른바 '레이거노믹스Reaganomics'는 세금을 줄이고 규제를 완화하는 자유방임적 정책으로 그 근간은 대처리즘과 마찬가지로 시장 경제의 확대입니다.

석유의 새로운 시대는 바로 이런 배경에서 펼쳐집니다. 역으로 석유가 시장 경제의 확장을 불러왔다고 볼 수도 있습니다. 어느 경우든 시장을 통해 이익을 확보하려는 의도가 있었습니다. 이는 다음 장에서 살펴볼 시장 상품화 시대의 이면에서 더욱 명확해집니다.

# 23

# 미국이 시장을 조종하는 법

모든 정치적 편향에서 자유로운 시장은 원래 없다. [20]

•

유발 하라리

앞서 말씀드린 바와 같이 2000년 이전 석유의 역사는 '메이저 지배 시대', 'OPEC 지배 시대', '시장 상품화 시대'로 구분할 수 있습니다. 시대마다 유가를 결정하는 주체가 달랐습니다. 메이저 지배 시대에는 메이저 석유기업, OPEC 지배 시대에는 대체로 OPEC 회원국, 시장 상품화 시대에는 시장이 그 주체입니다.

시장 상품화 시대를 특징짓는 사건은 뉴욕상품거래소와 런던 국제 석유거래소의 원유 선물거래 개시였습니다. 이후 석유 거래 참여자의 범위가 대폭 넓어집니다. 뉴욕과 런던의 거래소에는 투자은행, 헤지펀드, 트레이더 등이 참여하며 다양한 목적의 석유 거래가 이뤄집니다. 이들은 실물 석유가 필요하지 않지만 석유 거래 중개와 관련 파생상품 수익을 취하기 위해 석유 시장에 참여합니다. 석유가 금융 상품이 되면서 풍부한 유동성이 창출됩니다. 석유 시장의 거래자는 석유를 쉽게 현금화할 수도 있고, 파생상품을 활용하여 가격 위험을 헤지할 수도 있게 되었지요. 더불어 투자와 투기 목적의 석유 거래도 활성화됩니다. 이러한 변화로 석유 실물을 수반하지 않는 페이퍼 거래의 규모가 실물 거래의 비중을 압도합니다. 미국과 영국의 거래소에서 실물 생산량의 20~30배의 페이퍼 계약이 이뤄지게 됩니다.[21] 페이퍼 거래가 증가하면서 석유의 금융 상품화가 정착합니다. 그 결과 원유 선물과 관련 파생상품 등 금융 거래가 실물 유가에 영향을 미치는 주요 요인이 됩니다.

석유가 상품화되면서 주식이나 상품처럼 다양한 투자자와 수요자가 참여하는 시장에 의해 가격이 결정되는 것처럼 보였습니다. 유가도 언뜻 보면 '시장'이라는 보이지 않는 손에 따라 움직이는 듯합니다. 그러나 큰 그림에서 보면 다른 해석이 가능합니다.

시장의 규칙을 정하고 거대 자본의 흐름을 관리하며 금융 시스템을 지배하는 주체는 미국과 영국입니다. 이 두 국가가 보유한 금융 시장의 영향력, 기축통화의 지위, 정치적 영향력 등을 고려하면 자유 시장의 참여자들은 결국 그들이 설정한 규칙과 틀 안에서 움직일 수밖에 없습니다. 유발 하라리는 《사피엔스》에서 '극단적인 자유 시장 신봉주의는 산타클로스의 존재를 믿는 것만큼이나 순진한 생각이며, 모든 정치적 편향에서 벗어난 시장은 없다'라고 주장했습니다.[22] 이렇게 보면 석유 시장은 다시 영미계 메이저 석유기업 중심의 질서로 회귀했다고 볼 수도 있습니다. OPEC의 공식 판매 가격이 무력해지면서 유가가 미국과 영국이 주도하는 시장과 금융의 영향력 아래로 편입되었기 때문입니다. 앞에서 소개한 노엄 촘스키의 말을 변형한다면 미국은 세계 지배를 위해 주요 생산물을 '시장'에 편입시키고 그 시장을 지배하는 전략을 취했다고 볼 수 있는 것입니다.

실제로 미국이 석유·가스 실물 시장과 외환 시장에 인위적으로 개입하는 일이 발생합니다. 이란 혁명과 2차 오일쇼크를 겪으면서 유럽은 에너지의 중동 의존도를 줄이려고 했습니다. 유럽이 에너지 공급원의 다변화를 위해 선택한 곳은 소련이었습니다. 1980년대 초반 서유럽은 소련에서 천연가스 수입을 대폭 확대하고자 합니다. 그리고 소련산 가스 수입을 위한 가스관 건설을 계획합니다.

미국 정부는 이 계획에 강력히 반대합니다. 소련산 가스를 수입하는 것은 소련의 외화 수입을 증대시켜 소련 경제와 군사력을 강화할 위험이 있기 때문입니다.[23] 그러나 더 중요한 반대 이유는 가스관을 통한 공급 체계가 완성될 경우, 소련이 공급 중단을 무기로 유럽에 대한 정치적 영향력을 강화할 수도 있다는 것이었습니다.[24] 가스관이 건설되고 유럽이 그것에 의존하는 상황에서 소련이 가스관의 밸브를 잠그면 유럽은 에너지 위기에 빠질 가능성이 있습니다. 유럽의 에너지 안보가 소련에 의해 좌우되는 것을 미국은 받아들일 수 없었습니다.

유럽이 소련으로부터 에너지 수입을 확대하려고 한 시도는 그 전에도 있었습니다. 1부에서 소개한 것처럼 이탈리아 Eni의 초대 사장이었던 엔리코 마테이도 1960년대 초반에 소련산 석유 수입을 확대하고자 송유관을 건설하려고 했습니다. 그리고 의문의 죽음을 당했습니다.

1980년대 들어 유럽이 다시 비슷한 시도를 하자 미국은 무역 제재를 통해 유럽의 계획을 저지합니다. 철강 제품과 송유관 설비 기술의 유럽 수출을 금지한 것입니다. 또한 미국의 원천 기술을 이용하여 제조된 유럽 제품의 미국 수출도 제한합니다. 결국 유럽은 소련산 가스 수입량을 대폭 줄이고 노르웨이의 가스전을 개발하는 것으로 계획을 변경합니다.[25]

미국은 실물 시장뿐만 아니라 외환 시장에서도 정치적 영향력을 발휘하며 자유 시장의 본질과 모순되는 모습을 보입니다. 당시 미국은 달러 강세 탓에 자국 상품 수출에 어려움을 겪고 있었습니다. 레이건의 감세 정책으로 재정적자가 누적되는 상황에서 달러 강세로 무역적자도 가중되는 상황이었습니다. 그래서 1985년 미국은 선진 5개국(미국, 영국, 독일, 프랑스, 일본)의 재무 장관을 뉴욕의 플라자 호텔로 소집합니다. 그리고 달러화 강세를 해결하기 위한 플라자 합의Plaza Agreement를 끌어냅니다. 이 합의를 통해 엔화의 가치를 올리고 달러화의 가치를 낮추어 미국 상품의 가격 경쟁력을 높입니다. 결국 미국은 시장 상품화 시대에 시장이라는 전장에서 전장의 범위(유럽 시장에서 소련 배제)를 정하고, 무기의 성능(화폐의 가치)도 조정했던 것입니다.

다시 OPEC의 대응으로 돌아가보겠습니다. 앞서 살펴봤듯이 석유가 미국과 영국이 주도하는 시장에 편입된 결정적 계기는 수급의 변화였습니다. 즉, 공급 과잉의 시기로 접어들면서 OPEC이 시장에서 과점 생산자의 지위를 누리지 못하게 된 것이 컸습니다. 1982년 OPEC은 뒤늦게 생산량 쿼터 시스템을 도입합니다. 생산 쿼터를 배정하고 그 이상을 생산하지 않도록 회원국끼리 약속한 것입니다. 뉴욕에서 원유 선물 거래가 시작된 1983년 3월에 OPEC은 회원국의 생산량 쿼터 조정을 통해 생산량을 대폭 줄이기로 결의합니다. 새로운 시대의 도래를 알린 뉴욕의 원유 선물거래 개시와 그것을 늦추려는 OPEC의 노력이 불과 2주의 시차를 두고 같은 해, 같은 달에 일어난 것입니다. OPEC은 생산량 조정과 함께 공식 판매 가격도 배럴당 34달러에서 29달러로 인하했습니다.[26] OPEC 공식 가격의 영향력과 수용성을 유지하기 위한 최후의 노력이자 최초의 공식 가격 인하였습니다. 그러나 너무 늦었습니다.

1983년 3월, OPEC 결의 이후 사우디는 가격을 방어하기 위해 눈물겨운 감산에 돌입합니다. 그 결과 1983년부터 1985년 말까지 급격한 유가 하락을 방지할 수 있었습니다. 1983년 배럴당 30달러 내외였던 유가는 1985년 말 27달러 수준까지 완만하게 하락하며 안정적으로 유지됩니다. 그러나 이는 거의 사우디 혼자만의 노력으로 이룬 것이었습니다. 사우디 생산량은 1980년 하루 1,000만 배럴이 넘었으나 1985년에는 320만 배럴까지 감소합니다.[27] 줄어든 생산량에 비례하여 판매 수익도 감소했습니다. 사우디는 천문학적인 국가 수익 감소를 감수하면서 유가를 방어했던 것입니다. 사우디는 이러한 솔선수범에 발맞추어 다른 OPEC 회원국도 생산량 쿼터를 준수하기 바랐습니다. 아울러 비OPEC 산유국에도 유가 폭락을 막기 위해 협조할 것을 요구했습니다.

사우디의 지속적 경고에도 불구하고, 산유국의 공조는 이루어지지 않았습니다. 결국 야마니는 결단을 내립니다. 1985년이 저물어 갈 무렵, 사우디도 시장이 내모는 점유율 경쟁에 출사표를 던집니다.

# 24

# 1986년과 2014년, 왜 갑자기 유가는 폭락했을까?

가격이 얼마가 되든 OPEC은 감산하지 않을 것이다.

20달러, 40달러, 50달러, 60달러든 상관없다.

•

알리 알 나이미, 전 사우디 석유 장관

지난 60여 년간의 유가 그래프를 보면 몇 차례 뚜렷한 폭락 구간을 볼 수 있습니다. 그중에서도 수직 낙하에 가까운 급락은 세 번 정도입니다. 첫 번째는 2014년 하반기부터 2015년에 걸쳐 유가가 100달러대에서 20달러대까지 추락한 경우이고, 두 번째는 1985년 말 30달러 수준이었던 유가가 1986년에는 10달러 이하로 떨어진 사건입니다. 마지막으로 2020년 팬데믹 시기에 국제유가가 잠시 '마이너스' 영역까지 떨어지는 초유의 사태가 벌어졌습니다.

팬데믹이 원인이었던 2020년 사례를 제외하고, 1986년과 2014년의 유가 폭락에 대해 많은 언론과 연구자가 그 원인과 시장 상황이 비슷하다고 말합니다. 2015년 1월《월스트리트 저널》은 〈백 투 더 퓨처Back to the future〉라는 기사에서 "석유가 1980년대를 재현한다Oil replays the 1980's bust" 라고 보도합니다.[28] 2014년과 1980년대 중반의 유가 급락이 매우 흡사하다는 것입니다. 한국은행 조사국이 발간한《국제경제리뷰》2016년 11호에서도 1980년대 중반과 2014년 유가 하락기의 석유 시장 여건이 여러 면에서 유사하다고 주장합니다.[29] 이 외에도 석유 시장을 분석하는 다수 기관에서 비슷한 의견을 내놓습니다.

왜 이들 언론과 기관은 1986년과 2014년이 비슷하다고 입을 모은 것일까요? 이를 이해하기 위한 키워드가 있습니다. 바로 시장 점유율입니다. 앞서 말한 자료들이 공통적으로 말하는 유가 하락의 배경은 산유국의 점유율 경쟁입니다. 1986년에는 사우디가, 2014년에는 OPEC이 생산량 조정을 포기하고 점유율 전쟁을 하면서 유가 급락이 촉발되었습니다.

그럼 왜 산유국들은 점유율에 집착하는 것일까요? 그 이유는 세 가지로 정리할 수 있습니다. 가장 쉽고 직관적으로 알 수 있는 첫 번째 이유는 점유율이 바로 국가, 국민의 부와 직결되기 때문입니다. 중동과 아프리카 산유국은 대부분 국가 수입원을 석유에 의존하고 있습니다. 석유에만 의존하다 보니 다른 산업이 발전하지 못하는 현상, 즉 자원의 저주 현상이 당시 산유국에서 일반적이었습니다. 그런 나라들에 석유 산업은 우리나라의 반도체, 자동차, 중공업에 해당합니다. 어떤 전략적인 이유가 있다 하더라도, 우리나라에서 국가의 근간이 되는 주력 수출 제품의 생산량을 줄이고 공장을 멈추는 일은 쉽지 않습니다. 산유국에도 점유율 상실은 국가의 부를 축소하고 정권과 체제마저 위협할 수 있었습니다.

두 번째 이유는 미래의 불확실성입니다. 산유국 입장에서는 석유 감산과 그로 인한 점유율 감소가 있더라도 미래에 언젠가 그 물량만큼 더 생산하고 판매할 수 있다는 확신이 있다면 감산 결정이 좀 더 쉬울 것입니다. 그러나 그것을 장담할 수 없었습니다. 이는 사우디 석유 장관 야마니의 발언에서 엿볼 수 있습니다. 1970년대에 야마니는 "석기 시대는 돌이 부족해져서 끝난 것이 아니다"라는 말을 남겼습니다. 그의 발언은 사우디가 보유한 엄청난 석유 매장량에 기인합니다. 사우디는 다른 산유국보다 석유를 30~40년 이상 더 오래 생산할 수 있을 정도로 막대한 매장량을 가진 국가입니다. 사우디와 같은 대형 산유국의 입장에서는 당장의 점유율 축소가 미래의 점유율 확대로 돌아온다는 보장이 없었습니다. 야마니의 말대로 자국의 석유가 고갈되기 전에 석유 시대가 끝날 수도 있기 때문입니다. 30~40년 후에도 시장이 석유를 원할지, 아니면 좌초자산으로 전락할지 불확실하기 때문에 당장의 점유율을 확대하여 석유를 처분해야 했습니다.

이러한 이유로 사우디는 1970년대에 줄곧 시장에서 최대 생산국의 위치를 유지했습니다. 시장에 물량을 충분히 공급하면서 유가를 낮게 유지하는 정책을 고수했던 것입니다. 이를 통해 신생 산유국의 등장과 대체 에너지 개발을 억제하면서 사우디의 점유율을 안정적으로 유지했습니다. 이러한 정책의 필요성을 야마니는 여러 인터뷰와 연설 등을 통해 역설했습니다. 이를 정리하면 다음과 같습니다.

"우리 사우디는 현재의 생산량을 유지해도 2050년까지 석유를 퍼낼 수 있다. 우리 입장은 알제리나 나이지리아처럼 매장량이 많지 않은 나라와 다르다.[30] 그런 나라의 석유 장관은 생산 물량을 조절해 고유가를 유도하는 정책을 주장할 수도 있다. 그들은 단기 이익이 우선이다. 그러나 고유가 정책은 석유 시대의 종말을 앞당길 수 있다. 우리의 연구 결과에 따르면 유가가 30달러를 넘으면 셰일오일과 원자력을 비롯한 대체 에너지원이 경제성을 갖게 된다.[31]석기 시대는 돌이 부족해져서 끝난 것이 아니다."

사우디의 정책 기조는 석유를 충분히 생산하면서 점유율을 확대하는 것이었습니다. 사우디 입장에서는 거대한 매장량의 가치가 언제까지 유지될지 확신할 수 없었기에 수요가 있을 때 최대한 생산량을 유지하려 했습니다. 그러나 1982년도를 기점으로 북해, 미주, 아프리카 등 비OPEC 생산량이 OPEC의 생산량을 앞지르고 전반적인 공급도 수요를 초과하게 됩니다. 게다가 1983년 WTI 선물거래가 개시되면서 OPEC의 가격 결정권을 위협받자 사우디는 긴급하게 정책을 수정합니다. 사우디가 과거와 같이 하루 1,000만 배럴(당시 세계 소비량의 약 15% 수준)을 시장에 공급하면, 30달러 수준의 공식 판매 가격은 무력해지고 유가는 곤두박질칠 것이 명백했습니다. 이 때문에 사우디는 물량을 충분히 공급하는 정책을 잠시 포기하고 급격한 감산에 돌입합니다. 감산은 최대 산유국 사우디의 정체성에 맞지 않고 야마니의 고유가에 의한 석유시대 단축 주장에도 부합하지 않습니다. 하지만 당장의 가격 붕괴를 막고 공식 판매 가격의 영향력을 유지하기 위해서는 불가피한 조치였습니다. 1982년부터 1985년 말까지 사우디는 하루 1,000만 배럴의 생산 물량을 300만 배럴 수준으로 줄입니다. 사우디는 국운을 걸고 이

고통스러운 감산을 실행합니다.

물론 사우디는 홀로 감산을 하며 다른 산유국을 위해 희생할 생각은 없었습니다. 다른 산유국도 사우디와 같은 현실 인식을 바탕으로 감산에 동조하길 바랐습니다. 사우디는 OPEC 회원국들에 생산 쿼터 준수를 지속적으로 요청하는 한편, 비OPEC국가에도 증산을 자제해 달라고 호소합니다. 만약 사우디와 물량으로 점유율 경쟁을 하겠다면 상대해주겠다고 경고도 합니다.

그러나 그들은 오히려 사우디를 배제하고 점유율 경쟁을 펼치며 생산 쿼터를 빈번히 위반했습니다. 당시 OPEC은 회원국의 생산 쿼터 준수 여부를 감시하기 위해 회계 감사를 실시하고 있었습니다. 석유 생산량 자체는 측정과 감시가 쉽지 않으니 석유 판매로 발생한 현금과 채권의 규모를 감시하는 방식이었습니다. 그러자 산유국은 석유를 무기, 항공기, 공산품 등 비현금성 자산과 맞바꾸는 연계 무역<sub>barter and countertrade</sub>을 하면서까지 쿼터를 위반합니다.[32] 1985년 6월 야마니는 사우디 국왕의 성명서를 대독하며 OPEC 회원국의 생산 쿼터 위반을 격렬하게 비난하고 다음과 같이 최후통첩을 합니다.

"사우디는 더 이상 시장의 공급량을 조절하는 역할을 하지 않을 것이며, 필요하다면 엄청난 양의 석유를 방출할 수 있다. 만약 회원국들이 자유 행동을 한다면, 그래서 모두가 자유로운 상황을 누려야 한다면 사우디도 자국의 이익을 지키기 위해 노력하지 않을 수 없다."[33]

2년 여간 사우디는 단독으로 생산량을 줄이면서 유가를 방어했지만 천문학적인 수준의 손실만 입었습니다. 사우디의 석유 수익은 1983년 1,190억 달러에서 1985년 260억 달러까지 줄어듭니다.[34] 사우디는 이러한 손실을 홀로 감당할 수는 없었습니다. 결국 야마니는 유가를 지지하기 위한 더 이상의 노력을 포기하기로 합니다. 당시의 자유 시장에서 생산량 담합은 한계가 있었던 것입니다. 마침내 1985년 12월 사우디는 막대한 매장량을 가진 최대 산유국 본래의 모습으로 돌아갑니다. 그리고 유가는 속절없이 추락하여 1985년 12월 30달러 수준에서 이듬해 10달러 아래로 폭락합니다.

이러한 전개는 2014~2015년의 유가 폭락과 상당히 닮아 있습니다. 2014년에도 사우디가 물량 조정의 역할을 포기하고 점유율 경쟁에 돌입하면서 유가가 폭락합니다. 1980년대에 사우디가 직면했던 감산과 점유율의 딜레마도 그대로 재현됩니다. 세계경제포럼World Economic Forum은 2014~2015년의 시장 상황에 대해 다음과 같이 설명합니다.

"한 산유국의 감산은 유가 하락을 막기에 불충분하다. 유가 하락을 막으려면 더 많은 감산이 필요하다. 그러나 너무 많은 감산을 하면 시장 점유율을 잃게 된다. 특히 부유한 북미 산유국에 점유율을 내주게 될 것이다."[35]

앞의 설명처럼 2014년 OPEC의 감산은 미국, 캐나다 등 비OPEC 국가들에 점유율을 넘겨줄 수 있는 상황이었습니다.[36] 특히 미국에서 셰일오일이 등장하여 무서운 속도로 생산량이 증가하고 있었습니다. 이로 인해 2014년에도 물량을 조절하는 스윙 프로듀서가 없는 상황에서 점유율 경쟁이 벌어지고 유가가 폭락하는 상황이 전개된 것입니다. 이 상황에서 2014년 12월 사우디 석유 장관 알리 알 나이미Ali al Naimi의 발언은 1985년 야마니의 발언을 떠오르게 합니다.

"가격이 얼마가 되든 OPEC은 감산하지 않을 것이다. 20달러, 40달러, 50달러, 60달러 얼마든 상관없다. 어쩌면 세계는 유가 100달러를 다시 보지 못할 수도 있다."[37]

나이미는 1980년대에 아람코에서 근무했습니다. 당시 사우디가 유가를 지키기 위해 감산했던 것의 결과, 즉 점유율 상실을 그는 기억하고 있었습니다.[38] 2014년 12월 나이미의 발언은 유가가 하락하더라도 점유율 전쟁을 불사하겠다는 결연한 의지를 보여줍니다. 당시 유가는 60달러 수준으로 이미 크게 하락한 상태였는데도 말입니다. 이듬해인 2015년 유가는 20달러대까지 추락합니다. 그리고 그의 발언대로 국제 유가는 2022년까지 100달러를 다시 보지 못했습니다.

지금까지 산유국들이 점유율에 집착할 수밖에 없는 이유 두 가지와 2014년의 시장 상황까지 알아봤습니다. 산유국이 점유율에 집착하는 중요한 이유가 하나 더 있습니다. 마지막 세 번째 이유도 2014년과 연결됩니다.

# 25

## 사우디가 한국 정유사의 최대 주주인 이유

강력한 이유는 강력한 행동을 낳는다.

•

윌리엄 셰익스피어

앞에서 살펴본 것처럼 사우디는 국운을 걸고 감산 정책을 펼쳤지만, 다른 산유국은 이에 동참하지 않고 빈번히 정해진 쿼터를 위반했습니다. 사우디로서는 국가의 근간인 석유 사업을 2년 가까이 멈춰 놓다시피 했지만 돌아온 결과는 점유율 감소와 막대한 손실뿐이었습니다. 결국 사우디도 점유율 전쟁을 선언하게 됩니다.

그런데 생산량을 늘린다고 해서 곧바로 점유율을 회복할 수는 없었습니다. 이미 시장은 공급 과잉 상태였고, 대부분의 석유 수입국은 구매처와 선호 유종, 거래 방식 등을 이미 확정한 상태였기 때문입니다. 한

때 판매량과 가격을 마음대로 정하던 석유 '갑중의 갑' 사우디는 이제 오히려 '을'의 위치에서 시장을 상대로 힘겨운 노력을 기울여야 했습니다. 이 과정을 보면 왜 산유국들이 그토록 점유율에 집착하는지 이해할 수 있습니다.

앞에서 산유국이 점유율을 지키려는 이유 두 가지를 설명했습니다. 지금 말씀드리는 세 번째가 어쩌면 가장 강력한 이유입니다. 결론부터 말하면 점유율은 한 번 잃으면 쉽게 회복할 수 없기 때문입니다.

당시 사우디는 하루 300만 배럴 수준의 생산량을 원래 생산 수준이 었던 1,000만 배럴까지 늘리고자 했습니다. 그러나 갑자기 시장이 사우디의 엄청난 물량을 받아줄 수는 없었습니다. 따라서 사우디는 시장의 후발 주자로서 고객을 빼앗아야 했고, 그러기 위해서는 효과적인 판매 전략이 필요했습니다. 사우디가 사용할 수 있는 가장 강력한 수단은 가격이었습니다. 기존의 공식 판매 가격을 포기하고 구매자에게 매력적인 가격 결정 방식을 제시하기로 합니다. 오일쇼크가 발생했던 1970년대에 석유는 부르는 게 값이었습니다. OPEC의 공식 판매 가격은 시장이 아닌 그들만의 회의실에서 정해졌습니다. 그러나 시대는 바뀌었고 사우디는 현실을 받아들일 수밖에 없었습니다.

사우디는 공식 판매 가격이 아닌 '넷백netback'이라는 새로운 방식으로 고객을 유인합니다. 넷백은 휘발유, 등유, 경유 등의 가격을 기초로 하여 유가를 정하는 방식입니다. 이는 공식 판매 가격에 기초한 기존 거래 전통을 깨는 파격적인 방식이었습니다. 원유의 1차 소비자는 정유업체 또는 석유화학업체입니다. 원유는 최종 소비자에게 전달되는 완성된 제품이 아닙니다. 정유업체가 원유를 정제해 휘발유, 등유, 경유 등으로 가공해야만 우리가 사용할 수 있습니다. 이렇게 정제 공정을 거친 원유를 석유제품 또는 제품유라고 합니다. 제품유를 만드는 정유업계가 원유를 대량으로 구매해야 원유 시장에서 점유율을 확대할 수 있습니다.

그런데 정유업체는 원유 가격과 제품유 가격의 차이가 일정하게 유지돼야 수익을 발생할 수 있습니다. 만약 원유를 구매한 직후 운송과 정제 기간 중 제품유 가격이 하락하면 정유업체는 손실을 봅니다. 얼핏 생각하면 정제 과정에서 부가가치가 더해지기에 제품유 가격이 원유 가격보다 더 높아야 합니다. 하지만 유가는 등락을 거듭하기에 제품유가 원유보다 저렴해지는 경우가 적지 않습니다. 정유업체는 이러한 역마진 리스크(정제 마진이 정제 비용 이하로 하락할 리스크) 때문에 대량의 원유 구매를 꺼립니다.

그런데 당시 사우디가 점유율 전쟁을 선언하며 도입한 넷백 방식은 시장에서 형성된 제품유 가격에서 정제 비용과 수율 등을 반영한 후 원유 가격을 정하는 방식이었습니다. 최종 제품유 가격에서 역산해 정유업체의 마진을 확보하는 방식이었기에 정유업계는 사우디 원유를 위험 없이 대량으로 구매할 수 있게 됩니다.

사우디가 수요처 확보를 위해 이런 방식을 선택한다는 것은 제품유 시황이 좋지 않을 때 저가에 원유를 대량으로 처분하는 상황도 감수해야 함을 의미합니다. 또한 넷백은 시장에서 형성된 제품유 가격을 기초로 원유 가격을 정하는 방식이기 때문에 시장에 유가 결정권을 넘겨주는 결과도 가져옵니다. 결국 시장이 승리한 것입니다. 이후 사우디의 공식 판매 가격도 일방적인 고정 가격 체제를 버리고 벤치마크 유종(두바

이유 등)의 가격에 할증 또는 할인값만을 가감하는 변동 가격 방식으로 바뀝니다. 벤치마크가 되는 유종의 가격은 시장에서 정해지기에 공식 판매 가격도 결국 시장을 수용한 것입니다.

이러한 파격적인 거래 조건에도 불구하고 사우디는 잃어버린 점유율을 회복하는 데 10년 이상 걸립니다. 1986년 이후 사우디는 점유율 회복 정책으로 돌아섰으나 1981년의 생산량인 하루 1,000만 배럴 수준을 쉽게 회복하지 못했습니다. 1986년에서 1990년까지 500~600만 배럴에서 머물다가, 1991년 걸프전 이후에 겨우 800만 배럴 수준을 회복합니다.[39] 잃어버린 점유율을 회복하는 데 10년 이상이 걸렸다고 해도 과언이 아닙니다.

이후 사우디는 점유율을 지키는 것의 중요성을 깨닫고 안정적인 수요처를 확보하기 위해 노력합니다. 사우디 국영 석유기업 아람코는 1988년 미국 텍사코의 정유 회사 지분 50%를 취득합니다. 그리고 이 정유사로 하여금 자사 원유를 지속적으로 구매하게 합니다. 미국이라는 최대의 석유 소비국에서 안정적 판로를 확보한 것입니다. 이런 모습은 세계 4위의 원유 수입국인 한국에서도 나타납니다. 사우디 아람코는 1991년 쌍용 정유(현재 S-Oil)의 지분 35%를 취득합니다. 이후 지분을 63.4%까지 늘려 최대 주주가 되면서 한국 정유사에 원유를 안정적으로 판매할 수 있게 됩니다. 2019년 4월에도 아람코는 또 다른 한국 정유사인 현대오일뱅크의 지분 17%를 매입하는 계약을 체결했습니다. 이로써 아람코는 이 정유사의 2대 주주가 됩니다. 이 역시 셰일 혁명으로 미국의 석유 생산량이 증가하면서 미국에 한국 시장 점유율을 내줄지도 모른다는 아람코의 우려에서 비롯됐다고 볼 수 있습니다.[40] 실제로 2016년 이후, 한국은 미국산 원유 수입을 매년 늘려왔습니다. 그 결과 2024년 한 해 동안 한국은 전체 수입 원유의 약 16%인 1억 6,843만 배럴을 미국에서 도입했습니다.[41] 이 수치는 미국산 원유 수입 규모에서 네덜란드에 이어 세계 2위입니다.

미국산 원유 수입이 큰 폭으로 늘어난 것은 우선 미국산 WTI유의 가격이 큰 폭으로 하락해서 두바이유 등 다른 유종 대비 가격 경쟁력을 갖췄기 때문입니다. 또 하나의 중요한 이유는 미국의 이란 제재로 이란산 원유 수입이 크게 줄었기 때문입니다. 이란은 한국이 원유를 수입하는 주요 국가였으나, 미국의 이란 제재로 2018년 4분기 이후 한국의 이란산 원유 수입은 '0'이 됩니다. 이후 한시적인 제재 예외로 잠시 수입이 허용되기도 했으나 2019년 5월부터 다시 이란산 원유를 도입할 수 없는 상황이 2026년까지 지속되고 있습니다.

이란 제재와 셰일 혁명의 시기가 겹친다는 점에서 이란 제재의 목적 중 하나가 미국산 원유의 아시아 시장 점유율 확대를 위한 것이라는 추정이 나오는 것도 무리는 아닙니다. 생산량이 증가할수록 점유율 확대는 중요하고, 그것을 일반적인 시장의 방식으로 추진하기에는 너무 힘들고 오래 걸리기 때문입니다. 특히 사우디의 잃어버린 점유율 10년의 시대는 점유율 회복이 얼마나 어려운지 보여줍니다.

1980년대 초반 사우디가 감산하던 시기에 비OPEC 산유국은 시장 점유율을 크게 증대했습니다. 이때 벌어진 OPEC과 비OPEC 간의 점유율 차이는 2000년대 초반까지 쉽게 좁혀지지 않습니다.[42] 이러한 경험 때문에 2014년 하반기 유가가 급락하는 상황에서도 OPEC은 감산은커녕 오히려 증산을 통해 점유율을 확대하려 합니다. 이러한 증산 기조는 2015년까지 이어지며 그해의 유가 폭락을 초래했습니다. OPEC이 필사적으로 증산한 것은 저유가를 통해 비OPEC 산유국의 투자 능력을 고사시킴으로써 장기적으로 점유율을 확대하려는 의도가 있었습니다. 그리고 또 하나의 중요한 이유는 한번 새로운 경쟁자에게 점유율을 뺏기면 다시 회복하기 어려울 수도 있다는 두려움이었습니다.

앞서 말했듯이 1986년 사우디가 점유율을 회복하려고 절박하게 노력하는 과정에서 유가는 급격히 떨어집니다. 그런데 당시의 하락은 과도한 면이 있습니다. 사우디가 점유율 경쟁을 선언했지만 앞서 설명한 바와 같이 점유율 회복은 쉽지 않았습니다. 시장의 경직성 때문에 증산에 한계가 있었습니다. 사우디의 생산량 회복은 서서히 이뤄졌기에 초기 증산 물량은 미미했습니다. 그런데 유가는 3분의 1 수준으로 폭락합니다. 사우디의 선언 자체가 시장에 공포와 충격을 준 것입니다.

시장에서 오버슈팅은 늘 일어나지만, 그래도 항상 뜻밖의 일입니다. 예상치 못한 유가 폭락에 산유국은 패닉에 빠지고, 세계 경제를 이끌던 미국과 일본도 당황합니다. 유가 폭락이라는 충격을 경험하고 나서야 사우디 이외의 산유국들도 마침내 감산 협의에 나서고, 미국과 일본 등도 경제적·외교적으로 개입합니다.

# 26

# 유가 폭락에 대처하는 새로운 자세

사우디가 단독으로 생산량을 줄이는 일은 없을 것이다.
이 점에 대한 나의 입장은 대처 여사만큼 완고하다.

•

쟈키 야마니

앞에서 산유국이 점유율에 집착하는 이유 세 가지와 점유율 경쟁으로 1986년 유가가 급락했던 시장 상황을 살펴봤습니다. 당시 유가가 하락했다고 해서 모든 석유 수입국이 이를 반기지는 않았습니다. 특히 미국의 경우, 유가 하락이 자국 석유 업계의 수익성 악화는 물론이고 수많은 중소형 독립계 석유기업의 도산을 초래할 수도 있었습니다.

그즈음 미국에서 정부가 석유 시장에 개입해야 한다는 주장이 고개를 드는데, 그 문제의 해결사 역할을 자처한 사람이 있었으니 바로 훗날 대통령이 되는 조지 H. W. 부시(아버지 부시)입니다. 당시 부통령이자 전직 석유 사업가였던 부시는 자신의 정치적 기반이자 석유 사업의 중심인 텍사스의 석유기업들이 유가 폭락으로 도산하는 것을 손놓고 지켜볼 수만은 없었습니다. 부시는 자유 시장을 중시한 레이건 정부의 반발을 무릅쓰고 시장에 정부 개입이 필요함을 암시하며 다음과 같이 소신을 밝힙니다.

"나는 국내 산업의 경쟁력 강화에 국가의 안전과 핵심적인 국익이 달려 있다고 믿고 있고, 줄곧 그렇게 믿어 왔다. 유가 하락은 미국 에너지 산업을 침체시켜 미국 전체에 심각한 타격을 줄 것이라 확신한다."[43]

미국은 유가의 급등도 급락도 바라지 않았습니다. 일정한 범위 내에서 통제되는 것을 원했습니다. 당시의 유가 폭락은 석유 산업에 악영향을 미칠 뿐 아니라 금융 시스템에도 큰 위협이었습니다. 석유 산업은 텍사스와 오클라호마 등 지역 경제의 핵심이었고, 대출의 담보였으며 또 다양한 파생상품의 기초자산이었습니다.

부시는 사우디로 향했습니다. 당시 석유는 하나의 상품이었고 무역의 대상이었습니다. 석유라는 상품을 저가로 덤핑 수출하는 국가에 미국이 취할 수 있는 대응은 분명했습니다. 바로 무역의 대표적 압박 수단인 관세 부과입니다. 미국은 관세로 사우디를 압박합니다. 1986년 부시는 사우디를 방문해 관세 부과 의사를 전달했습니다. 관세가 부과되면 사우디는 미국 시장에서 주요 구매자를 잃을 수 있습니다. 반면 미국의 석유업계는 가격 경쟁력을 되찾고 자국 시장에서 점유율을 회복할 수 있습니다. 1980년 전후 사우디의 산유량은 일 1,000만 배럴 정도였는데, 이 중 약 140만 배럴을 받아준 곳이 미국이었습니다. 사우디의 최대 고객인 미국의 관세 부과는 사우디의 점유율 회복에 치명타였습니다.

유가의 하락이 언제나 석유 수입국에 좋은 소식인 것은 아니다. 외국의 석유가 저렴한 가격에 대량으로 공급될 경우, 국내의 석유 및 정유 업계가 타격을 받을 수 있기 때문이다. 그래서 텍사스 석유 사업가 출신이었던 부시는 사우디를 방문해 관세를 무기로 미국 석유업계를 보호하고자 했다.

출처: 위키피디아

아시아 시장의 큰손인 일본도 관세 부과 의사를 밝혔습니다. 당시 일본 경제는 전자제품과 자동차 산업을 앞세워 세계 시장을 장악하며 최전성기를 누리고 있었습니다. 문제는 지나친 무역수지 흑자였습니다. 이로 인해 미국과 유럽으로부터 각종 견제와 시장 개방 압박이 거세졌고, 일본은 저유가가 이러한 압력을 더 키울 것이라고 판단했습니다. 미국은 사우디뿐만 아니라 일본에도 고율의 관세를 부과하고 싶었을 것입니다.

또 다른 이유는 높은 석유 의존도입니다. 일본은 석유 의존을 낮추고자 꾸준히 노력해왔습니다. 저유가가 지속되면 다시 석유 의존도가 높아져 장기적으로 경제에 부담이 될 수 있다고 본 것입니다. 이런 이유로 일본 역시 관세 부과 의사를 밝혔습니다. 단, 미국이 부과하면 보조를 같이해 부과하겠다는 것입니다.[44] 당시 일본은 미국에 이어 세계에서 두 번째로 큰 석유 수입국이었습니다.

전 세계가 사우디의 대응을 주시하고 있었습니다. 최대 석유 수입국인 미국과 일본은 관세 부과 의사를 밝히며 생산량 감축을 요구했습니다. OPEC 회원국들 역시 사우디가 먼저 나서서 공급량을 조절해주기를 바랐습니다. 이러한 세계적인 압박에도 불구하고 야마니는 단호했습니다.

"사우디가 홀로 생산량을 줄이는 일은 없을 것이다. 모두가 함께 생산량을 조절하지 않으면 절대 줄이지 않을 것이다. 이 점에 대한 나의 입장은 대처 여사만큼 완고하다."[45]

야마니는 완고함의 대명사인 대처를 언급하며, 유가 폭락에 대해 새로운 자세로 대처할 것임을 분명히 했습니다. 즉, 야마니는 공조 없는 감산은 고려하지 않겠다고 말합니다. 물론 사우디에도 배럴당 10달러 이하의 유가는 예상 범위를 한참 벗어난 것이었고, 이는 그들도 바라던 바가 아니었습니다.

그렇다고 사우디가 다시 약한 모습을 보였다면 감산 합의는 어려웠을 것입니다. 이러한 상황에서 야마니의 발언은 다 같이 죽든지, 아니면 감산에 합의하고 그것을 준수하든지 양자택일을 요구하는 메시지였습니다. 결국 사우디의 결연한 태도는 강한 리더십으로 작용하면서 감산 합의를 이끌어냈고 이행률도 높였습니다.[46]

그러나 이미 너무 늦었습니다. 사우디는 2년간의 '독박 감산'으로 막대한 손실을 감수했고, 그 과정에서 유가 폭락까지 겪은 뒤였습니다. 사우디 국왕 파드가 야마니의 해임을 고려하던 중, 야마니는 왕실을 비난하는 듯한 발언을 합니다.

1986년 9월, 야마니는 자신이 유학했던 미국 하버드대학 350주년 기념식에 연사로 초청받았습니다. 세계를 움직이는 하버드의 명성을 과시하기 위한 연사로, 영국 왕세자 찰스와 함께 사우디의 야마니가 초청된 것이었습니다. 이 자리에서 그는 "우리의 석유 정책은 아무런 계획도 없이 즉흥적으로 이뤄진다"라고 연설했습니다.[47] 이 발언은 사우디 정부를 비난하는 뉘앙스를 담고 있었고, 결과적으로 1986년 10월 야마니는 해임됩니다. 20여 년간 사우디 석유 장관을 지내며 '석유 황제'로 불리던 그는 뉴스를 통해 자신이 해임됐다는 사실을 알게 됩니다.

사우디 왕실은 2년 넘게 이어진 감산이 별다른 성과 없이 유가 폭락으로 끝난 데에 대해 책임을 물을 수밖에 없었습니다. 그러나 야마니가 남긴 족적은 결코 작지 않았습니다. 유가 폭락으로 모든 산유국이 공포에 휩싸인 상황에서도 그는 오히려 증산 기조를 유지하겠다고 선언했습니다. 그 완고함은 철의 여인 대처를 능가할 정도였습니다.

1986년 내내 유가가 하락세를 멈추지 않았음에도, 사우디는 흔들림 없이 증산 정책을 이어갔습니다. 대니얼 예긴은 이러한 전략을 '진땀내기sweating'라고 표현했습니다. 이는 생산량을 줄이지 않고 버티며 상대를 진땀이 날 정도의 극한의 압박 상태로 몰아넣는다는 의미입니다. 결과적으로 사우디의 단호한 자세에 진땀이 난 산유국들은 1987년 이후 감산 합의를 충실히 이행하게 됐고, 유가는 배럴당 18달러 수준에서 안정됐습니다.

야마니의 필사즉생의 대처가 없었다면 감산 합의는 어려웠을 것입니다. 석유 시장에서 점유율 경쟁은 전쟁입니다. 따라서 감산 합의는 서로가 총구를 겨누는 전쟁 상황에서 동시에 총을 바닥에 내려놓자는 일종의 신사협정입니다. 감산 합의는 그만큼 힘든 일입니다. 이러한 점에서 사우디의 벼랑 끝 증산이 없었다면 OPEC이라는 단체는 이후 제대로 작동하지 못했을 수도 있습니다.

앞서 1986년과 2014년이 평행 이론처럼 닮았다고 언급한 바 있습니다. 실제로 2014년 이후의 상황도 1986년 이후와 매우 흡사합니다. 2014년 하반기, 셰일오일의 등장으로 유가가 폭락하고 2015년에도 저유가 기조가 이어졌지만, 사우디는 하루 1,000만 배럴 수준의 생산량을 그대로 유지했습니다. 다시 '진땀나는' 상황이 연출된 셈입니다.

당시 사우디 석유 장관 알리 알 나이미 역시 야마니처럼 "가격에 상관없이 사우디는 감산하지 않을 것이다"라고 선언했습니다. 그러나 시장에서는 1980년대와 같은 감산 합의와 공조가 재현될 수 있을지에 대한 의문이 컸습니다. 대니얼 예긴조차도 2016년 4월 언론과의 인터뷰에서 이렇게 밝혔습니다.

"세계 경제에 결정적 영향력을 가졌던 OPEC의 시대는 이젠 끝났다고 봐야 합니다. OPEC은 명백히 분열된 조직입니다."[48]

예긴은 인터뷰에서 OPEC의 감산 합의는 어려울 것이며, 따라서 유가 하락 추세를 되돌릴 수 없을 것이라고 예측했습니다. 그러나 그의 생각과 달리, OPEC은 2016년 11월 감산 합의를 이뤄냈습니다. 오히려 감산에 참여하는 국가도 크게 늘었습니다. 기존 OPEC 회원국 14개국 외에 러시아를 포함한 비OPEC 국가들이 감산 합의에 동참하며 'OPEC플러스'라는 새로운 생산량 협의체가 출범한 것입니다.

유가 하락이 지속되는 상황에서도 아랑곳하지 않고 증산을 계속한 사우디의 뚝심이 이번에는 더 광범위한 감산 체제를 이끌어냈습니다. 또한 미국에서 새로운 원유 물량이 쏟아지는 시장 상황에서 기존 산유국들이 생산량을 조절하지 않으면 공멸할 수 있다는 위기의식도 작용했습니다. 이러한 배경에서 OPEC플러스는 감산에 합의하고, 한동안 높은 수준의 감산 이행률을 유지했습니다. 그 결과 국제유가는 2018년 하반기까지 완만한 상승 흐름을 보였습니다.

한편, 1987년에 시작된 산유국의 감산 공조도 3년간 잘 이행되다가 1990년에 이르러 흔들리기 시작했습니다. 이라크와 쿠웨이트 국경에 위치한 루메일라 유전에서 쿠웨이트가 원유 생산을 늘리자, 이라크는 쿠웨이트가 자국의 원유를 훔쳤다고 주장했습니다. 또한 쿠웨이트가 생산 쿼터를 위반해 역내 유가가 크게 하락했다고도 비난했습니다. 당시 배럴당 18달러 수준이던 유가는 쿠웨이트의 증산으로 10달러까지 떨어집니다. 생산량 쿼터 위반과 석유 자산에서 비롯된 갈등으로 중동에 긴장이 고조됩니다. 냉전 종식으로 세계가 해빙 분위기를 맞이하고 있었지만, 중동에서는 오히려 전운이 짙게 드리우고 있었습니다.

# 27

# 걸프전, 오판과 편견의 향연

만약 이 거대한 석유 매장지가 사담 후세인의 손에 들어간다면
우리 일자리와 삶의 방식 그리고 지구상에 있는 우리와
우호적인 국가의 자유는 모두 희생될 것이다.

•

조지 H. W. 부시, 전 미국 대통령


1988년 이란-이라크전이 끝났습니다. 8년의 전쟁은 영토의 변화도 정권의 변화도 없이 양쪽에서 100만 명 이상의 사상자만 남기고 마무리됐습니다. 이라크의 사담 후세인은 바그다드에 거대한 승전 기념물을 세웠지만, 전쟁의 실익은 없었습니다. 이란도 미국의 지원을 받은 이라크를 상대로 겨우 국토를 지켜낸 것에 만족해야 했습니다.

전쟁 종료로 석유 시장의 불확실성은 한층 줄어들었습니다. 산유국 간의 감산 공조도 순조롭게 이뤄지면서 1980년대 후반 유가는 배럴당 18달러 안팎에서 안정세를 보였습니다. 그러나 이 평화는 오래가지 않았습니다. 1990년 8월, 후세인은 다시 전쟁을 결심했습니다. 이라크는 생산 쿼터 위반 등을 문제 삼아 쿠웨이트를 전격적으로 침공했고, 쿠웨이트는 제대로 된 저항도 못하고 점령당했습니다. 후세인은 쿠웨이트가 이라크의 19번째 주가 됐음을 선포하며, 이 편입에 역사적 정당성이 있다고 주장합니다. 이라크와 쿠웨이트는 종교적·문화적·역사적으로 원래 한 나라였는데, 서구 제국주의 국가들이 인위적으로 국경을 그어 나눠졌다는 것입니다.

이라크가 쿠웨이트를 점령하고 사우디까지 위협할 경우, 중동 석유의 대부분이 사담 후세인의 손에 들어가게 됩니다. 이미 이라크와 쿠웨이트의 산유량만 합쳐도 사우디에 필적했습니다. 미국은 중동 석유의 지배권이 반미 지도자에게 넘어가는 것을 용납할 수 없었습니다. 미국은 카터 독트린을 통해 이 지역에서 국익에 반하는 행위가 있으면 군사 행위를 할 것이라 선언했고 레이건도 이를 재확인했습니다. 또한 냉전 종식 후 새롭게 구축하려던 미국 주도의 국제질서가 무력 침공으로 흔들리는 것도 두고만 볼 수 없었습니다.

그러나 이라크는 8년간의 이란-이라크전을 통해 실전 경험을 갖춘 100만 병력의 군대를 보유하고 있었습니다. 또한 이라크의 미사일 사정권에는 미국의 우방인 사우디와 이스라엘이 있었습니다. 1990년 하반기 미국에서 이라크를 두고 치열한 논쟁이 벌어집니다. 전직 외교안보 관료 사이에 벌어진 브레진스키-키신저 논쟁이 대표적입니다. 당대 외교 전략가 브레진스키는 평화적 해결을, 1970년대 외교 주역 키신저는 무력 사용을 주장했습니다.[49] 평화적 해결을 주장하는 쪽은 무기 체계가 아무리 우수해도 지상전을 하면 미군의 피해도 클 것이라 말했습니다. 심지어 제2의 베트남전이 될 수 있다고 우려했지요. 이라크가 인접한 미국의 우방국 사우디와 이스라엘을 스커드 미사일로 공격하면 막대한 인명 피해가 발생할 수도 있었습니다. 반면 무력 사용을 주장하는 쪽은 후세인이 쿠웨이트를 발판으로 중동의 패자로 등극할 위험이 있음을 강조했습니다. 일부 서구 언론은 후세인을 십자군 전쟁 때 원정군을 물리치고 예루살렘을 탈환한 이슬람의 영웅 살라딘에 비유하며, 그의 등장이 서구 사회 전체의 위협이 될 수 있다고 말했습니다.

결국 군사 개입 주장이 힘을 얻습니다. 무엇보다 후세인이 침략자라는 점이 분명했고 그 점이 군사 개입의 정당성을 부여했습니다. 미국 대통령 부시는 다음과 같이 후세인을 살라딘의 반열에 올리며 무력 개입의 불가피함을 이야기했습니다.

"만약 이 거대한 석유 매장지가 사담 후세인의 손에 들어간다면, 우리 일자리와 삶의 방식 그리고 지구상에 있는 우리와 우호적인 국가의 자유는 모두 희생될 것이다."[50]

걸프전은 부시 말대로 석유 매장지에 대한 통제권을 두고 벌인 싸움이었습니다. 부시는 거기에 세계 평화라는 명분을 얹었습니다. 1990년 12월, 미국 주도로 유엔은 이라크를 향해 1991년 1월 15일까지 쿠웨이트에서 철수하지 않을 경우 군사 개입을 하겠다고 최후 통첩을 했습니다. 이라크는 철수를 거부했습니다. 미국을 비롯해 영국, 프랑스 등이 참여한 60만 이상의 다국적군이 페르시아만에 집결했습니다. 한국군도 비전투요원으로 참여했습니다. 미군 사령관 노먼 슈워츠코프Norman Schwarzkopf의 지휘 하에 '사막의 폭풍Desert Storm'이라는 작전명으로 전쟁이 시작됐습니다. 1991년 1월 17일, 바그다드 공습을 시작으로 2차 세계대전 후 최대 규모의 군사 작전이 개시된 것입니다.

다국적군은 6주간 공습만 진행했습니다. 미군이 90% 이상을 차지하는 지상군은 사우디 등 인접 국가에서 대기했습니다. 한 달여의 폭풍 같은 공습이 끝난 후 대기하고 있던 지상군이 진군했습니다. 지상전이 펼쳐지면 미군의 피해도 클 것이라는 예측과 달리, 다국적군은 지상전 개시 불과 4일 만에 이라크군을 쿠웨이트에서 몰아내고 전쟁을 끝냈습니다. 일방적인 전쟁이었습니다. 이라크군의 T-72 탱크는 미군의 M1 에이브람스 탱크의 적수가 되지 못했습니다. 당시 미 지상군 기갑중대장 맥매스터 Herbert R. McMaster 는 단 9대의 에이브람스 탱크를 이끌고 80여 대의 이라크 탱크를 격파하면서 은성무공훈장을 받았습니다. 이 전투에서 미군의 피해는 전무했습니다. 이후 맥매스터는 트럼프 1기 정부에서 국가안보보좌관에 오르며 북핵 문제를 다룹니다.

'사막의 폭풍' 작전은 미국 최첨단 무기의 경연장이기도 했습니다. 토마호크 미사일, 스텔스 전투기, 아파치 헬기 등이 압도적인 성능을 과시하며 이라크군이 미군의 상대가 될 수 없음을 여실히 보여줬습니다. 이라크는 스커드 미사일로 사우디와 이스라엘을 공격하려 했지만 상당수가 패트리어트 미사일에 요격됐습니다. 이 장면은 CNN을 통해 방송되면서 미군 무기의 우수성을 세계에 각인합니다. 이후 한국에서 패트리어트 도입을 추진하기도 했습니다. 이라크군에서 10만~20만 명의 사상자가 발생한 것으로 추정되고 군 체계도 와해된 반면, 미군 사망자는 150명 수준이었습니다. 걸프전에서 미국은 압도적인 힘을 증명합니다.

이렇게 미국이 일방적으로 화력을 사용할 수 있었던 배경에는 당시 국제 정세도 한몫을 했습니다. 이라크는 국제사회의 우군이 없었습니다. 앞서 살펴본 1956년 수에즈 위기의 경우, 이집트에는 소련이라는 든든한 우군이 있었습니다. 그래서 영국과 프랑스를 상대로 수에즈 운하를 국유화할 수 있었습니다. 미국은 소련과의 대립을 의식해 이집트의 행위를 묵인했습니다. 그러나 걸프전 당시 소련은 연방 해체를 앞둔 극심한 혼란기에 있었습니다. 중국은 천안문 사태의 혼란 속에 있었고 아직 강국으로 굴기하기 전이었습니다. 견제할 다른 세력이 없었기에 미국은 일방적인 화력을 부담 없이 퍼부을 수 있었습니다.

후세인도 미국과 전면전을 하게 될지 알았다면 쿠웨이트 점령을 고려하지 않았을 것입니다. 그는 몇 가지 이유로 치명적인 오판을 했습니다. 20세기 이후 발발한 8개의 주요 전쟁을 분석한 미국의 정치학자 존 스토신저John G. Stoessinger는 전쟁의 주요 원인으로 지도자의 '오판'을 꼽습니다. 한국전쟁 발발 직전 소련과 북한은 미국이 선포한 애치슨 라인에서 한반도가 제외되자 미국이 한반도의 공산화까지는 용인할 것이라고 오판합니다. 걸프전 직전 후세인의 오판도 이와 비슷한 면이 있습니다. 그는 미국의 주요 관심 국가는 사우디이므로, 미국이 사우디를 위해 전쟁을 할 수는 있어도 쿠웨이트를 위해 전쟁을 하지는 않으리라고 판단합니다. 중동판 애치슨 라인은 쿠웨이트를 비껴간다고 생각한 것입니다. 그런데 이러한 오판의 원인을 미국이 제공했다는 주장도 있습니다. 이라크가 쿠웨이트를 침공하기 직전 후세인은 이라크 주재 미국 대사 에이프릴 글래스피April Glaspie를 만납니다. 이 자리에서 글래스피는 후세인에게 이렇게 말합니다.

"우리는 이라크와 쿠웨이트 사이의 국경 분쟁에는 입장이 없다. 우리는 당신들이 남쪽에 거대한 병력을 배치한 것을 알고 있다. 보통 그런

것은 우리 소관이 아니다."[51]

후세인은 글래스피 대사의 발언을 쿠웨이트 침공에 대한 미국의 용인으로 받아들였다고 합니다.[52] 글래스피와의 대화에서 후세인의 오판과 편견도 엿볼 수 있습니다. 후세인은 과거 이란-이라크전에서 50만 명 이상의 사상자를 감수했지만, 미국은 "하나의 전쟁에서 1만 명 이상의 희생자도 감수할 수 없는 국가"라고 말합니다.[53] 이 발언에서 이라크군이 미군을 상대로 1만 명 이상의 사상자를 낼 수 있다는 후세인의 오판과 미국이 그것을 감내할 수 없을 것이라는 편견도 읽을 수 있습니다.

이외에도 미국이 개입하지 않으리라는 후세인의 판단에는 나름의 계산이 있었습니다. 미국은 전통적으로 역외균형전략Offshore Balancing을 펴왔습니다. 쉽게 말해 군대를 주둔시키지 않고, '멀리 떨어져서Offshore' 친미 국가와 반미 국가 간 '힘의 균형Balancing'을 통해 직접 개입을 최소화하는 것입니다. 적대국을 견제하기 위해 동맹국을 활용하고, 동시에 적대국을 이용해 동맹국의 과도한 세력 확장을 억제합니다. 어찌 보면 동양의 이이제이以夷制夷 계책과 닮았습니다.

2008년 12월, 오바마 행정부의 출범을 앞두고 미국 국제정치학의 석학 존 미어샤이머John J. Mearsheimer는 '역외균형전략으로의 복귀A Return to Offshore Balancing'라는 글을 게재합니다.[54] 여기서 그는 새로 출범하는 오바마 정부는 공약대로 이라크 주둔 미군을 철수하고, 냉전 시절 추구했던 역외균형전략으로 복귀할 것이라 예측하며 그 이유를 세 가지로 정리했습니다. 첫째로 역외균형전략을 취하면 인명 피해와 물적 손실을 동반하는 군사 개입을 최소화할 수 있다는 점을 꼽습니다. 둘째로 직접 개입은 역내 민족주의를 고조시켜 테러 위험을 높이는 반면, 역외균형전략은 이 위험을 줄인다고 말합니다. 마지막으로 이란과 시리아처럼 반미 성향이 강한 국가들의 불안감을 완화해, 그들의 핵 보유 의지와 반미 결속을 약화시킵니다. 역내 세력 균형에 의한 긴장 유지는 미국 방위 산업에도 유리합니다. 방산 업체는 완전한 평화도, 전쟁으로 인한 수요국의 경제 붕괴도 원치 않았습니다. 적당한 긴장의 지속은 꾸준한 무기 수요의 최적 조건이었습니다.

걸프전 직전 후세인의 계산으로는 미국은 역내 세력 균형 차원에서 이라크를 건드릴 수 없었습니다. 이라크의 이웃나라 이란은 이슬람 혁명 이후 철저한 반미 국가로 돌아섰습니다. 지금도 그렇지만 당시 이란은 미국을 대악마로 규정하고 있었습니다. 그러한 이란에 맞서 이라크는 8년간 처절한 전쟁을 했습니다. 그 전쟁을 통해 이라크는 반미·반서구 사상을 가진 이란 혁명이 사우디 등 이웃나라로 확산되는 것을 막는 방파제 역할을 했습니다. 미국도 첨단 무기를 이라크에 판매하며 간접적으로 이라크 편에 섰습니다. 만약 미국이 쿠웨이트 침공을 구실로 이라크를 붕괴시킨다면 역내 세력 균형이 깨지면서 이란이 중동의 최강자로 군림할 가능성이 높아집니다. 이란의 세력 확대는 미국이 중동에서 가장 원하지 않는 시나리오였습니다. 바로 이러한 이유로 미국은 걸프전에서 이라크군을 궤멸시키고도 후세인 정권을 그대로 두었다고 볼 수 있습니다. 후세인 정권이 무너지면 이라크의 인구 구성상 이란과 같은 시아파 정권이 들어설 가능성이 컸습니다. 후세인은 수니파였지만 이라크 국민의 약 60%는 이란과 같은 시아파이기 때문입니다. 만약 이라크에 시아파 정권이 들어선다면 이란-이라크-시리아로 이어지는 시아파 벨트가 수니파의 사우디를 압도하면서 역내 세력 균형이 깨질

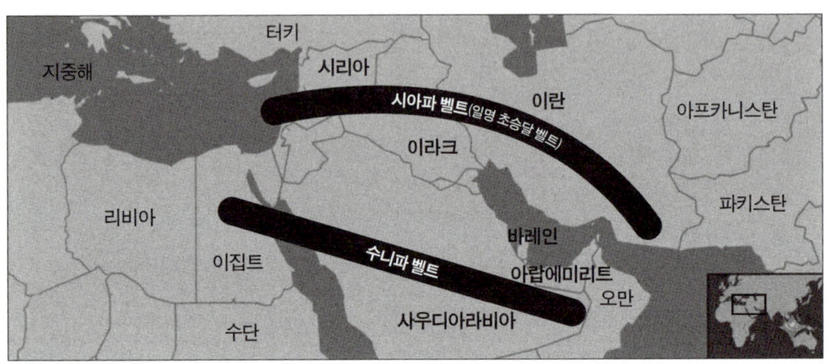


수 있었습니다. 사우디의 석유가 미국의 영향 하에 있는 것이 미국의 핵심 이익이라는 점에서 이는 매우 큰 리스크였습니다.

후세인은 역내 세력 균형 차원에서 자신의 수니파 정권을 미국이 내버려 둘 것이라고 판단합니다. 이는 반은 맞고 반은 틀린 결과를 낳습니다. 미국은 전면 개입을 선택하여 이라크군을 궤멸하지만 후세인 정권을 무너뜨리지는 않았습니다. 미국은 미군의 화력에 정신 차린 후세인이 고분고분해지면, 중동에서 세력 균형을 관리하기가 수월해지리라고 판단했을 것입니다.

그러나 이는 미국의 오판이었습니다. 그 오판은 12년이 지난 후 다시 전쟁이 일어나는 원인이 됩니다. 2003년 미국은 이라크를 침공해 불과 약 3주 만에 바그다드를 점령하고, 후세인 정권을 무너뜨립니다. 사담 후세인도 체포되어 결국 처형됩니다. 미국은 이후 이 지역에 군대를 주둔시키며 친미 성향의 민주 정부가 들어서길 기대했지만 그 또한 실패로 돌아갑니다. '군사적 점령'과 점령 후 '행정적 통제'는 전혀 다르다는 것을 생각하지 못했던 것입니다.

미국은 이라크를 통제하는 과정에서 어려움을 겪게 되자, 각국에 파병 등 지원을 요청하게 됩니다. 한국도 미국의 요청으로 2004년 공병과 의료 지원 인력을 중심으로 3,600명 규모의 대규모 파병을 단행합니다. 파병 여부를 둘러싸고 정치권과 시민 사회에서 논쟁이 있었지만, 정부는 이라크 재건과 인도적 지원이라는 이유를 내세워 파병을 결정합니다. 결과적으로 우리나라 국군 장병들은 이라크 재건과 평화 유지에 실질적으로 기여하며 맡은 임무를 성공적으로 완수했습니다. 당시 대통령은 "이라크 파병 장병들이 흘린 땀이 대한민국 외교에 큰 힘이 된다"고 말했습니다.[55]

이러한 노력에도 오바마 행정부는 막대한 비용과 피해를 뒤로 하고 2011년 이라크에서 군대를 철수시킵니다. 이런 점에서 미국의 이라크 정책도 오판과 실수의 연속이었습니다. 이란-이라크전에서 이라크를 지원했지만 이란을 굴복시키지 못했고, 이후 이라크와 두 차례 전쟁을 치렀지만 뜻대로 통제하지 못했기 때문입니다. 그러나 1991년의 상황에 한해서 본다면 중동에서 미국의 힘은 압도적이었고 냉전의 승자도 미국이었습니다. 바야흐로 미국의 시대가 오는 듯했습니다.

# 28

# 미국이 세계화와 자유 무역을 선택한 배경

청바지를 입은 자들이 어찌 '미국에 죽음을!'이라고
외칠 수 있단 말입니까?[56]

•

1999년 테헤란의 이란 여학생이 《뉴욕타임스》 기자에게

걸프전이 발발한 1991년, 현대사에서 중요한 또 하나의 뉴스가 전
해집니다. 그해 12월 25일, 소련의 마지막 공산당 서기장이자 당시 대
통령이었던 미하일 고르바초프Mikhail Gorbachev가 대통령직에서 사임하며
소련 해체를 공식화한 것입니다. 이로써 미국-소련 양극 체제가 무너지
고 미국이라는 초강대국이 주도하는 단일 질서의 시대가 열립니다. 냉
전 종식이라는 새로운 상황을 맞이한 미국은 중대한 선택에 직면합니
다. 컬럼비아대 역사학자 앨런 브링클리Alan Brinkley는 미국이 세계 유일
의 초강대국으로 부상하면서 두 가지 선택의 기로에 섰다고 말합니다.

하나는 미국의 힘과 자원을 국내 문제에 집중하는 것이고, 다른 하나는 세계 각지에서 공산주의와 싸우던 힘을 그대로 유지하며 미국의 외교적·경제적 이익을 지키기 위해 사용하는 것입니다.[57] 간략히 말해 힘의 방향을 내부로 돌릴지, 외부로 향할지 선택하는 문제였습니다. 브링클리는 미국이 후자를 택했고 그 결과 중동의 위험한 정세에 뛰어들었다고 말합니다. 한마디로 '미국 우선'인지, 아니면 '세계 우선'인지의 기로에서 미국은 후자, 즉 미국 주도의 세계화를 선택했다는 것입니다.

1990년대 세계의 화두는 단연 '세계화Globalization'였습니다. 세계화는 냉전의 승리자가 된 미국이 주도하는 새로운 규칙이었습니다. 과거 양극 체제 하에서는 두 진영은 상대방 영향권에 있는 지역을 침범하지 않았습니다.[58] 처칠의 말처럼 철의 장막Iron Curtain이 세계를 둘로 나누고 있었습니다. 이념으로 나뉘어 상호 교류가 없는 냉전의 상태가 지속됐고, 시장과 공급망도 대체로 분리돼 있었습니다.

그러나 새로운 세계 질서는 세계화라는 이름으로 자유 시장의 규칙을 전 세계에 확산시켰습니다. 세계화는 기본적으로 영국과 미국이 1970~1980년대 추구한 신자유주의에 기반을 두고 있습니다. 세계화를 통해 정부 역할 최소화, 규제 완화, 민영화, 자유 무역 등으로 대표되는 신자유주의적 경제 질서가 구축됩니다.

무엇보다도 세계화는 자본의 힘이 작용하는 무대를 확장했습니다. 그러나 산유국은 그 힘이 석유 자원에까지 닿는 것이 달갑지 않았습니다. 2차 세계대전 이후 영국과 미국이 산유국과 가장 힘겹게 싸웠던 문제는 산유국의 석유 자산 국유화였습니다. 앞에서 다뤘듯이 1953년 이란의 모사데그가 축출된 이유는 그가 이란 내의 석유 자산을 일방적으로 국유화했기 때문입니다. 베네수엘라 대통령 우고 차베스Hugo Chavez도 1999년 취임 후 반미·반세계화의 입장을 분명히 하며 자국의 석유 자산을 국유화합니다. 이로 인해 미국과 갈등을 겪었고, 경제 제재와 자본 철수로 자국의 석유 산업이 몰락하는 상황을 맞았습니다. 1970년대 산유국들이 오일쇼크와 함께 추진했던 것도 국유화였습니다. 이 시기에 이라크 석유공사Iraq Petroleum Company가 국유화됐고 리비아의 석유 자산도 카다피에 의해 절반 이상이 국유화됩니다. 심지어 미국이 사우디에 세운 석유기업 아람코마저 사우디의 국영 기업이 됐습니다.

서구의 시각에서 보면, 산유국 정부가 석유 자산을 직접 통제하는 국유화는 낡은 민족주의적 자세였고 반세계화의 움직임이었습니다. 그래서 서구에서는 1970년대를 '자원 민족주의'라는 말로 설명하기도 합니다. 서구적 시각이 반영된 표현입니다.

만약 우리나라 동해에서 거대한 유전이 발견된다면 한국 정부라도 그것을 국유화해서 정부가 통제하는 국영 기업에 생산과 판매를 위임하려 할 것입니다. 또한 산유국 정부는 외국 기업이 유전 발견 과정에서 기여했다 할지라도 외국 기업의 몫은 최소화하려 할 것입니다. 반대로 외국 기업은 유전 발견에 기여했다는 이유로 더 많은 권리를 주장할 것입니다. 그 과정에서 분쟁이 발생할 수도 있습니다. 이러한 분쟁의 본질적 원인은 민족주의라기보다, 자기 몫을 크게 하려는 보편적인 경제적 동기입니다. 다만 분쟁의 주체가 기업이 아니라 국가나 정부일 때 민족주의는 결집의 도구로 더 유용하게 이용될 뿐입니다. 그 결집의 도구는 정치적·외교적 문제로 확산되며 외국 기업의 활동을 어렵게 합니다. 다시 말해 석유 자산이 시장이 아닌 산유국 정부의 손 안에 있으면 서구는 자본의 힘을 쉽게 활용할 수 없습니다.

자본의 힘을 극대화할 수 있는 것은 세계화였습니다. 세계화를 설명한 《렉서스와 올리브 나무The Lexus and the Olive Tree》의 저자 토머스 프리드먼Thomas L. Friedman은 한 나라가 세계화 시대의 경제 규칙을 준수하기로 하면 이른바 '황금의 구속복Golden Straightjacket'을 입게 된다고 이야기합니다. 황금의 구속복은 민영화, 정부 역할 축소, 관세 인하, 자본 시장 규제 완화 등으로 구성됩니다.[59] 세계의 생산물을 자본의 힘으로 공유할 수 있도록 최적화된 장치들입니다. 이 장치들로 각국 정부는 외국인 투자를 유치하고 경제 성장에도 도움을 줄 수 있지만, 그 반대급부로 해당 정부의 권한은 일정한 틀, 즉 '구속복'에 갇히게 됩니다. 이런 조건에서 가장 큰 힘을 발휘할 수 있는 주체는 거대 다국적 기업입니다. 거대 다국적 기업은 정부의 힘이 축소되고 자본의 흐름이 자유로워진 상황에서 수익과 비용을 세계 곳곳으로 이전시킬 수 있습니다.

세계화의 주요한 흐름 중 하나는 산업 분야를 막론하고, 거대 다국적 기업의 등장이었습니다. 이 흐름을 석유기업이 주도합니다. 1990년대 후반부터 메이저 석유기업들의 초대형 인수합병이 잇따라 이뤄지면서 엑손모빌, 셰브런, BP, 토탈에너지스(구 토탈)와 같은 초대형 다국적 석유기업이 등장합니다.

먼저 BP부터 보겠습니다. BP의 CEO 존 브라운John Browne은 1995년 취임 직후부터 미들급 섬나라인 영국의 기업 BP가 살아남으려면 대형화하든지 아니면 죽든지 둘 중에 하나라고 단정했습니다.[60] 그리고 그 시기를 호시탐탐 노리다가 1998년 금융위기 시점에 맞춰 기업 합병을 추진합니다. BP의 첫 타깃은 모빌Mobil이었습니다. 모빌은 미국의 석유왕 록펠러가 세운 스탠더드 오일의 뉴욕 분사였습니다. 미국은 뉴욕의 석유기업을 영국에 넘겨주기는 싫었는지 이 협상은 결렬됩니다. 대신 BP는 아모코Amoco를 잡습니다. 아모코는 스탠더드 오일의 인디애나주 분사였습니다. 1998년 12월 한국이 외환위기의 여파로 휘청거릴 때 480억 달러 규모의 역대급 인수합병이 성사됩니다. 이듬해 4월, BP는 파산 위기에 처했던 아르코Arco까지 약 270억 달러에 인수하면서 현재와 같은 메이저 석유기업의 면모를 갖추게 됩니다.

이후 이어진 엑손과 모빌의 합병도 빠르게 진행됩니다. BP가 아모코를 인수한 가격이 거래 가격의 기준으로 활용되면서 엑손과 모빌이 각자의 주주를 설득하기 쉬워진 것입니다. 결국 1911년 반독점법에 의해 해체된 미국 1·2위의 석유기업이 1999년에 다시 합쳐집니다. 이렇게 탄생한 엑손모빌은 2011년까지 미국 주식시장에서 줄곧 시가총액 1위를 유지하는 세계 최대 기업이 됩니다. 2000년 10월에는 셰브론이 텍사코와 합병하여 새로운 셰브론으로 재출발합니다. 같은 해에 프랑스의 토탈도 자국 석유기업 엘프Elf와 합치면서 5대 메이저 석유기업 중 한자리를 차지합니다.

초대형 다국적 석유기업은 세계화가 펼쳐 놓은 세계라는 무대에서 석유라는 자산에 대한 지배력을 확보했습니다. 이 시기에 서구 자본이 특히 집중했던 곳은 중앙아시아였습니다. 냉전 시기에 중앙아시아는 미국이 넘볼 수 없는 소련의 영역이었습니다. 아제르바이잔, 투르크메니스탄, 카자흐스탄 등은 막대한 석유 매장량을 보유했지만 미국 기업에는 닫혀 있던 땅이었습니다. 그러나 소련이 해체되면서 새로운 황금의 샘으로 떠오릅니다. 중앙아시아는 지정학적으로도 매우 중요했습니다. 앞에서 설명한 바와 같이 이 지역은 19세기에 '그레이트 게임'이라는 이름으로 영국과 러시아가 각축하던 곳이었습니다. 소련이 붕괴하자 이곳에서 새로운 그레이트 게임이 벌어집니다. 과거와 달리 총칼이 아닌 시장에서 자본으로 벌이는 경쟁이었습니다. 경쟁의 목적은 이곳에 매장된 석유 개발권과 운송 수단 등의 확보였습니다. 1990년대에 미국, 유럽, 중국, 러시아 등이 중앙아시아의 석유 사업권을 놓고 벌인 경쟁은 뉴 그레이트 게임New Great Game이라 불리기도 합니다. 이 새로운 그레이트 게임에서 영미계 메이저 석유기업은 아제르바이잔, 카자흐스탄 등에서 대규모 석유 사업권을 따냅니다. 특히 1994년 9월 아제르바이잔의 석유 개발을 위해 BP, 셰브론, 엑손모빌 등이 컨소시엄을 구성해 아제르바이잔 국영 석유기업 소카르SOCAR와 생산물 분배 계약PSA을 체결합니다. 이 계약은 '세기의 거래'로 불리는데, 그만큼 역사적·정치적·경제적으로 중대한 사건이었습니다.[61] 이 계약으로 아제르바이잔 바쿠Baku 유전 개발에 서구 석유기업이 직접 참여하게 됩니다. 아제르바이잔의 바쿠와 인근 지역은 1920년 러시아 볼셰비키군이 점령한 이후로 소련 석유 산업의 출발점이자 주무대였습니다. 2차 세계대전 중에는 석유 매장지라는 전략적 중요성 때문에 히틀러가 집중적으로 공략했으나 점령하지 못한 곳이었습니다. 이곳의 점령 실패는 나치 독일이 패한 주요 원인으로 꼽힙니다. 세계화의 물결을 타고 과거 러시아와 나치가 탐냈던 바쿠가 서구 석유기업의 무대로 변모한 것입니다.

중앙아시아는 내륙에 있기 때문에 이곳의 석유는 유조선을 통해 해상으로 운송할 수 없습니다. 따라서 중앙아시아의 석유가 서구에 의미를 갖기 위해서는 거대한 송유관이 필요했습니다. 1990년대 중반부터 중앙아시아와 유럽을 잇는 대형 송유관 건설이 추진됩니다. 이 송유관은 당시 세계 최대 규모(총연장 1,768km)였기에 막대한 자본 투자가 필요했는데, BP와 셰브론과 같은 영미계 메이저 석유기업이 뛰어듭니다. 1993년 송유관에 대한 기초적 합의가 이뤄진 후, 12년의 준비와 건설 기간 끝에 2005년 아제르바이잔의 바쿠에서 시작해 조지아의 트빌리시Tbilisi를 거쳐 튀르키예의 지중해 연안 도시 제이한Ceyhan을 연결하는 BTC 송유관이 완공됩니다. 중앙아시아의 석유가 서구의 자본과 기술로 만들어진 송유관을 통해 서구에 수출되는 세계화의 한 형태가 실현된 것입니다. 미국으로서는 중동 석유 의존도를 낮추면서 유럽 동맹국에 석유를 공급하는 통로를 하나 더 마련합니다. 또한 이 송유관은 아랍 산유국으로부터 석유 수입을 기피하는 이스라엘에 매우 중요한 석유 공급로가 됩니다. 이로써 미국은 유럽과 중동에 영향력을 미칠 수 있는 카드 하나를 더 손에 넣습니다. 영국의 BP가 이 송유관의 최대 지분(30.1%)을 확보하여 운영권을 손에 넣었는데, 이 모습은 19세기 영국이 세계 경영을 하던 때 수에즈 운하의 최대 주주로서 운영권을 행사하던 모습을 떠오르게 합니다.

세계화는 본질적으로 해외에 매력적인 이권이나 생산물이 있어야 동력을 얻습니다. 넓게 보면 인류 최초의 세계화는 정화의 대원정이나 콜럼버스의 신대륙 발견이 이뤄진 15세기라고 볼 수 있습니다. 당시 중화사상에 빠져 있던 중국은 바깥의 문물에 매력을 느끼지 못하면서 정화의 노력 이후 더 이상 세계화를 추진하지 않습니다. 반면 유럽은 신대륙 발견을 통해 경제적 이익을 추구하면서 정복적인 세계화를 진행합니다. 당시 유럽인에게 인도와 일본 같은 동방은 향신료와 황금 등 매력적인 생산물이 가득한 곳이었습니다.

1990년대 미국은 세계 각지에서 얻을 수 있는 정치적·경제적 이익이 많았고 이것이 세계화의 주요한 동력이었습니다. 미국 입장에서 여전히 세계는 넓고 할 일은 많았던 것입니다. 특히 소련에서 떨어져 나온 중앙아시아 지역은 신대륙이나 다름없었습니다. 역사의 운율을 맞추기라도 하듯 20세기 말의 중앙아시아 석유는 15세기의 황금과 향신료처럼 세계화의 중대한 동력이 됩니다. 또한 그때나 지금이나 해상권을 장악한 나라가 패권국이 되었는데, 해상권의 장악은 곧 생산물의 장악이기 때문입니다. 미국은 전 세계 해상권을 장악한 상태에서 중앙아시아 내륙의 해상권이라 할 BTC 송유관의 건설과 운영에도 관여하며 미국이 주도하는 단일 질서를 공고히 했습니다.

이렇게 1990년대의 석유 시장은 미국의 지배 하에서 안정기에 접어드는 듯했습니다. 미국은 세계화와 자유 무역의 흐름 속에서 구소련의 유전 지대였던 중앙아시아의 신생 국가를 미국 자본의 영향권에 두기 위해 치열한 노력을 기울였습니다. 그러나 중동과 중앙아시아까지 뻗어 나가는 미국의 영향력에 대한 반발 자체가 사라진 것은 아니었습니다. 미국에 대한 강한 저항은 여러 단체와 결사로 나타납니다. 그리고 그들 중 가장 눈에 띄는 세력은 중동과 중앙아시아를 연결하는 아프간을 거점으로 활동합니다. 바로 오사마 빈 라덴의 알카에다Al-Qaeda와 탈레반Taliban 입니다.

# 석유, 오늘을 결정하다

## (2000~2025년)

# 29

# 9·11 테러는 정말 '문명의 충돌'이었을까?

이상은 평화롭지만 역사는 폭력적이다.

•

영화 〈퓨리Fury〉 중에서

세계화에 대해서는 부정적 시각과 긍정적 시각이 공존합니다. 부정적 시각에서는 세계화가 출발선도 다르고, 체급도 다른 국가들을 경쟁으로 내몰아 소수의 승자와 다수의 패자를 만든다고 주장합니다. 또 빈곤을 고착화시키고 국가 간 빈부의 격차를 확대한다고 지적합니다. 그러나 미국의 2000년대를 이끌었던 부시와 오바마는 정치와 경제를 자유화하고 세계화할수록 세계는 평화와 번영을 이룬다고 주장했습니다. 또한 환경과 인구 문제와 같이 개별 국가 영역에서 해결할 수 없는 문제가 많아졌습니다. 기후변화에 공동으로 대응하기 위해서는 국가 간 협력이 필요하고 국제분쟁과 난민에 대해서도 공동의 대처가 필요합니다. 이와 함께 교통과 통신의 발달은 세계화가 정치적·경제적 의도라기보다 자연스러운 흐름처럼 받아들여지게 하는 면이 있었습니다. 그래서인지 세계화는 2000년대 이후까지 꾸준히 시대의 흐름으로 자리 잡습니다. 한국에서도 1993년 문민정부가 들어서며 세계화를 핵심 국정과제로 추진했습니다. 1994년 국무총리를 위원장으로 하는 '세계화 추진위원회'가 설립되었고, 세계무역기구WTO 가입, 금융 및 자본시장 개방 확대 등의 정책이 실행됐습니다.

그러나 중동과 아랍은 세계화에 대해 다른 태도를 취했습니다. 물론 1991년 걸프전으로 미국이 강력한 힘과 의지를 보여주면서, 중동에서 국가나 정부 차원의 저항은 줄어듭니다. 이란의 호메이니, 이라크의 후세인 그리고 이집트의 나세르와 같은 사례는 찾아보기 힘들어졌습니다. 소련까지 해체되면서 미국 주도의 세계화는 더욱 확고한 흐름이 됩니다. 그러나 이슬람 세계에서 미국에 대한 거부감이 사라진 것은 아니었습니다. 전쟁과 혁명으로 표면화되지는 않았지만, 세계화가 진행될수록 원리주의 성향을 지닌 이슬람교도의 분노는 커졌습니다. 그들은 아랍이 경제적·문화적으로 미국의 영향을 받고 있다는 현실에 분노합니다. 무엇보다 걸프전 때 미군이 아랍 땅에 들어오면서 분노에 불이 붙습니다. 그러한 분노가 응집돼 나타난 결과는 개인 또는 집단이 폭력을 도구로 미국의 영향력에 대항하는 것이었습니다.[1] 즉, 이슬람 무장 세력이 성장합니다. 1980년대 무자헤딘과 헤즈볼라에 이어 1990년대에 알카에다 그리고 2000년대 이후에는 극단주의 무장 단체 이슬람 국가Islamic State(일명 IS)가 등장합니다. 이들은 힘으로 미국과 겨룰 수 없었고 국가도 아니기 때문에 전쟁을 벌일 수도 없었습니다. 이들이 선택한 방식은 테러였습니다.

2000년대 가장 충격적인 테러의 장본인은 아이러니하게도 미국에 가장 우호적인 국가 사우디에서 등장합니다. 바로 오사마 빈 라덴입니다. 그의 조국 사우디는 미국의 핵심 우방이자, 동시에 가장 원리주의적인 국가이기도 합니다. 지금도 사우디 여성은 법적 의무는 사라졌지만, 아바야Abaya(머리부터 덮는 검은 망토 모양 의상)로 온몸을 가립니다. 2019년 이전까지 남성 보호자 없이 외출이 불가능했고, 2018년 이전에는 운전도 불가능했습니다. 사우디는 수니파 맹주국으로 이슬람의 심장인 메카와 메디나가 있는 나라입니다. 원리주의 성향이 강하고 엄격한 이슬람 문화를 고수한다는 점에서 이란과 비슷합니다. 사우디는 수니파, 이란은 시아파의 맹주국으로서 서로 중동의 패권을 차지하려 한다는 점에서도 두 나라는 공통점을 갖습니다. 미국과의 관계에 있어서도 지금은 극명하게 다르지만, 과거에는 양국 모두 친미 노선을 택했습니다. 사우디는 1933년 미국과 수교 이후 줄곧 협력 관계였고, 이란도 1979년 혁명 이전까지는 미국과 우호 관계를 유지했습니다.

두 나라가 미국과 우호적인 관계를 유지했을 때, 그 정권에 격렬하게 맞서 싸우던 인물이 존재했다는 점도 같은 점입니다. 이란의 팔라비 왕정 시기 호메이니가 친미 이란 정권을 맹렬하게 비난했듯이, 빈 라덴도 친미 성향의 사우디 왕가를 축출해야 할 대상으로 규정했습니다. 호메이니가 그랬듯 빈 라덴도 조국에서 추방당했습니다. 호메이니는 1979년 이란으로 돌아와 혁명을 통해 이란을 반미 신정 국가로 돌려 세우지만, 빈 라덴은 사우디로 돌아가지 못하고 전 세계를 떠돕니다. 그러나 빈 라덴은 호메이니보다 더 강렬하고 충격적인 21세기의 한 장면을 만듭니다. 바로 2001년 9·11 테러입니다.

빈 라덴이 미국을 상대로 지하드(성전)를 결심한 계기는 미군의 사우디 주둔이었습니다. 미군 주둔은 항상 민감한 문제였습니다. 1945년 사우디가 석유의 중심지로 떠오르기 시작할 때, 미국은 그곳에 군대를 주둔시킵니다. 그러나 주둔 규모를 1960년대 이후 대폭 줄여야 했습니다.[2] 사우디에 미군이 주둔하는 것을 지도자도, 국민도 받아들일 수 없었기 때문입니다. 그런데 1990년 이라크가 쿠웨이트를 침공하자 약 50만 명의 미군이 이슬람의 양대 성지인 메카와 메디나에 다시 들어옵니다. 외국 군대가 주둔한다는 것은 민족주의 시각에서 굴욕이었습니다. 특히 이슬람의 심장과도 같은 성지에 주둔한 것은 목숨을 건 지하드의 이유가 됩니다. 빈 라덴은 1988년 테러 조직 알카에다를 결성했습니다. 그는 알카에다와 자신이 지원했던 아프간의 무자헤딘 전사들을 활용하면 미군의 도움 없이도 침략자 이라크를 물리칠 수 있다고 주장합니다. 그리고 구체적인 계획이 담긴 60페이지 분량의 제안서를 사우디 정부에 전달합니다. 그러나 그 제안은 받아들여지지 않았습니다.[3] 빈 라덴은 1990년 사우디의 왕자를 만나 "당신들은 당신들의 주인인 미국의 말을 듣고 있다. 나는 이슬람 군대의 사령관이다. 나는 오직 알라만을 두려워한다"[4]라고 말합니다. 이렇게 사우디 왕가를 미국의 하수인이라 규정한 빈 라덴은 사우디에서 쫓겨나다시피 1991년 수단으로 건너갑니다.

1990년 걸프전을 위해 미군이 사우디에 주둔한 이후, 빈 라덴의 알카에다는 반미 조직으로 성격을 굳힙니다. 그는 수단을 거점으로 알카에다를 운영하면서 건설업 등의 수익 사업으로 자금을 확보하고 미국에 대한 테러를 실행합니다. 1993년 빈 라덴은 수단에서 소말리아 내 미군에 대한 공격을 지원하여 블랙호크(UH-60) 헬기 2대를 떨어뜨립니다. 같은 해 알카에다는 미국 시민 6명이 사망한 월드 트레이드 센터 지하 주차장 폭탄 테러에도 관여합니다. 미국은 테러의 배후에 알카에다가 있다는 것을 파악하고 수단 정부에 빈 라덴에게 거처를 제공하지 말라고 요구합니다. 결국 빈 라덴은 수단에서도 추방됩니다.

빈 라덴의 다음 행선지는 아프간이었습니다. 1996년 5월, 빈 라덴은 아프간으로 건너가고 그곳에서 탈레반을 이끄는 지도자 물라 오마르Mullah Omar를 만납니다. 미국은 수단 정부가 빈 라덴을 추방하면, 그의 다음 행선지가 아프간이 될 수 있다고 예상했습니다. 그러나 그곳이 빈 라덴의 반미 투쟁의 새로운 거점이 되고, 이로 인해 긴 전쟁의 시작점이 될 것이라곤 전혀 예상하지 못했습니다. 아프간은 여러 여건상 빈 라덴의 활동을 제한할 수 있는 곳이었습니다. 당시 아프간은 1989년 소련군 철수 이후 내전 상태에 있었습니다. 구 정부 세력, 지역 무장 군벌, 종교 세력이 아프간의 통치권을 두고 치열하게 다투는 중이었습니다. 그 과정에서 아프간의 칸다하르 지역에서 성장한 수니파 원리주의 성향의 무장 조직 탈레반은 사우디 정부의 지원을 받으며 가장 강력한 세력으로 부상합니다.

사실 탈레반은 처음부터 미국과 대결할 의도를 가진 단체는 아니었습니다. 탈레반 지도자 오마르는 아프간 장악을 최우선 목표로 삼았고 그 과업도 쉬운 것이 아니었기 때문입니다. 탈레반은 1996년 아프간의 수도 카불을 점령하며 강력한 세력이 됐지만, 아프간의 북부 지역에서는 다수 세력이 '북부 동맹'을 결성해 탈레반과 치열하게 맞서고 있었습니다. 이러한 내전의 와중에 탈레반이 빈 라덴을 받아들이기는 했지만 그와 적극적으로 연합할 것이라 생각하기는 힘들었습니다. 탈레반 입장에서는 사우디 왕가를 부정하는 빈 라덴과 연합한다면 가장 중요한 후원자를 잃을 수 있었습니다. 실제로 오마르는 빈 라덴을 사우디에 넘길 계획을 갖고 있었습니다. 1996년 8월, 오마르는 사우디 정보 당국의 수장 투르키 알파이살Turki Al-Faisal 왕자에게 빈 라덴을 송환할 수 있다는 의사를 전달합니다. 다만 사우디도 탈레반도 빈 라덴이 알카에다의 수장이라는 점을 의식해서 적당한 시기를 찾지 못하고 있었습니다.

당시 미국도 탈레반을 부정적으로 보지 않았습니다. 미국 입장에서는 사우디와 같은 수니파이자, 이념적으로는 반사회주의 성향의 탈레반이 아프간의 지배 세력이 되어 통치하는 것은 나쁘지 않은 지역 안정화의 방향이었습니다. 당시 미국 정계는 향후 탈레반이 반미의 이란 모델보다는 친미의 사우디 모델을 따를 것이라 예측했습니다.[5] 더욱이 탈레반은 과거 미국으로부터 무기와 자금을 공급받으며 소련과 싸웠던 집단입니다.

그런데 빈 라덴의 탈레반 합류 이후 매우 흥미로운 장면이 펼쳐집니다. 아프간에 온 빈 라덴은 CNN, ABC 등 서구 언론과 빈번하게 인터뷰하며 이슬람의 목소리를 대변하기 시작합니다. 이 과정에서 더부살이 처지였던 빈 라덴이 오히려 탈레반을 상징하는 인물이 된 듯한 착시 효과를 일으키며 대미 성전의 중심 인물로 떠오릅니다. 그는 아프간에 온 지 3개월이 지난 1996년 8월 '두 개의 성지를 점령한 미군에 대한 지하드 선언Declaration of Jihad Against the Americans Occupying the Land of the Two Holy Places'을 발표합니다. 그는 이 발표를 통해 미군에 대한 테러는 무슬림의 신성한 의무라고 주장합니다. 같은 해 CNN과의 인터뷰에서는 이슬람의 분노를 표출하며 죽음을 무릅쓰고 미국과 싸워 그들을 쫓아내겠다는 결의를 표현합니다.[6]

사우디의 메카는 말 그대로 이슬람의 메카입니다. 그곳에 이교도의 군대가 주둔한다는 것은 이슬람의 공분을 사기에 충분했습니다. 그런 상황에서 상당수 이슬람교도의 불만을 빈 라덴이 서구 언론을 통해 대신 표출한 것입니다. 빈 라덴은 언론을 통해 종교적이고 도발적인 발언을 이어가며 탈레반을 상징하는 인사가 됩니다.

빈 라덴은 미디어의 힘을 잘 알고 있었습니다. 이슬람 세계에 잠재되고 억압된 욕구를 파악하고, 그것에 호소하며 자신을 그에 맞게 이미지화했습니다. 또한 언론 플레이를 통해 이슬람 공통의 의제를 선점하며 반미 투쟁의 주도권을 확립했습니다. 오마르는 빈 라덴의 이러한 대외 활동에 분노하며 언론 접촉을 자제하라고 요청했지만 이미 빈 라덴은 오마르의 통제 범위를 벗어난 상태였습니다. 게다가 탈레반도 '아프간 내전의 주도 세력'이 아니라, '반미 지하드의 중심 세력'이라는 새로운 정체성으로 전 세계에 인식되고 있었습니다.

이러한 전략으로 빈 라덴은 수십 년간 누적된 이슬람의 반서구 정서를 자신의 자원으로 가져옵니다. 이슬람 세계에 빈 라덴이라는 인물을 각인시키며 알카에다는 새로운 조직원을 충원했고 무장 세력 네트워크와 후원 체계도 확립했습니다. 물론 이러한 시도는 정작 탈레반 입장에서는 불편하고 위험한 것이었습니다. 따라서 오마르는 적절한 시점에 빈 라덴을 사우디에 넘겨주겠다는 입장을 수정하지 않았습니다.

그러나 그 시점에 빈 라덴은 대담한 테러를 기획하며 자신의 입지를 강화합니다. 1998년 8월 7일, 케냐 수도 나이로비의 미국 대사관 정문으로 트럭 한 대가 돌진합니다. 폭탄을 가득 실은 트럭은 대사관 정문과 충돌 후 폭발했습니다. 이 테러로 미국인 12명을 포함해 213명이 사망합니다. 알카에다가 실행한 최초의 대형 테러였습니다. 미국의 클린턴 정부는 이를 알카에다의 소행으로 파악하고 빈 라덴을 제거하기로 결정합니다. 빈 라덴의 거처를 확인한 후, 1998년 8월 20일 아라비아해에서 75대의 토마호크 미사일을 아프간으로 발사합니다. 그러나 이 미사일 공격은 실패로 끝났습니다. 미국의 공격에서 살아남으면서 빈 라덴의 입지는 더부살이에서 탈레반의 핵심 인물로 바뀝니다. 빈 라덴은 사우디로 압송될 뻔한 절체절명의 위기에서 대담한 테러를 감행하고 미국의 미사일 공격을 견뎌내며 상황을 반전시킵니다. 자신의 통치 지역을 공격받은 오마르도 태도를 바꿔 빈 라덴에게 은신처를 지속적으로 제공합니다. 미국은 이후에도 빈 라덴을 체포하기 위해 노력하지만 번번이 실패합니다.

탈레반의 비호 아래 빈 라덴은 오랫동안 구상한 테러를 치밀하게 진행합니다. 바로 2001년 9·11 테러입니다. 빈 라덴의 야심은 미국의 정치·경제·국방의 중심을 동시에 타격하는 것이었습니다. 대형 여객기 4대를 납치해 2대는 미국 자본주의의 상징인 월드 트레이드 센터를, 1대는 미국 국방부 건물인 펜타곤을, 그리고 마지막 1대는 백악관을 공격하겠다는 구상을 합니다. 훗날 백악관을 겨냥한 1대의 여객기는 승객들의 용기 있는 저항으로 실패하지만 3대는 테러에 성공합니다.

9·11 테러는 미국에서 여객기를 탈취해 동시다발적으로 진행되었기 때문에 서방 문화와 영어에 익숙한 인력이 필요했습니다. 즉, 서방에

서 나고 자랐거나 유학한 무슬림 학생들이 큰 역할을 합니다. 특히 함부르크 그룹이라 불리는 함부르크 유학생들이 9 · 11 테러를 행한 여객기에 탑승하고 있었습니다. 미국에 대한 증오로 뭉친 이들은 영어에 능통했고, 비행기 조종 능력과 같은 기술적 역량도 갖추고 있었습니다.[7] 엘리트이면서 서구 문화에 익숙하고 미래가 유망한 이들이 끔찍한 테러를 주도한 것입니다.

조국에서 추방돼 세계를 떠돌던 빈 라덴이 미국 중심부를 공격한 테러의 지도자가 된 가장 큰 이유는 그가 반서구 정서의 구심점이 되었기 때문입니다. 그렇다면 이러한 반서구 정서의 근원은 무엇일까요? 9 · 11 테러 이후 이슬람에 대한 관심이 높아지면서 걸프전과 9 · 11 테러 등을 '문명의 충돌'로 보는 시각도 있었습니다. 1996년에 출간된 새뮤얼 헌팅턴Samuel P. Huntington의 저서 《문명의 충돌The clash of Civilizations》은 국가 간 전쟁의 원인은 이념이 아니라 전통, 문화, 종교 때문이라고 설명합니다. 그의 책은 9 · 11 테러 이후 더 유명해집니다. 그러나 걸프전과 9 · 11 테러에서 나타난 이슬람과 서구의 갈등은 문명의 충돌로 설명이 안 되는 부분도 있습니다.

서구와 다른 문화권인 일본은 서구에 대한 증오는커녕 근대 이후 '탈아입구脫亞入歐'를 외치며 서구화를 추진했습니다. 한국의 경우 반미 정서나 반미 담론이 있기는 했지만, 서구 문화의 핵심인 기독교를 적극 수용했습니다. 또한 서구를 '서구 선진국'이라 관용적으로 통칭하고, 서양의 예술 또는 명품을 동경하는 모습에서도 한국인의 서양에 대한 태도를 읽을 수 있습니다. 확실히 반감보다는 동경에 가깝습니다. 한국은 오히려 동일 문화권인 중국과 일본에 더 강한 반감을 보이기도 합니다.

중국과 일본에 의한 침탈의 역사가 있었기 때문일 것입니다. 이런 점에서 문화의 이질성이 충돌을 부르는 주된 요소는 아닙니다. 만약 한국에서 서구 제국주의의 영향과 피해가 분명했다면 서구 문명을 대하는 태도는 지금과 같지 않았을 것입니다.

이러한 점에서 서구를 향한 이슬람의 증오는 마키아벨리의 설명으로 더 잘 이해할 수 있습니다. 마키아벨리는 인간의 본성을 냉철하게 통찰한《군주론》에서 군주가 미움을 받지 않기 위해서는 무엇보다 타인의 재산에 손을 대지 않아야 한다고 주장합니다. "인간이란 어버이의 죽음은 쉽게 잊어도 재산의 상실은 좀처럼 잊지 못하기 때문"[8]입니다. 9·11 테러에서 나타난 분노의 기원, 그리고 지금까지 이어지는 이슬람의 반목의 근원에는 제국주의 시절부터 이어진 침탈의 역사가 있습니다. 중동과 아랍은 20세기 석유 개발의 역사에서 부의 상당 부분을 서구가 앗아 갔다고 여깁니다. 그들이 아랍의 땅이라 여기는 팔레스타인 지역에 이민족 국가를 건설한 것도 테러의 주요 이유입니다. 땅과 석유는 가장 중요한 부의 원천이었습니다. 헌팅턴조차도《문명의 충돌》에서 걸프전을 '문명과 문명 사이의 자원 전쟁으로, 결국 세계 최대의 유전을 서구의 군사력에 안보를 의탁하는 사우디와 아랍 토후국들이 관리하느냐, 아니면 반서구적인 국가들이 관리하느냐를 둘러싼 대립'이라고 정의합니다.[9]

2003년 미국 갤럽이 이라크 바그다드 거주자를 대상으로 "미국의 이라크 침략 의도가 무엇인가?"를 물었을 때 54%의 응답자가 "석유(43%) 또는 석유에서 발생하는 부(11%) 때문"이라고 대답합니다.[10] 이라크 국민은 미국과의 두 차례 전쟁이 석유에서 비롯됐다고 인식하고 있는 것입니다. 이란에서도 호메이니가 미국을 '대악마'라고 부르며 적대시한 것도 석유에서 비롯합니다. 1908년 영국인 윌리엄 녹스 다시가 이란에서 최초로 석유를 발견한 이후로, 영국은 이란에서 막대한 석유 이익을 챙겼지만 이란 정부와 국민에 돌아간 몫은 상대적으로 적었습니다. 이 때문에 1951년 이란 총리 모사데그는 앵글로-이란 석유회사를 일방적으로 국유화했고, 이에 분노한 영국과 미국은 모사데그를 축출하고 팔라비에게 권력을 쥐어 줍니다. 팔라비 왕정 시기에도 막대한 석유 생산이 이어졌지만 여전히 이란 국민은 경제난에 시달렸고 이는 서구에 대한 분노로 이어집니다. 물론 중동의 사회·경제적 위기를 모두 서구 탓으로 돌릴 수는 없습니다. 다만, 수많은 원인들 가운데 서구의 영향은 분명했고, 인간의 신념은 상실감 위에서 단단해지기 마련입니다.

한편 미국은 9·11 테러가 있고 한 달도 지나지 않아 아프간에 군대를 파견해 탈레반을 수도 카불에서 몰아냈습니다. 2004년에는 미국의 보호 하에 새로운 아프간 정부가 수립되고 대통령도 선출됐습니다. 마침내 2011년 5월에는 오사마 빈 라덴도 미군 특수부대에 의해 사살됩니다. 당시 오바마 대통령과 힐러리 국무장관은 격식 없는 자세와 놀란 표정으로 그 장면을 생중계로 지켜봤습니다.

그러나 탈레반은 남쪽 국경으로 밀려났을 뿐 완전히 격퇴되지는 않았습니다. 미국이 오사마 빈 라덴을 제거하는 데 걸린 시간은 10년이었습니다. 이후 미군은 10년의 시간을 더 쓰며 아프간에서 싸우지만 끝내 탈레반 격멸에 실패합니다. 20년의 긴 싸움 끝에 미국 정부는 아프간에서 철수를 결정합니다. 2020년 2월, 미국 트럼프 정부는 카타르 도하

Doha에서 탈레반과 철군에 합의하는 협정을 체결합니다. 미국은 철군을 약속했고, 탈레반은 평화적 철수에 협조하기로 했습니다. 이른바 도하 협정Doha Agreement 입니다. 아프간은 국토의 약 70% 이상이 1,000m 이상의 고원 지대로 지형이 매우 험악합니다. 그런 환경에서 미국이 정보망을 총동원해 빈 라덴을 찾아내 사살할 수는 있었지만, 뿔뿔이 흩어진 무장 조직을 일일이 찾아다니며 제거하는 것은 어려웠던 것입니다. 결국 미군은 철수했고, 탈레반이 다시 아프간을 지배하게 됩니다.

9·11 테러의 근원을 찾아보면 부부 관계에 비유될 정도로 긴밀한 미국-사우디 관계에 대한 이슬람의 반발이 있습니다. 이란에서는 친미였던 팔라비 왕조에 대한 반발이 1979년 이슬람 혁명으로 나타났고, 친미 사우디 왕실에 대한 반발은 2001년 9·11 테러로 이어졌던 것입니다. 미국이 사우디·이란과 같은 대형 산유국을 전략적 우방으로 삼으려 했던 이유는 결국 '석유'였다는 점에서 미국의 현대사에서 석유의 역할을 다시 생각하게 합니다.

촘스키는 "중동에 석유가 없다면 미국은 중동에 대해 남극만큼도 관심을 두지 않을 것"이라고 말합니다.[11] 이러한 현상은 21세기 들어서도 크게 달라지지 않습니다. 2001년 출범한 부시 행정부의 대외 정책의 중심에도 석유가 있었습니다. 9·11 테러가 발생하던 시기에 미국의 정책 결정자들은 그들의 미래 전망을 근거로 외국 석유 확보를 국가 전략의 핵심 과제로 정합니다. 다음 장에서 미국 대외 정책의 근원적 동기가 석유라는 것이 더욱 명확해집니다.

# 30

# 석유 생산 예측은 틀리더라도 알아야 한다?

대통령이 에너지 안보를
무역과 외교의 최우선 순위에 둘 것을 권고한다.

•

2001년 미국 국가에너지정책 개발연구단NEPDG의 보고서 중에서

21세기를 맞이하고 미국이 테러와의 전쟁을 치르는 중에도 세계화는 그 동력을 잃지 않습니다. 2000년대 초반의 세계화는 앞선 시기보다 석유가 더 큰 동기로 작용했습니다. 2001년 대통령에 취임한 아들 조지 부시는 취임 직후 석유에 대한 장기 전망을 시도합니다. 2001년 부시는 부통령 딕 체니Dick Cheney를 의장으로 하는 에너지 태스크포스를 구성합니다. 체니는 석유 시추기업 대표를 지냈고, 1991년 걸프전 당시에는 국방장관이었습니다. 체니가 책임자가 된 태스크포스 명칭은 국가에너지정책 개발연구단National Energy Policy Development Group(이하 NEPDG)으

로 미 국무부, 재무부, 내무부 등 주요 부처가 대거 참여했습니다. 이 그룹은 국가 에너지 정책에 대한 보고서를 작성했는데, 2001년 5월에 완성된 이 보고서에 따르면 2020년 미국 원유 생산량은 하루 510만~580만 배럴 수준으로 감소할 것으로 전망됐습니다. 반면 원유 소비량은 하루 2,580만 배럴까지 증가합니다. 즉, 미국이 향후 자국 소비량의 20%도 생산하지 못할 것이라고 전망한 것입니다. 미국의 에너지 안보뿐만 아니라 패권, 나아가 존립마저 흔들 수 있는 심각한 예측 결과였습니다.

보고서는 미국 내 산유량 감소로 중동 석유 의존도가 더 높아질 것이고 따라서 중동 지역에 미국의 '사활적 이익vital interest'이 걸려 있다고 서술합니다.[12] 이런 예측이 있었음을 생각하면, 2003년 미국이 영국과 함께 이라크전을 수행하고 중동 정세에 깊숙이 관여한 것은 자연스러운 결과입니다. 사활적 이익이 걸린 중동 석유가 다른 반서구 세력의 영향 아래에 놓일 경우, 미국에 치명적인 결과를 초래할 수 있기 때문입니다.

석유만큼 예측을 비웃는 존재도 없습니다. 유전을 찾기 위한 탐사는 최첨단 장비와 인력을 동원해도 성공률이 30%를 넘기 힘듭니다. 유가 변동, 생산량, 석유의 종말에 대한 예측까지 석유에 대해서 인류는 늘 오판을 해왔습니다. 석유 앞에서는 누구도 교만할 수 없습니다. 미국의 대외 정책이 쉽게 바뀌는 것은 이러한 예측의 어려움에도 기인했습니다. 미국의 대외 정책, 특히 세계화냐, 자국 중심주의냐의 선택에서 석유는 매우 중요한 요소입니다. 그런데 미국이 세계화를 한창 추진하던 2001년의 에너지 정책 보고서는 자국의 원유 생산량이 세계 최고 수준으로 증가할 것을 전혀 예측하지 못했습니다. 오히려 감소할 것이라 전망합니다. 심지어 셰일오일의 생산량이 눈에 띄게 증가하기 시작한

2010년 이후에도 예측하지 못했습니다.

2012년 발간된 미국 에너지정보청Energy Information Administration(이하 EIA) 연례 보고서는 2020년의 석유 생산량을 불과 하루 670만 배럴 수준으로 전망했습니다.[13] EIA는 2014년 보고서에서 2020년 생산량 추정치를 하루 955만 배럴로 수정했지만[14] 미국은 그 예상치를 크게 초과하여 이미 2017년에 하루 900만 배럴을 돌파했습니다. 2018년에는 하루 1,100만 배럴 수준에 도달하면서 사우디를 제치고 세계 최대 산유국의 지위에 오릅니다.

금세기 최고의 횡재인 셰일 혁명이 임박할 때까지 미국은 그것을 제대로 예측하지 못했습니다. 셰일 혁명 이후의 국제 질서를 전망한 피터 자이한Peter Zeihan의 저서는 제목이 《Accidental Superpower》입니다.[15] '돌발적으로 혹은 우연하게 등장한 초강대국'으로 번역할 수 있습니다. 또한 하버드대학 행정대학원 교수 메건 오설리번Meghan O'sullivan은 2017년 10월 셰일오일이 미국을 어떻게 변화시킬지를 다룬 책을 내며, 그 제목을 '뜻밖의 횡재'라는 의미의 《Windfall》로 정합니다. 셰일 혁명으로 미국이 세계 최대의 석유 생산국이 된 것이 예상치 못한 횡재라는 것입니다. 오설리번은 이 책에서 2008년까지만 해도 세계적인 에너지 전문가들이 '비전통 석유unconventional oil'의 폭발적인 생산을 전혀 예견하지 못했다고 말합니다.[16]

NEPDG의 에너지 정책 보고서는 2008년보다 훨씬 이른 2001년에 작성됐습니다. 따라서 이 보고서 곳곳에서 미국이 에너지 위기에 처할 수 있다는 다급함이 묻어납니다. 보고서는 미국 에너지 안보를 위해 국제적인 협력 관계를 강화할 것을 주문합니다. 또한 에너지 안보를 무역과 외교 정책에서 최우선 순위로 삼아야 한다고 역설합니다. 그런데 그 세부 내용은 시장 친화적이고 신자유주의적인 세계화의 논리를 그대로 따르고 있습니다. 이를테면 에너지 기업과 관련한 규제에 대해 전반적인 재검토가 필요하고, 재검토할 때 에너지 안보를 고려해야 한다고 주장합니다. 또한 사우디, 카타르, UAE와 같은 중동 국가에 대한 미국 기업의 직접 투자가 용이하도록 정부 주도의 노력을 요청하는가 하면 심지어 러시아에 대해서도 같은 내용을 요구합니다.[17] 당시 추진 중이었던 중앙아시아의 BTC 송유관의 건설에 대해서도 적극적인 지원을 요구하는 등 전 세계를 아우르는 세계화 정책을 요구합니다. 부시 행정부의 정책은 이 보고서의 주장에서 벗어나지 않았습니다. 2001년 과거 적성국이었던 중국의 WTO 가입을 허용하고, 2003년 이라크 전쟁을 통해 바그다드를 점령한 후 미군을 주둔시킵니다. 2005년에는 중앙아시아를 가로지르는 BTC 송유관을 완공합니다. 또한 전 세계적으로 자유무역협정(이하 FTA)이 체결되는 가운데 2007년 한국도 미국과 FTA를 체결합니다.

그러나 미래는 보고서가 예측한 대로 흘러가지 않았습니다. 미국은 상당수의 정책을 번복합니다. 한미 FTA는 재협상이 추진됐고 이라크 주둔 미군은 철수합니다. 2018년 이후 지속되고 있는 미·중 무역 전쟁과 고율의 관세 부과도 미국이 중국을 WTO에 가입시켰던 세계화 정책의 번복이라 할 수 있습니다. WTO 가입으로 중국은 미국이라는 거대 소비시장에 진출할 수 있었습니다. 그 결과 세계화의 최대 수혜국이 되었고, 이제는 미국의 패권 경쟁자로 떠올랐습니다. 이는 미국의 세계화 전략이 치른 가장 큰 대가일 것입니다.

한편, 부시 행정부가 출범한 2001년 영국의 블레어 내각도 석유의 미래에 대해 미국과 비슷한 예측을 합니다. 영국 출신의 지질학자들로 이루어진 석유고갈분석센터Oil Depletion Analysis Centre는 5~10년 이내에 석유 생산이 절정에 이르고 이후 감소할 것이라는 보고서를 블레어 내각에 제출합니다. 이 보고서는 석유 공급 감소가 임박했고 세계가 심각한 석유 위기를 겪을 것이라고 예상합니다.[18] 이렇게 영국과 미국이 같은 시기에 같은 위기를 느끼는 상황에서, 이듬해 블레어가 부시에게 '무슨 일이든 당신과 함께 하겠다'는 메모를 보내며 이라크 전쟁을 함께 수행하겠다는 의지를 보인 것은 자연스런 수순이었습니다. 2002년 11월 영국의 《가디언》은 '왜 블레어는 맞춰 주려 하는가?why Blair is an appeaser?'라는 제목의 기사를 통해 블레어가 비난과 정치적 위험을 감수하며 부시에 협조하는 이유를 설명합니다. 이 기사는 영국에게 남은 시간은 5~10년 뿐이라는 석유고갈분석센터의 보고서를 소개합니다. 석유 위기가 임박하고 미국이 세계 에너지를 통제하는 상황에서 블레어 내각은 미국과 연합해 중동 석유에 대해 소수 지분이라도 확보하는 것이 최선이라 판단했다는 것입니다.[19] 이 기사는 영국의 역할을 '악어 이 사이에 낀 고기 조각을 먹는 새'에 비유합니다. 결국 블레어는 2003년 3월 '부시의 푸들Bush's poodle이라는 비난을 감수하며 유엔이 반대하는 이라크 전쟁을 함께 수행합니다. 1991년 걸프전이 그랬던 것처럼 영국과 미국은 압도적인 군사력으로 26일 만에 이라크를 점령합니다.

앞서 말했듯이 이라크 전쟁 후 미국은 이라크에 미군을 주둔시킵니다. 그런데 오히려 전쟁 자체보다 점령 후 주둔 기간 동안 훨씬 더 많은 사상자가 발생합니다. 주둔 비용도 천문학적인 수준이었습니다. 이

미국 대통령 부시와 영국 총리 블레어는 2001년 각각 다른 경로로 비슷한 내용의 보고서를 받았다. 모두 자국이 에너지 위기에 처할 수 있으니 그에 대비해야 한다는 내용이었다. 이 보고서들은 훗날 잘못된 전망으로 판명됐지만, 2000년대 초반 영국과 미국의 대외 정책을 이해하는 데 중요한 요소 중 하나다.

출처: 위키피디아

라크 전쟁부터 철수까지 약 8년의 기간 동안 약 4,400명의 미군이 사망합니다.[20] 이라크 전쟁 중 투입된 직접비용만 약 8,230억 달러(약 1,200조 원)에 이릅니다.[21] 이라크 전쟁은 유엔도 반대했고 영국과 미국의 입장에서 큰 소득이 없었던 데 반해 그 비용과 손실은 컸습니다. 이 전쟁은 9·11 테러에 대한 대응으로 시작되었지만 테러를 주도한 빈 라덴은 사우디 국적이었고 테러 가담자의 과반수가 사우디인이었습니다.[22] 9·11과 이라크의 연결고리는 약했습니다. 또한 이라크에 대량 살상 무기가 숨겨져 있다는 구실도 세계를 설득하지 못했습니다. 결국 이 전쟁이 수행된 것은 석유 공급에 대한 불안 때문이었습니다. 당시 미국의 석유 생산이 급감할 것이라 예측되는 상황에서 석유 공급지인 중동 한복판에 미국을 적대시하는 국가가 있는 것이 불안했던 것입니다. 이탈리아 Eni의 부사장과 하버드대학 선임 연구원을 역임한 마우게리는 '거세 공포'를 이야기합니다.[23] 1911년 처칠이 해군 함대 연료를 석유로 전환한 이후, 석유 공급이 줄어들 수 있다는 불안은 서구 사회를 지배한 집단적 무의식이 됐다는 것입니다. 석유는 단순한 자원이 아니라, 부와 힘의 원천이었기 때문입니다.

한편, 2003년 이라크 전쟁부터 2008년 여름까지 유가는 거침없이 상승합니다. 영국과 미국의 에너지 업계와 학계는 석유 고갈을 이야기하고 있었고, 중국은 거침없이 경제 성장을 이어가며 석유 수요를 늘려갔습니다. 2003년 배럴당 30달러 내외였던 유가는 2008년 7월 150달러까지 치솟으며 유가 200달러 시대가 올 것 같은 분위기가 형성됩니다. 바로 그때 유가는 갑자기 수직 하락합니다. 2008년 미국에서 금융 위기가 터진 것입니다.

# 31

# 금융위기가 전 세계로 퍼진 숨겨진 이유

상대를 지배하는 두 가지 방법이 있는데,

하나는 무기로 하는 것이고 다른 하나는 빚으로 하는 것이다.

•

존 애덤스, 미국 제2대 대통령

2008년 미국발 금융위기는 세계화와 신자유주의 흐름에 역풍을 불러옵니다. 유럽과 미국에서 세계화에 대한 여러 불만이 고개를 들며 반세계화의 움직임이 확산됩니다. 금융위기 이후 서구의 경제 성장률은 2000년대 초반보다 1%포인트 이상 낮아지고 실업률은 크게 높아집니다.[24] 여기에 더해 유럽에서 중동 난민 문제가 불거지고 이민자들이 일자리를 잠식한다는 불만이 커집니다. 이러한 불만은 브렉시트와 트럼프의 등장으로 대변되는 반세계화 정책의 출현을 재촉합니다. 이렇게 흐름이 바뀐 주된 요인 중 하나는 훗날의 셰일 혁명이었지만 그 시작점에는 금융위기가 있었습니다.

언뜻 보면 2008년 금융위기는 석유와 연관이 없어 보입니다. 당시 금융위기는 서브프라임 모기지론, 즉 비우량 주택담보대출의 부실에서 비롯됐으니 석유가 직접적인 요인이라고 할 수는 없습니다. 물론 국제 유가는 거시 경제의 한 축으로 물가와 금리 등 경제 전반에 영향을 주는 중요한 요소입니다. 그런 점에서 2000년대 들어 계속된 유가 상승 흐름도 금융위기에 영향을 줬다고 말할 수 있습니다. 그러나 여기서는 더 근원적인 차원에서 석유와 금융위기의 관계를 살펴보고자 합니다.

금융위기의 핵심은 그것이 단순한 미국 내 위기로 끝나지 않았다는 점입니다. 서브프라임 모기지론에서 비롯된 불씨가 순식간에 전 세계로 번졌습니다. 미국 내 부동산 가격 하락에서 시작된 소동이 어떻게 전 세계로 확산됐는지 그 구조에 대해 생각해봐야 합니다.

서브프라임 모기지론 사태의 1차 원인은 미국 금융계의 탐욕이었습니다. 상환 능력이 낮은 사람에게까지 고금리로 자금을 빌려준 것이 문제였습니다. 이후 부동산 가격이 하락하면서 원금과 이자를 상환하지 못하는 사람이 많아진 것입니다. 그런데 당시 미 연방준비제도(이하 연준) 의장 벤 버냉키Ben Bernanke에 따르면 서브프라임 모기지론의 상환 불능으로 인한 손실은 사실 전 세계 금융위기를 불러올 정도로 큰 규모는 아니었다고 합니다. 그것은 주식시장에서 시황이 나쁜 하루에 발생하는 손실과 비슷한 규모였습니다.[25] 더욱이 서브프라임 모기지론은 담보대출입니다. 최소한 손실을 막아줄 담보가 있습니다. 따라서 당시 문제는 손실의 규모가 아니었습니다. 더 중요한 원인은 금융의 개방성과 확산성이었습니다.

당시 서브프라임 모기지론을 취급하던 금융업계는 고객에게 대출해주고 받는 원금과 이자에 대한 권리를 증권화해 다른 금융 기관에 판매합니다. 이렇게 서브프라임 모기지론에 대한 권리를 모은 증권에 신용평가사는 AAA등급을 부여합니다. 비우량 증권에까지 우량 등급을 부여한 것인데, 여기에는 보험사의 역할이 컸습니다. AIG와 같은 세계적인 보험사가 다양한 파생상품을 통해 서브프라임 모기지론과 연관된 증권에 문제가 생길 경우 대신 지급을 약속했습니다.[26]

보험과 금융 공학이 동원된 신용 보강 장치로 우량 등급을 받은 증권은 리먼 브라더스를 포함한 글로벌 금융기관 사이에서 수없이 거래됩니다. 그래서 어떤 증권과 금융 상품에 서브프라임 모기지론이 포함돼 있는지 모를 정도로 곳곳에 지뢰처럼 자리 잡습니다. 서브프라임 모기지론이 거래될수록, 그리고 다른 여러 상품과 연계될수록 채권의 출처와 부실 여부는 더욱 불투명해졌고, 이는 대규모 파생상품 손실로 이어졌습니다.

당시 증권업을 활발하게 하던 글로벌 투자은행 리먼 브라더스도 서브프라임 모기지론이 부실화되면서 그것과 연계된 파생상품 손실로 인해 2008년 9월 파산합니다. 이는 글로벌 금융위기의 결정적 방아쇠였습니다. 이후 서브프라임 모기지론에 조금이라도 연관돼 있다면 그 상품을 매각하거나 거래를 중지하려는 움직임이 전 세계로 확산됩니다. 월스트리트의 '리먼 쇼크'가 글로벌 금융위기가 된 것은 금융의 세계화를 통해 전 세계의 금융 시스템이 연결돼 있었기 때문입니다. 미국 내 위기가 유럽과 아시아 등으로 확산된 것은 미국의 주택가격 하락 때문이 아닙니다. 그것은 미국이 자본의 경계를 없애고 전 세계 금융 시장을 개방하여 달러라는 국제통화에 연계시킨 것에서 출발합니다. 다시 말해 달러라는 국제통화로 전 세계 금융 시스템이 연결되어 있었다는 점이 미국 내 위기를 전 세계로 확산시킵니다.

그렇기에 미 연준의 해결책도 간단했습니다. 금융 시스템에 달러라는 국제통화를 충분히 공급하는 것입니다. 금융을 움직이는 핵심 요소인 신용이 무너져 융통이 막힌 상태에서 연준이 대신 거래를 하고 달러를 지급했습니다. 금융위기 이후 전 세계 은행들은 유동성을 확보하고자 현금처럼 보유하고 있던 미 국채를 내다 파는데, 미국은 이를 사들이면서 달러를 공급합니다. 국채뿐 아니라 주택저당증권과 기업 어음도 사들였고, 유럽 은행들에 통화 스와프를 통해 달러를 공급했습니다. 양적완화quantitative easing로 불리는 일련의 조치였습니다. 연방 기금 금리도 낮게 유지했습니다. 마치 연준이 헬리콥터에서 달러를 뿌려대듯 전방위로 달러를 공급하면서 금융위기가 금융 붕괴로 이어지지는 않았습니다.[27] 글로벌 금융위기는 달러라는 국제통화를 공급할 수 있는 미국의 능력으로 안정을 찾아갑니다.

여기서 미국의 입장에서 금융의 역할을 살펴볼 필요가 있습니다. 왜 패권국 미국은 외국에 금융 시장 개방을 요구하고 전 세계 금융계가 하나의 시스템으로 작동하게 했던 것일까요?

먼저 금융의 본질적 속성부터 살펴보고자 합니다. 유발 하라리는 《사피엔스》에서 중세 이후 인류의 생산성이 급격히 향상되고 과학이 발전할 수 있었던 주된 요인으로 '금융'을 꼽습니다. 그의 설명은 명쾌합니다. 금융이 도입되기 전에는 일류 제빵사가 될 수 있었던 젊은이의 재능도 세상에 기여하지 못하고 묻히기 일쑤였습니다. 제빵 도구나 재료를 살 돈을 마련할 수 없었기 때문입니다. 그런데 금융의 발전은 그 제빵사가 꿈을 이루게 합니다. 어떤 금융가가 그 제빵사의 능력을 믿고 자본을 투자해 빵을 만들 재료와 시설을 갖추게 해주면 제빵사는 자신의 능력을 한껏 발휘할 기회를 얻기 때문입니다.[28] 요컨대 금융은 '재능과 자원의 불균형을 해소'함으로써 무덤으로 가야만 했던 인류의 수많은 잠재 재능을 꽃피우게 합니다.

유럽에서는 15세기 피렌체의 메디치Medici 가문에서 근대적인 금융업이 시작됐습니다. 메디치가는 무역과 상업으로 쌓은 부를 효과적으로 관리하고자 복식 회계를 확립해 근대 금융과 회계의 출발점이 됩니다. 시간이 흐르며 유럽에서는 위대한 예술가도 과학자도 건축가도 금융가의 도움을 받을 기회를 얻게 됩니다. 그래서 금융 자본이 아니었으면 사장됐을 수많은 재능과 노력이 위대한 업적을 남깁니다. 아이작 뉴턴이 운동 법칙을 발견하지 못하고 제임스 와트가 증기 기관을 개량하지 못했을지라도 금융업이 존재하는 한 제2의 뉴턴과 제2의 와트가 비슷한 시기에 반드시 나왔을 것입니다. 뉴턴이 받은 장학금과 와트가 받은 투자금은 다른 누군가에게로 갔을 것이고, 그로 인해 과학의 발전은 계속되고 산업혁명은 일어났을 것입니다. 역사에 수많은 2등이 존재했지만 기억되지 않을 뿐입니다. 금융은 신대륙 발견에도 기여합니다. 스페인 여왕 이사벨 1세는 콜럼버스의 항해라는 불확실한 사업을 후원하여 신대륙의 발견을 가능하게 했습니다. 이사벨 1세는 모두가 반대하는 고위험 투자를 뚝심 있게 밀어붙였고, 콜럼버스는 신대륙 발견이라는 고수익으로 보답했습니다.

금융은 믿음과 기대라는 두 가지 인간 심리에 기반합니다. 이사벨 1세에게는 콜럼버스에 대한 '믿음'이 있었습니다. 그리고 그가 큰 수익을 가져올 것이라는 '기대'가 있었습니다. 금융은 최소한 원금은 회수할 수 있다는 믿음과 투자한 돈이 더 크게 돌아올 것이라는 기대가 있어야 성립합니다. '금융 기관이 돈을 빌려준다'는 뜻의 여신與信이란 단어는 믿음信을 뜻하는 글자를 포함합니다. 불확실한 가능성을 믿는 것입니다. 그 믿음에 대한 대가로 자본은 종종 놀라운 보상을 합니다. 믿는 자에게 복이 있음을 보여주는 수많은 사례 속에서 신용이 창출되고 금융이 성장했습니다. 금융을 통한 기회 창출과 성취는 자본주의의 큰 장점입니다. 그리고 그것이 인류의 생산성 향상에 기여했음은 부인할 수 없습니다. 요컨대 금융은 재능과 자원의 불균형을 해소해 우수한 인재와 기업이 필요한 자원을 갖게 함으로써 사회 전체의 생산성을 높였습니다.

그런데 금융 자본에는 다른 기능도 있습니다. 금융 자본은 자본 제공을 대가로 자원과 노동에 의해 창출된 가치의 분배를 요구합니다. 유발 하라리가 사용한 제빵사의 예에서 한 걸음 더 나가보겠습니다. 제빵사는 빵을 만들어 수익을 창출합니다. 하지만 수익 중 일부는 자본을 제공한 금융가에게 이자 또는 배당의 형태로 나눠줘야 합니다. 즉, 금융 자본은 투자와 대부에 대한 보상으로 제빵사의 부를 이전할 수 있는 기능이 있습니다. 이것은 금융 자본의 본질적 속성입니다. 이러한 기능을 활용할 수 있는 미국의 금융 자본과 다국적 기업은 자본시장 개방의 긴밀한 이해당사자입니다. 그래서 외국의 자본시장 개방을 정책으로 요구합니다.[29] 국제통화의 확립과 금융의 세계화는 거대 자본이 부를 이전하는 환경을 마련해주기 때문입니다.

물론 이러한 금융의 기능을 활용하려면 '투자'라는 어려운 결정을 해야 합니다. 그리고 투자에는 상당한 위험이 따릅니다. 수많은 투자 기회 중 옥석을 가려야 하고, 때로는 번지르르한 말과 계획이 헛것으로 변하는 과정도 목도해야 합니다. 그러나 시장 질서를 주도하는 패권국의 입장은 조금 다릅니다. 패권국은 불확실한 믿음에 기대지 않습니다. 시장 질서를 움직이는 패권국의 대부는 이미 검증되고 우월한 재능, 자원, 기업을 대상으로 합니다. 국제정치의 영향을 받는 금융 시스템에서 투자에 대한 보상은 합리적인 기대와 믿음이 아니라 시장의 조종과 통제에서 발생할 수 있습니다. 2001년 노벨 경제학상 수상자이자 전 세계은행 부총재인 조지프 스티글리츠Joseph E. Stiglitz는 "시장은 정치에 의해 규정된다"라고 말합니다. 그는 경제의 규칙은 정치가 정하며, 정치는 스스로 이익이 되는 방향으로 그 규칙을 설계한다고 주장합니다.[30] 앞서 살펴본 플라자 합의나 석유 시장을 조정하기 위한 미국의 개입은 이를 보여주는 사례입니다.

산유국도 석유를 통해 막대한 자본을 축적했습니다. 그래서 그들 역시 거대 자본의 주체가 되어 높은 자본수익률을 추구합니다. 사우디의 경우 국부펀드Public Investment Fund를 운용하며 전 세계 유망 사업과 부동산에 투자합니다. 아부다비의 왕자 만수르는 영국 프리미어 리그의 맨체스터 시티를 소유하고 있고, 사우디 국부펀드도 뉴캐슬 유나이티드 구단의 주인입니다. 2022년에는 사우디 국부펀드가 한국의 게임업체에 약 1조 원을 투자하며 관심을 끌기도 했습니다. 하지만 산유국은 미국보다 높은 수익률을 실현하기 어렵습니다.《21세기 자본》의 저자 토마 피케티에 따르면, 사우디는 오일머니를 통해 엄청난 자본을 형성할 수 있지만 국가의 안전과 체제 보장을 미국에 위탁한 이상, 불가피하게 수익률이 낮은 미국 국채에 투자할 수밖에 없다고 이야기합니다. 이를테면 1990년 이라크가 쿠웨이트를 침공했을 때, 미국이 이를 몰아내지 않았다면 이라크는 다음으로 사우디를 위협했을 것이고 그 위협에 이란이 동참했다면 사우디는 절체절명의 위기에 빠졌을 것입니다. 그래서 피케티는 사우디가 미국 국채를 대량으로 매입하며 낮은 자본수익률을 감내하는 것은 불합리하지 않다고 말합니다. 결과적으로 사우디 국부펀드의 수익률은 2~3%에 머무는데, 이는 상당한 비중이 미국 채권에 투자되었기 때문입니다.[31] 또한 산유국이건, 비산유국이건 외환 시장 안정과 외채 상환 등을 위해 상당한 규모의 달러를 비축해야 합니다. 특히 한국과 같이 급격한 외화 유출에 대한 트라우마가 있는 경우, 외환 보유고를 높게 유지하려는 경향이 있습니다.[32]

정리하면 2008년 금융위기는 미국 주택 가격의 하락에서 시작했지만 그것이 전 세계의 위기로 확산된 것은 달러라는 국제통화와 이에 기반한 금융 세계화에 원인이 있었습니다. 미국에게 금융 세계화는 수익률 게임에서 우위를 점하며 실물 경제에서 발생한 부를 효과적으로 이전할 수 있는 환경을 마련해줬습니다. 그러한 구조에서 미국은 석유라는 역외의 부를 최소의 비용으로 도입합니다. 그런데 석유와 2008년 금융위기의 밀접한 관련성은 여기서 그치지 않습니다.

# 32

## 사우디, 달러의 시대를 지켜주다

달러의 가치를 유지시킨 것은 각국이 국제 교역에서
큰 부분을 차지하는 필수 자재, 무엇보다 석유를 구매하는 데
미국의 통화를 이용해야 했다는 점이다.

•

티머시 미첼, 《탄소 민주주의》 중에서

앞서 살펴본 바와 같이 2008년 금융위기는 달러가 국제통화로 거래되는 현실에서 출발했습니다. 국제통화로서 달러의 등장은 1944년으로 거슬러 올라갑니다. 1944년 미국 뉴햄프셔주의 소도시 브레튼우즈Bretton Woods에 44개국 대표가 모여 전후 통화 질서와 금융 제도를 논의합니다. 이 회의 전부터 미국 재무부 소속 해리 덱스터 화이트Harry Dexter White와 영국 경제학자 존 메이너드 케인스John M. Keynes는 전후 통화와 금융 질서를 협의했습니다. 그리고 1944년 결론에 이릅니다. 브레튼우즈 회의는 달러를 국제통화로 하되, 달러를 금의 가치에 고정시키기로 결정했습니다.

당시 미국은 세계 최대의 금 보유국이었습니다. 전 세계 금의 절반 이상을 보유하고 있었습니다.[33] 막대한 금 보유량을 바탕으로 미국은 달러의 가치를 금의 가치로 표시하기로 한 것입니다. 미국은 금 1온스의 가치를 35달러에 고정하고 이 비율로 달러와 금을 교환해주겠다는 '금 태환'을 약속합니다. 이로써 달러는 금과 교환할 수 있는 증서가 되고, 국제통화의 지위를 얻게 됩니다.

브레튼우즈 체제는 기본적으로 금이 화폐 가치의 근거가 되는 금본위제Gold standard의 성격을 가집니다. 다만 금이 직접 화폐로 쓰이지 않고 금과 교환이 가능한 달러를 국제통화로 하기에 '금환본위제Gold exchange standard'라고도 합니다. 금 태환 약속을 통해 달러는 금에 준하는 안전 자산의 지위에 올라섰고, 이를 기초로 브레튼우즈 체제가 출범합니다. 금융 세계화의 시작입니다.

브레튼우즈 체제는 1960년대 후반부터 위기를 맞습니다. 미국은 마셜 플랜과 베트남전 수행 등으로 막대한 달러를 해외에 풀어야 했습니다. 브레튼우즈 체제 하에서 서유럽과 일본은 경제를 재건하며 세계 경제 규모를 키웠습니다. 또한 이들 국가가 미국과의 교역에서 얻은 무역수지 흑자는 달러의 과잉 유출을 초래했습니다. 그런데 미국 내 금의 규모는 한정되어 있어서 달러의 금 태환을 유지할 수 없는 상황에 이릅니다.

이에 따라 1971년 닉슨은 금 태환 포기를 선언하며 전후 통화 질서를 이끌어 온 브레튼우즈 체제의 종말을 고합니다. 닉슨의 선언은 달러의 국제통화 지위를 흔들 수 있었습니다. 더 이상 금이 달러를 뒷받침하지 않았기 때문입니다. 이때 위기에 빠진 달러를 구하는 흑기사가 등장합니다. 바로 사우디입니다. 닉슨이 금 태환 중단을 선언한 1970년대 초반은 석유 소비가 폭발적으로 늘어나던 시기였습니다. 2부에서 살펴본 바와 같이, 당시는 석유 수요의 급속한 증가로 산유국의 이익이 급증하던 시기였습니다. 이때 닉슨은 석유의 결제 통화로 달러만 사용해 줄 것을 사우디 왕실에 요청합니다.[34] 미국 재무 장관 윌리엄 사이먼William Simon이 1974년 사우디 국왕 파이살을 방문하여, 우선 석유 판매로 벌어들인 달러로 미국 국채를 대량으로 매입해달라고 요구합니다.[35] 브레튼우즈 체제 하에서 누적된 경상수지 적자를 해결하고자 한 것입니다. 사우디가 이를 받아들이면서 미국은 달러의 과잉 유출 상황을 해결합니다. 그리고 사우디는 석유의 결제 통화를 달러로 통일합니다. 여기에는 키신저 주도로 양국 간 밀약이 있었다는 주장도 있습니다. 이후 중동의 석유 결제 통화는 대부분 달러로 고정됩니다. 이른바 페트로달러Petrodollar 체제의 시작이었습니다.

금 대신 석유라는 교환 수단을 확보한 달러는 국제통화 지위를 유지합니다. 세계 각국은 석유를 구매하려면 자국 통화를 달러로 교환해야 했기에 달러의 수요와 가치는 유지됐습니다. 석유는 보편적 가치가 있는 자원이었습니다. 거래량은 석유가 금보다 오히려 더 많았습니다. 경제학자 프리드리히 하이에크Friedrich Hayek는 닉슨 쇼크 이전부터 금본위제를 국제상품본위제International commodity standard로 대체할 것을 주장하기도 했습니다.[36] 이 주장에는 화폐의 가치가 금보다 석유와 같은 상품에 의존하는 면이 크다는 인식이 있습니다.

화폐는 홀로 가치를 가질 수 없습니다. 그저 종이나 금속에 불과한 화폐는 약속에 의해 가치를 갖습니다. 브레튼우즈 체제에서는 금 태환 약속이 달러 가치의 기반이었습니다. 이후 달러가 국제통화로서 30년 가까이 기능했기 때문에 금 태환 중단 선언이 바로 달러의 몰락으로 이어지지는 않았을 것입니다. 금 태환은 심리적 요인으로만 작용하고 실제 달러의 가치는 미국의 정치적·경제적 힘에 기반한 면도 분명 있습니다. 그러나 금 태환 중단은 장기적으로 달러의 기축통화 역할에 많은 제약과 도전을 불러왔을 것입니다.

오늘날 달러는 금에 묶여 있지 않지만 기축통화로서 힘을 발휘하고 있습니다. 현대 문명의 가장 중요한 자원인 석유가 달러로 거래되기 때문입니다. 만약 최대 산유국 사우디가 달러 결제를 거부했다면, 또는 사우디가 다른 정치 세력의 손에 넘어갔다면 세계의 통화 질서는 달라졌을지도 모릅니다.

한편, 사우디도 달러가 종잇조각이 되는 것을 원치 않았습니다. 사우디는 막대한 석유 판매 수익을 안전한 화폐로 전환하여 안전하게 저장할 장소가 필요했습니다.[37] 달러가 종잇조각이 되면 가장 큰 피해를 보는 나라 중 하나는 사우디였습니다. 따라서 1971년 '닉슨 쇼크Nixon Shock'에 따른 달러 시스템의 붕괴를 원치 않았습니다. 이에 더해 미국의 군사력이 제공하는 체제의 안전도 포기할 수 없는 이익이었습니다. 당시 사우디 왕실은 외국의 위협은 물론이고, 내부적으로도 안전을 장담할 수 없었습니다. 사우디는 수니파의 맹주국이자 이슬람의 두 성지 메카와 메디나가 있는 곳입니다. 이 종교적 권위와 지리적 조건은 왕가의 정통성을 떠받치는 힘이었지만, 동시에 서구 문명에 거부감을 품은 이들이 자라나는 토양이기도 했습니다. 빈 라덴이 조국 사우디를 떠나 사우드 왕가를 비난하는 모습은, 혁명 전 호메이니가 외국에서 이란의 팔라비 왕가를 비난했던 모습과 다르지 않습니다. 이런 현실에서 사우드 왕가에게 미국과의 결속은 단순한 외교 관계가 아니라, 왕가의 안전을 보장하는 방패였습니다.

이러한 점 때문에 미국과 사우디의 관계를 부부 사이에 비유하기도 합니다.[38] 1933년, 사우디에 미국 석유기업이 세워진 이후부터 미국과 사우디는 공동 운명체였습니다. 당시 설립된 석유기업은 두 나라의 아이가 됩니다. 이름도 양쪽 부모 이름에서 따와 Arabian-American Oil Company, 줄여서 아람코Aramco입니다. 아이의 친권은 미국에 있었지만 닉슨 쇼크가 있던 1970년대 이후 사우디로 친권이 조금씩 넘어가면서 지금은 사우디의 국영 석유기업입니다. 미국은 아람코를 장부 가치로 사우디에 넘겼습니다.[39] 가족 같은 거래입니다. 미국은 다른 국가가 사우디 근처에 오는 것을 용납하지 않습니다. 가족 같은 보호입니다. 이러한 배경에서 카터 독트린이 나왔고, 걸프전과 이라크전이 수행됐습니다. 한마디로 미국이 주도하는 전후 통화 및 금융 질서에서 사우디는 핵심적인 내조 혹은 외조를 했고, 미국은 사우디와의 관계를 소중하게 지켜갔습니다.

그렇다면 왜 미국은 달러를 국제통화로 유지하며 세계 경제를 끌어가려고 했을까요? 앞서 살펴본 바와 같이 금융은 부를 이전하는 기능이 있습니다. 그러나 브레튼우즈 회의가 열리던 1944년 유럽은 폐허 상태였습니다. 자본의 자유로운 출입을 통해 부를 이전하는 것은 당시 상황에서 불가능했습니다. 오히려 산업 시설과 석유 생산량 등 부의 원천은 미국에 있었기에 교류를 통해 얻는 것이, 고립을 통해 얻는 것보다 클지 확실치 않았습니다. 그런데 전후 미국의 판단은 고립주의로 나아가면

지속적인 경제 성장이 어렵다는 것이었습니다.[40]

1929년 대공황의 교훈은 생산력과 구매력을 함께 확대하지 않으면 미국 내 제조업이 성장할 수 없다는 것이었습니다. 해외 시장이 확대되려면 유럽 경제를 빠른 속도로 복구해야 했습니다. 시장 확보 차원에서뿐만 아니라 자원 확보 차원에서도 고립주의는 답이 아니었습니다. 1부에서 살펴본 바와 같이 지질학자 드골리어가 아라비아반도의 석유 매장량을 조사하고 "인류 역사상 최고의 포상"이라고 말한 시기가 바로 1944년이었습니다. 막대한 자본을 투자해 중동 석유를 개발할 나라도 미국을 제외하고는 없었습니다.

금융 자본은 부를 이전하는 기능도 있지만, 앞서 살펴본 바와 같이 잠재 재능과 매장된 자원을 생산으로 이어 전체 파이를 키우는 기능도 있습니다. 당시 유럽은 폐허가 되었어도 경험과 역량은 남아 있었습니다. 즉, 우수한 생산 잠재력을 갖추고 있었습니다. 따라서 그들에게 자본을 제공하면 재기할 가능성이 높았습니다.

이러한 배경에서 미국은 1947년부터 마셜 플랜으로 불리는 서유럽 경제 원조를 실행합니다. 마셜 플랜은 공산주의 체제의 확산을 막는 목적도 있었지만 유럽 경제를 빠르게 부흥시켜서 미국이 주도하는 '확대 재생산 체제'에 시동을 거는 목적이 있었습니다.[41] 폐허가 된 유럽은 마치 오븐과 재료를 잃은 제빵사 같았습니다. 기술과 실력은 남아 있었지만, 다시 일어설 자본은 없었습니다. 미국은 자본을 투입해 그의 오븐을 다시 돌렸고, 복원된 생산력을 통해 미국의 상품과 금융을 다시 소비하게 만들었습니다. 제빵사를 돕는 일은 단순한 자선이 아니라, 구매력을 회복시켜 자국의 매출을 늘리는 전략적 투자였던 것입니다.

당시 미국은 1·2차 세계대전의 전장이 되지 않으면서 전쟁 특수를 누렸습니다. 그 결과 압도적으로 많은 자본을 축적했습니다. 미국의 잉여 자본이 국내에 머물 경우 성장을 지속하기 힘들지만, 외국에 투자하면 외국의 생산력이 증가합니다. 생산량 향상은 높은 구매력으로 이어져 미국의 성장을 다시 돕는 선순환 구조, 즉 '확대 재생산 체제'가 작동합니다. 이 확대 재생산 체제는 시장 경제의 효율성 그리고 금융 자본이 부여하는 기회와 성취 속에서 지난 세기 훌륭하게 작동했습니다. 달러 기반의 확대 재생산 체제는 지속적으로 파이를 키우고 냉전에서도 승리합니다.[42]

그런데 21세기에 들어서면서 상황이 변합니다. 확대 재생산 체제의 생산력과 기술의 우위 모두 위협받는 국면에 접어듭니다. 고도 성장기가 끝나면서 금융은 예전 같이 부를 재생산하는 능력을 보여주지 못합니다. 확대 재생산이 한계에 부딪혔는데, 금융은 지나치게 비대해져서 오히려 제조업의 성장을 저해합니다. 다른 국가들이 기술 격차를 좁혀 오면서 '기술의 우위'도 위협받습니다. 특히 중국은 기존 기술을 흡수하면서 자체적으로 개선해 나갔고, 이를 바탕으로 제조업 전반을 비약적으로 성장시켰습니다. 더욱이 중국은 금융시장을 완전히 개방하지 않았기 때문에 미국의 금융 통제에서 한발 비껴 서 있습니다. 일본은 미국을 위협하는 경제 대국이 된 후 '잃어버린 30년'을 겪었지만 중국의 향후 30년은 어떤 방향으로 전개될지 모를 일이었습니다.

2008년 금융위기 이후, 미국은 거침없이 성장하는 중국의 기세 앞에서 패권이 위협받을 수 있다는 불안에 휩싸입니다. 그런데 이러한 고민을 덜어주는 뜻밖의 상황이 연출됩니다. 미국의 횡재라고 부를 만한 이 새로운 상황은 아이러니하게도 금융위기가 중요한 역할을 합니다. 금융위기 이후 미국은 초저금리 기조를 장기간 유지하면서 혁명이라고 부를 수 있는 미래 사업에 낮은 금리로 자본을 제공했던 것입니다. 재능과 자원의 불균형을 해소하는 금융의 혜택으로 셰일 벤처는 끊임없는 도전을 했고, 마침내 미국에서 '셰일오일'이 쏟아지기 시작합니다.

# 33

# 셰일 혁명이 불러온 새로운 세계

사업가 중에서 조지 미첼만큼
세계를 변화시킨 일을 한 사람은 거의 없다.

•

《이코노미스트》 2012년 7월 기사 중에서

앞서 2001년 부시 행정부가 발표한 국가 에너지정책 보고서를 소개하며 그 예측이 완전히 빗나갔다고 언급했습니다. 이 보고서는 2020년까지 미국의 석유 생산량이 하루 510만~580만 배럴 수준으로 감소할 것이라고 전망했습니다. 그러나 2018년 실제 생산량은 이미 그 예측치의 2배에 달했습니다. 보고서는 결과적으로 형편없는 오차를 내며 실패한 예측이 됐습니다. 그러나 전통적인 원유Conventional oil 생산량만 놓고 보면 보고서의 전망은 빗나간 것이 아니었습니다. 전통적인 원유에 한정할 경우 장기 예측은 오히려 상당히 정확했습니다.

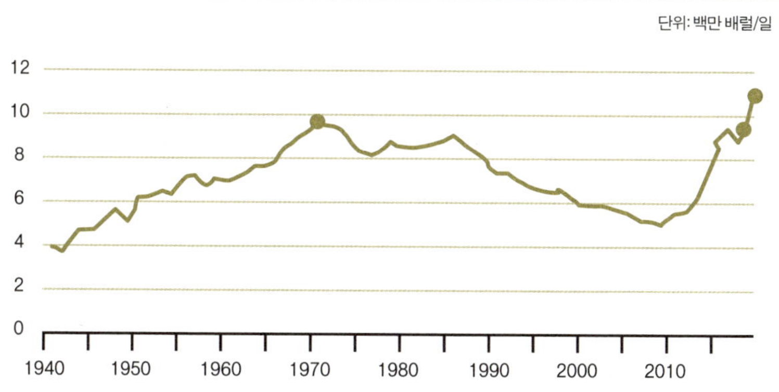



미국의 원유 생산량은 1970년부터 2000년대 후반까지 일부 시기를 제외하고 지속적으로 감소하다가 2010년 이후 셰일오일의 생산으로 급증한다. 미국의 원유 생산량 변화는 단순히 석유 시장 변화에 그치지 않고, 미국 대외 전략의 변화를 초래했다.

출처: EIA

이 보고서가 놓친 변수는 바로 셰일오일이었습니다. 2018년 미국에서 셰일오일 생산량만 하루 600만 배럴을 넘어섰습니다. 기존 전통 원유 생산량과 합치면 원유 총생산량은 하루 1,100만 배럴에 이르면서, 그해 미국은 세계 최대 산유국 지위에 오릅니다. 그런데 미국 정부와 업계, 관련 기관들은 2001년에 이를 전혀 예측하지 못했습니다. 당시 셰일오일 생산에 필요한 새로운 기술의 미래가 불투명했기 때문입니다. 셰일오일을 생산하는 핵심 기술인 프래킹Fracking은 보고서가 나오고 약 10년이 지난 2010년 전후부터 본격적으로 사용됩니다.

셰일오일의 새로운 전기는 텍사스의 중소 석유기업 회장인 조지 미첼George P. Mitchell에 의해 마련됩니다. 그는 '수압 파쇄법Hydraulic fracturing'을 통해 셰일층에서 석유와 가스를 추출하는 데 성공합니다. 석유는 그 이름대로 돌에서 만들어지고 돌에서 나옵니다. 석유가 생성된 암석을 근원암Source rock이라고 하는데, 전통적인 석유는 자신이 생성된 근원암을 떠나 암석의 틈 사이를 흐르다가 트랩 구조를 만나면 멈춥니다. 트랩 구조란 석유가 더 이상 이동할 수 없어 갇히거나 저장되는 지질 구조로, 입자가 촘촘해 석유가 통과할 수 없는 암석이 돔처럼 덮고 있는 형태를 말합니다. 바로 이 트랩을 찾아내 시추하면 석유가 올라옵니다.

반면 셰일오일은 셰일이라는 암석에서 만들어진 후 그대로 갇힌 상태로 존재합니다. 셰일은 매우 고운 입자로 이뤄져 유체가 잘 통과하지 못하기 때문입니다. 전통적인 석유와 셰일오일의 가장 큰 차이점은 바로 이것입니다. 전통 석유는 근원암을 떠나 트랩에 석유가 집적되는 반면, 셰일오일은 자신이 생성된 근원암 입자 사이에 그대로 갇혀 있습니다. 따라서 석유를 암석에서 분리하는 과정이 훨씬 더 어렵습니다. 이 어려운 일을 미첼이 수압 파쇄법으로 해낸 것입니다. 수압 파쇄법이 성공하기 전까지 모두가 헛돈 쓰지 말라며 미첼을 말렸습니다. 미첼의 회사보다 더 큰 기업들이 셰일에서 석유와 가스를 생산하려고 했지만 모두 실패했던 상황이었습니다. 지질학자인 아들 토드 미첼Todd Mitchell까지도 극구 말리지만 그는 포기하지 않았습니다.[43] 50년 가까운 노력 끝에 미첼은 1998년 물과 혼합물을 고압으로 분사하여 셰일 암석에 균열을 내서 석유를 뽑아내는 수압 파쇄라는 방법을 개발합니다.

이 기술이 중요하기는 하지만 이것만으로 충분하지 않았습니다. 전통적인 석유는 좁은 석유 트랩에 모여 있어서 수직으로 시추하여 석유가 모여 있는 트랩에 도달하면 생산이 가능합니다. 그러나 셰일층은 지하에 수평으로 넓게 퍼져 있습니다. 따라서 수직으로 시추한 후에 방향을 바꾸어 셰일층을 따라 수평으로 계속 시추해야 합니다.

2001년 중견 석유기업인 데본 에너지Devon Energy는 미첼의 회사와 합병했습니다. 그리고 자사의 수평 시추 기술을 수압 파쇄 기술과 결합했습니다. 이 두 가지 기술이 합쳐지면서 수평 시추를 병행한 수압 파쇄가 가능해집니다. 이것을 프래킹이라고 합니다.[44] 합병으로 인한 시너지의 좋은 예라 할 수 있습니다.

미첼이 수압 파쇄를 고안했지만 2000년대 초반까지 그의 방법이 크게 성공할 것이라 생각한 사람은 별로 없었습니다. 기술 개발에 성공하는 것과 그 기술이 상용화되는 것은 다른 문제였습니다. 암스트롱이 달 착륙에 성공했다고 해서 달 여행 산업이 열리는 것은 아닌 것처럼, 개인의 성공이 업계 전반의 활용으로 이어지는 것은 다른 차원의 문제였습니다. 당시 석유 업계에서 이 기술을 게임체인저나 혁명으로 보는 시각은 거의 없었습니다. 미국의 석유 생산량을 집계하고 예측하는 공식적인 자료로 미 EIA의 연례 보고서가 있습니다. 이 연례 보고서도 2010년 이후 수압 파쇄법이 증가하고 있었음에도 초기 단계에 있다는 이유로 중장기 생산량 전망을 매우 낮게 제시했습니다.

셰일오일 기술의 상용화에 한 축을 담당한 것은 다름 아닌 2008년 금융위기였습니다. 미 연준은 금융위기 수습을 위해 양적완화를 추진합니다. 특히 2009년부터 2015년까지 0~0.25%의 초저금리 기조를 유지합니다. 이 시기에 프래킹의 가능성을 본 셰일 업체들이 저금리로 자금을 조달하면서 우후죽순처럼 생겨납니다. 이들은 프래커Fracker라고 불리면서 미국 전역에서 셰일오일 생산을 시도합니다. 모든 산업이 그렇듯 초기에는 투자비가 많이 들어갑니다. 그런데 마침 연준이 셰일 산업이 자리를 잡고 혁명으로 불리는 시기까지 초저금리를 유지합니다. 미국 금융은 21세기 최대의 부가가치 사업이 될 수 있는 셰일 산업에 베팅한 듯 낮은 금리로 자본을 장기간 제공한 것입니다. 때마침 2011년부터 유가도 배럴당 100달러를 돌파하고 2014년 상반기까지 고유가를 유지합니다. 저금리와 고유가가 셰일 산업의 성장을 돕습니다.

셰일 산업의 가시적인 성과는 2011년경부터 나타났습니다. 프래킹의 적용이 확산되면서 셰일오일의 생산이 눈에 띄게 증가했습니다. 2012년 EIA는 셰일오일 생산량이 향후 하루 200만 배럴까지 증가할 것이라고 예측했습니다.[45] 2018년 실제 생산량의 3분의 1 수준으로 낮게 예측한 것이지만, 200만 배럴이면 중동의 석유 부국 쿠웨이트의 생산량과 비슷한 수준입니다. 2012년 7월《이코노미스트》는 미첼을 '프래킹의 아버지'로 소개했습니다. 그리고 "사업가 중에서 조지 미첼만큼 세계를 변화시킨 일을 한 사람은 거의 없다"라고 보도했습니다.[46] 2014년이 되자 혁명이라는 단어가 자연스럽게 등장했고, 셰일은 붐이 되었습니다.

새로운 경쟁자의 등장에 중동 산유국은 긴장했습니다. 그들은 셰일오일이라는 새로운 석유에 시장의 일부를 내줘야 할지, 아니면 맞불을 놓아 점유율을 지킬지 선택해야 했습니다. 그들의 선택은 후자였습니다. 셰일 붐이 일어난 2014년 중반 이후 OPEC 산유국은 생산량을 늘렸습니다. 공급량이 증가해 유가가 하락하는 상황임에도 오히려 증산한 것입니다. OPEC의 증산으로 2013년 연중 배럴당 100달러를 상회하던 국제유가(WTI 기준)는 2015년 말 30달러 수준으로 폭락합니다. 당시 OPEC은 유가를 하락시켜 셰일 업계에 타격을 주려 했습니다.[47]

동시에 새롭게 등장한 셰일 업계가 무분별하게 생산을 늘리지 말고 생산량 조절에 동참해줄 것을 요청하는 의도도 있었습니다.

증산은 OPEC 산유국에도 엄청난 손실을 감수해야 하는 조치였습니다. 그러나 셰일 혁명의 흐름을 꺾을 수는 없었습니다. 국제유가가 3분의 1 수준으로 하락하면서 의도한 대로 많은 수의 미국 셰일업체가 도산하기는 했지만, 그 기술과 자원은 사라지는 것이 아니었습니다. 다만 주춤할 뿐이었습니다. 2016년 미국의 원유 생산량은 2015년 대비 약 6% 감소하며 셰일 혁명의 불길이 다소 약화되는 듯한 모습을 보입니다.

사실 미국은 셰일 혁명의 속도 조절이 필요했습니다. 2011년부터 매년 눈에 띄게 셰일오일 생산이 증가하는데, 이는 마냥 좋은 일은 아니었습니다. 석유가 생산된다고 해서 그 물량이 모두 운송되고 정제되어 공급될 수는 없기 때문입니다. 소비 문제는 수출을 통해 일부 해결한다고 해도 운송 문제는 해결할 방법이 없었습니다. 석유는 대부분 송유관으로 수송되므로 송유관이 증설되지 않으면 운송할 수 없습니다. 드넓은 미 대륙의 내륙에서 생산된 석유를 정제 시설과 항구가 있는 해안으로 운송해야 하는데, 도로나 철도로는 일부만 옮길 수 있습니다. 유조차 수만 대가 밤낮으로 달려도 넓은 미 대륙을 가로질러 석유를 수송하는 것에는 한계가 있습니다.

한국에서도 울산과 여수에서 생산된 휘발유, 경유 등의 석유제품은 대부분 남북으로 길게 뻗은 남북 송유관을 통해 운송됩니다. 좁은 한국에서도 남북과 동서를 가로지르는 송유관이 있고, 이를 관리하고 운용하는 기관인 대한송유관공사[48]가 있습니다. 수천 개의 유전이 존재하는 드넓은 미 대륙에는 엄청난 수의 송유관이 존재합니다. 문제는 이 송유관이 이미 목에 차 있을 정도로 포화 상태였다는 것입니다. 당시 미국은 송유관 등 인프라 확충에 시간이 필요했고, 여전히 석유를 수입하고 있었기에 중동의 증산과 유가 하락에 적극적으로 대처하지 않은 면도 있습니다.

미국은 2015년 유가 폭락과 셰일 업계의 도산에도 불구하고 생산량의 지속적 증가를 확신했습니다. 일례로 2015년 12월 오바마 행정부는 1975년부터 지속돼온 석유 수출 금지를 철폐합니다. 미국은 1975년 에너지 정책 및 보존법Energy Policy and Conservation Act을 제정해 미국산 석유의 해외 수출을 금지했습니다. 두 차례 오일쇼크와 미국의 석유 생산이 감소하던 시기에 에너지 위기에 대비하기 위한 조치였습니다. 2015년 오바마 정부는 이 법을 폐지하고 석유 수출을 허용합니다. 석유 생산량의 증가를 확신한 것입니다. 실제로 2017년 트럼프 1기 정부가 들어서자 이전보다 더 가파르게 생산량이 증가했습니다. 2016년 일 885만 배럴이던 미국의 산유량은 2019년 1,231만 배럴로 3년 만에 무려 39% 증가합니다. 2018년에는 사우디와 러시아를 제치고 세계 최대의 산유국에 등극했습니다. 2019년에는 원유와 석유제품을 포함한 전체 석유 무역에서 순수출국으로 전환됐습니다. 미국은 석유를 자급하며 더 이상 외국의 눈치를 보지 않는 에너지 독립을 이룬 것입니다.

이와 같은 변화는 너무나 빠르게 일어났고, 또 한편으로는 예상 밖의 일이었습니다. 하버드대 국제정치학 교수 메건 오설리번은 2017년 저서 《윈드폴Windfall》에서 셰일 혁명의 영향을 집중적으로 다뤘습니다. 그녀는 '2017년 이전 10여 년간의 변화가 매우 이례적이었으며, 그 급격함 때문에 그 파급 효과가 충분히 이해되지 못하고 있다'고 지적합니다. 과거에 전통적인 석유의 정치적·경제적 영향력은 어느 정도 예측이 가능했습니다. 그러나 셰일 혁명은 너무 갑작스럽게 전개됐기에, 그것이 국제 질서와 경제 구조를 어떻게 재편할지에 대한 이해와 인식이 매우 부족하다는 것입니다.[49] 그러면서 그녀는 셰일오일로 인한 미국의 에너지 풍요가 향후 국제정치를 뒤집어 놓을 것이라고 주장했습니다.

실제로 셰일 혁명의 영향은 2017년 이후부터 명확해졌습니다. 미국은 중동 정책에 더 과감해졌고 동맹국에 더 많은 비용을 청구했습니다. 2017년 말 미국은 예루살렘을 이스라엘의 수도로 선언했습니다. 2018년 이후에는 이란과 핵 합의JCPOA에서 탈퇴하고 더욱 엄격한 핵 합의를 요구했습니다. 2020년 1월에는 이란 혁명수비대 사령관 가셈 솔레이마니Qasem Soleimani를 암살하는 강경한 모습을 보였습니다. 만약 미국이 중동 석유에 의존하고, 이란의 호르무즈 해협이 과거처럼 석유 수급의 생명줄이었다면 2025년 6월에 이뤄진 미국의 이란 핵시설 공습도 어려웠을 것입니다.

또한 해외 주둔 미군을 철수 또는 감축해야 한다는 의견도 제기됐습니다. 국제정치학자 존 미어샤이머는 2016년 7월《포린어페어스Foreign affairs》기고를 통해 유럽과 중동에 주둔한 미군을 철수해야 한다고 주장했습니다. 발을 빼고 균형을 추구하는 역외균형전략을 실행하라는 것입니다. 여기서 놀라운 것은 독일 주둔 미군마저도 철수해야 한다는 주장입니다. 과거 냉전 시절 독일과 일본은 미국의 거대한 체스판에서 가장 중요한 말이었습니다. 두 경제대국은 반드시 미국의 동맹으로 남아 있어야 했습니다. 그중 하나라도 자유 진영에서 이탈하면 미국의 패권에 커다란 위협이었습니다. 미어샤이머에 따르면 지금의 상황은 그때와 같지 않습니다. 유럽에서는 독일과 러시아를 포함하여 어느 국가도 지역 패권 세력으로 부상할 수 없습니다. 어느 국가도 압도적이지 않고 미국을 위협할 정도로 강하지도 않다는 것입니다. 따라서 미군을 주둔시키지 않고 멀리 떨어져서 균형을 잡을 수 있습니다. 설령 미국이 발을 빼서 분쟁이 발생하더라도, 지금 상황에서는 그것이 미국의 이익을 위협하지 않습니다. 같은 맥락에서 중동의 석유 공급 중단이 미국에 치명적이지 않기 때문에 미군이 그곳에 주둔하며 비용을 감수할 이유도 약해졌습니다. 그러니 매년 수십억 달러를 써가며 유럽과 중동에 미군을 유지할 필요가 없다는 것입니다.[50]

요컨대 유럽과 중동에서 경제적·군사적 패권을 가질 만한 국가가 없고 지역 분쟁이 미국의 이익을 위협할 가능성도 줄었습니다. 중동이 미국에 '사활적 이익'이 걸린 지역이라고 했던 2001년 부시 정부의 에너지 정책 보고서와는 너무나 다른 입장입니다. 이러한 변화의 핵심 원인은 석유였습니다. 2010년 이후 10년도 안 되는 짧은 기간에 미국의 석유 생산량이 2배 이상 급증했기 때문입니다. 스포츠 경기에 비유하자면 미국은 셰일오일로 대량 득점에 성공한 상황입니다. 점수 차이가 많이 나는 상황에서 감독은 주전을 빼고 경기를 운영해도 됩니다. 미어샤이머는 "역외균형전략이 미국의 전통적 힘에 기반한 자신감의 발로"라고 합니다. 과거에 없던 그 자신감이 오늘날 발현되는 이유는 부와 힘의 원천인 석유가 미국에서 쏟아졌기 때문입니다.

그런데 2020년 이후 계속 증가할 것만 같던 미국의 산유량이 갑자기 감소합니다. 코로나19가 전 세계를 휩쓴 것입니다. 그러면서 다시 중동 석유의 중요성이 부각되는 뜻밖의 상황이 펼쳐집니다.

# 34

# 바이든의 어게인 1977

나는 첫날부터 인권을 다시 외교정책의 중심에 두었다.[51]

•

**조 바이든, 전 미국 대통령**

세일 혁명의 절정기는 트럼프 1기 정부의 첫 3년, 즉 2017년부터 2019년까지였습니다. 앞서 살펴봤듯 미국의 석유 생산 증가는 정치적·경제적으로 중대한 변화를 불러왔습니다. 과거 사활적 이익이 걸려 있던 중동의 전략적 가치가 감소했고, 주요 산유국 그룹인 OPEC과 러시아의 영향력도 약화되면서 미국의 제재와 협상 카드가 더 강해졌습니다. 이런 점에서 트럼프의 미국 우선주의는 단지 그의 개인적 성향에서 비롯된 것만은 아니었습니다. 부와 힘의 원천이 되는 자원이 미국에 넘쳐나면서 경제적으로나 정치적으로 미국 중심의 정책이 가능한 여건이 마련됐기 때문에 가능했던 것입니다.

석유가 낳은 변화는 바이든의 행보에도 영향을 미칩니다. 트럼프 1기 정부가 끝나갈 무렵, 차기 대통령 후보로 트럼프에 맞선 바이든도 대선 캠페인 시기부터 중동 산유국의 눈치를 보지 않았습니다. 특히 세계 최대 산유국이었던 사우디에 거침없이 독설을 퍼부었습니다. 2018년 10월《워싱턴포스트》의 칼럼니스트로서 사우디 왕실에 비판적이었던 사우디 언론인 자말 카슈끄지Jamal Khashoggi가 피살되는 사건이 발생했습니다. CIA는 이 사건이 사우디의 실권자 무함마드 빈 살만 왕세자의 지시에 의해 발생한 것으로 판단했습니다. 이 사건 이후 바이든은 사우디의 인권 문제를 정면으로 비판했습니다. 사우디를 국제적 왕따Pariah로 만들겠다는 발언도 서슴지 않았습니다. 또 인권 문제를 개선하지 않으면 동맹 관계의 재검토도 불사하겠다고 경고했습니다. 한때 두 나라의 관계가 혼인에 비유될 만큼 가까웠던 점을 생각하면, 엄청난 강도의 압박이자 비난이었습니다. 그런데 이는 사우디의 석유가 미국에 과거만큼 절실하지 않다는 인식도 작용했기 때문입니다. 이러한 상황 판단이 그의 신념을 자신 있게 표출하게 했을 것입니다. 바이든의 인식은 양국 관계를 최악으로 치닫게 했습니다.《월스트리트 저널》은 "양국 관계가 최근 50년 중 가장 나쁜 상황이며, 두 지도자가 서로에 대해 적개심을 가지고 있다"라고 표현했습니다.[52]

바이든은 대통령 취임 이후에도 사우디에 대한 강경한 자세를 이어갔습니다. 사우디에 무기 판매를 제한했고, 사우디와 이란이 대리전을 벌이고 있는 예멘 내전에서 사우디와 같은 진영에 있는 예멘 정부군에 대한 지원을 중단했습니다. 바이든은 상원 의원 시절부터 민주주의와 인권을 중시하는 정치인이었습니다. 그리고 그의 오랜 신념에 반하는 대표적 국가가 사우디였다고 여겼을 것입니다. 그래서 사우디를 통해 자신의 정치적 정체성을 강화하며 대중에 자신의 색깔을 분명하게 보여줬습니다.

이와 더불어 바이든은 석유에 의존하는 것이 시대에 맞지 않다고 생각했습니다. 바이든의 러닝메이트이자 바이든 정부의 부통령이었던 카멀라 해리스Kamala Harris는 셰일 업계의 프래킹을 금지해야 한다는 주장을 폈고 이를 공약으로 내세웠습니다. 바이든 정부는 출범 이후에도 트럼프 정부와 달리 석유와 가스 산업에 대한 규제를 강화하고 친환경에너지 투자를 늘리는 정책을 폈습니다. 바이든 정부는 들어서자마자 미국 내 연방토지와 해역에서 석유·가스 탐사와 개발을 위한 신규 시추를 금지했습니다. 또 미국과 캐나다를 잇는 대형 송유관 키스톤XL의 건설 허가를 취소했습니다. 이렇게 규제가 강화되면서 바이든 정부가 들어선 2021년 미국의 원유 생산량은 전년 대비 소폭 감소했습니다. 이미 직전 연도인 2020년에 팬데믹으로 생산량이 약 8% 급감한 상황에서, 2021년에 또 다시 감소하며 2년 연속으로 줄어든 것입니다. 이는 이듬해인 2022년 수요 회복과 겹치며 유가 급등으로 이어졌고, 유가 급등은 2차 오일쇼크 이후 최악의 인플레이션을 유발하게 됩니다.

바이든은 인권과 민주주의를 중시했고 친환경을 지향하는 것이 옳다는 신념을 가졌습니다. 그리고 구시대의 에너지원인 석유를 가장 많이 생산하고, 민주주의를 거부하는 사우디에 대해 부정적 시각을 가졌습니다. 무엇보다도 그는 재임 중 사우디의 석유 때문에 미국이 아쉬워하는 상황이 발생하지 않을 것이라고 계산했을 것입니다.

그러나 그 계산은 2년도 안 돼 빗나갑니다. 셰일오일로 에너지 독립을 이룬 것 같았던 미국이 또 사우디의 도움이 절실히 필요한 상황이 발생한 것입니다. 바이든 정부가 출범한 2021년부터 세계 경제는 팬데믹에서 점차 회복되며 유가가 오르기 시작했습니다. 다만 평균 60달러대에 머물러 아직 물가에 미치는 영향은 크지 않았습니다. 그러나 2022년 상황이 급변합니다. 세계 경제가 본격적인 회복세에 접어들며 국제유가는 100달러를 돌파합니다. 이 시기 미국의 석유기업들은 바이든 정부의 규제에 따라 투자를 줄이며 생산을 늘리지 않았습니다. 팬데믹 시기 수많은 석유 기업이 도산하면서, 재무적 안정을 추구했기에 투자와 생산을 신중하게 조절할 필요도 있었습니다. 그 결과 유가는 연중 내내 100달러 내외에서 높게 형성되며 물가를 끌어올립니다. 특히 미국인들이 민감하게 반응하는 휘발유 가격이 사상 최고치를 기록했습니다. 기업의 생산 원가도 상승하면서 미국은 1980년 이후 가장 심각한 인플레이션을 겪게 됩니다.

2022년 미국의 연간 소비자물가지수 상승률은 약 8%였는데, 이는 2차 오일쇼크의 여파로 역대 최악의 인플레이션이 발생한 1980~1981년 이후 가장 높은 수준이었습니다.[53] 40여 년 만에 최악의 인플레이션이 발생하면서, 미 연준은 기준 금리를 급격히 인상했습니다. 2022년 3월 0~0.25%였던 기준금리는 1년 후인 2023년 3월 4.75~5.0%로 인상됐습니다. 언론이 '자이언트 스텝'이라 부를 만큼 가파른 인상이었습니다. 그러나 물가는 쉽게 잡히지 않았습니다. 인플레이션의 가장 큰 원인은 석유를 비롯한 원자재 가격 상승이었습니다. 바이든 입장에서는 인플레이션을 잡지 못하면 지지율에 치명적 타격을 받을 수 있었습니다.

20세기 이후 미국 대통령 중 인권을 중요한 가치로 내세운 두 인물을 꼽으면 지미 카터와 조 바이든입니다. 1977년부터 1981년까지 재임한 대통령 지미 카터는 인권을 외교 정책의 기본 원칙으로 삼았고, 퇴임 후에도 '카터 센터Carter Center'를 설립해 민주주의와 인권 증진에 헌신했습니다. 그 공로로 2002년 노벨 평화상을 수상했습니다. 그러나 그의 행보가 항상 일관된 것은 아니었습니다. 17장에서 살펴본 것처럼 카터는 1977년 이란을 방문해 원유 증산을 요청하며, 팔라비 국왕의 지도력 덕분에 이란이 "불안한 중동에서 안정의 섬"이 됐다며 그를 지지했습니다.[54] 당시 이란은 반체제 인사들에 대한 가혹한 탄압과 대규모 민중 봉기를 앞둔 극도의 긴장 속에 있었습니다. 인권 상황이 최악에 가까웠던 그 시기에, 카터는 그 지도자에게 공개적으로 찬사를 보냈던 것입니다.

카터가 이란을 대하는 태도와 사뭇 다른 모습이 다름 아닌 한국에서 나타났습니다. 카터가 이란을 찾아갔던 시기에, 카터 정부는 한국 내 인권 상황의 개선을 요구하고 있었습니다.[55] 1977년 카터 정부는 한국의 인권 문제에 대한 압박 수단으로 주한미군 철수라는 중대한 사안을 꺼내 들었습니다. 1979년 6월, 카터는 한국을 방문해 정상회담을 갖고 이 자리에서 한국 인권 상황을 지적하며 구체적으로 '긴급조치 9호'의 철회를 요구했습니다. 동시에 주한미군에 대한 과도한 의존을 줄이라고 발언했습니다.[56] 이러한 정책에 대해 미국 내에서도 반발의 목소리가 나왔습니다. 당시 헨리 키신저 전 국무장관은 "미국 외교 정책에 인권 문제를 결부시키는 데 동의할 수 없다"라고 공개적으로 밝히며 카터 행정부를 비판했습니다.[57] 그는 "미군이 한국에 주둔하는 것은 자비심 때문이 아니며, 한국은 열강의 이해관계가 교차하는 전략적 요충지이기

때문에 주한미군은 필요하다"라고 주장했습니다.[58]

직전 정부에서 외교의 핵심 역할을 맡았던 키신저가 미국 정부를 견제할 정도로, 한국에서 카터의 인권 외교가 뚜렷하게 나타났습니다. 이렇게 카터의 신념은 일관되게 추구된 것이 아니라, 해당국의 영향력과 이해관계에 따라 달라졌습니다. 한국은 산유국이 아니었고, 세계 경제에 미치는 영향력도 미미했습니다. 따라서 카터가 자신의 이상을 펼치기에 '부담 없는 무대'였습니다. 그 결과, 이란에서는 당도 높은 립서비스가, 한국에서는 강도 높은 압박이 나타났습니다. 이상과 현실, 원칙과 이해관계가 얽히면서 외교의 이중적 모습이 한국과 이란에서 나타난 것입니다.

카터가 현실과 동떨어진 외교적 수사로 이란의 팔라비를 지지하고 찬양한 이유는 심각한 인플레이션 때문이었습니다. 1970년대 지속된 고유가는 전 세계를 최악의 인플레이션으로 내몰았습니다. 1979년부터 1981년까지 3년 내내 연간 소비자물가 상승률은 10%를 넘었습니다.

따라서 당시 사우디와 함께 세계 최대 산유국이었던 이란의 정세 안정과 원유 증산이 절실했던 것입니다. 그러나 이란의 팔라비 왕정은 카터의 방문 이후 이란 혁명으로 무너졌고, 이후 유가는 더 큰 폭으로 상승했습니다. 결국 카터는 1980년 재선에 실패하고 공화당의 로널드 레이건에게 정권을 넘겼습니다.

그로부터 40여 년 후 또다시 고유가로 인한 극심한 인플레이션이 찾아옵니다. 이번에 미국 대통령도 인권과 민주주의를 중요시하는 조 바이든이었습니다. 그는 40여 년 전 카터처럼 '인권과 인플레이션의 함수'라는 기출 문제를 마주하게 됩니다. 그는 부통령 재임 시절 이런 말을 한 적이 있습니다.

"성공한 이들은 이 사실을 기억한다. 현실은 결국 끼어들기 마련이라는 것이다."[59]

링에 오르기 전에는 누구나 최선의 계획을 구상합니다. 그러나 에너지라는 현실, 그 어떤 것보다 경제와 밀접히 연관된 에너지라는 펀치 앞에서 계획은 무너집니다. 우리나라도 예외가 아닙니다. 국제유가가 오르면 제일 먼저 나오는 정책이 '유류세 면제 또는 인하'입니다. 가스와 석탄 등 연료의 국제가격이 올라도 전기료를 인상하기는 매우 어렵습니다. 민생과 기업에 미치는 영향이 너무나 크기 때문입니다.

바이든도 인플레이션 앞에서 이중적 모습을 보입니다. 2022년 7월, 그는 그토록 비난하며 '왕따'로 만들겠다던 사우디를 방문했습니다. 방문 직전《워싱턴포스트》는 "이 방문이 미국의 가치와 도덕적 권위를 훼손하며 미국을 더 이상 신뢰할 수 없는 대상으로 만들 것"[60]이라고 비난했습니다. 하지만 그는 왕세자 빈 살만과 만나 어색한 인사를 나누며 원유 증산을 요청했습니다. 자존심을 내려놓고 먼 길을 찾아온 바이든의 간곡한 부탁이었지만, 빈 살만은 단호히 거절했습니다. 바이든이 굴욕감을 느꼈다고 할 정도로 빈 살만은 확고했습니다.[61] 오히려 그 직후 사우디는 감산을 단행했습니다. 그 결과 2022년 하반기 내내 국제유가는 고공행진을 이어갔고, 인플레이션은 장기화됐습니다. 양국 관계가 최악으로 치닫고 있다는 외신 보도가 이어졌습니다.

이듬해인 2023년에도 유가는 높게 유지되면서 에너지 비용에 대한 국민의 불만은 계속 누적되었습니다. 이것은 훗날 트럼프가 다시 국민의 지지를 받는 중요한 원인이 됩니다. 또한 트럼프가 석유 산업을 육성하고 석유 생산량을 늘리겠다는 공약이 대중에게 어필한 중요한 배경이 됩니다. 이처럼 석유 수급과 국제유가 문제는 미국 경제와 외교의 방향뿐만 아니라 정권의 유지 여부에도 영향을 미쳤습니다.

그런데 이러한 현상이 과연 미국에만 국한된 일일까요? 사실 석유는 미국보다 중국에 더 중대하고 절박한 과제입니다. 제조업의 규모와 비중이 큰 중국에게 석유의 안정적 확보는 국운에 가장 큰 영향을 미치는 요인입니다. 그래서 오늘날 중국의 에너지 정책에는 절박함, 두려움이 묻어납니다.

# 35

# 중국, 석유로 굴기하고 석유에 갇히다

에너지의 중요성은 너무나 명확해서
오히려 학문적 관심을 받지 못했다.
굳이 설명할 이유가 없는 것을 연구할 필요는 없기 때문이다.

유현석, 《국제정세의 이해》 중에서

중국은 2001년 WTO 가입 이후 경제 규모를 키우며, 국제 질서의 주도권을 놓고 미국과 맞서는 강국으로 부상했습니다. 그러나 미국과 비교했을 때 여전히 뚜렷한 비대칭을 이루며 열세에 놓인 분야가 있습니다. 바로 에너지 부문입니다. 미국은 셰일 혁명 후 석유·가스의 자급률을 획기적으로 높였습니다. 그러나 2025년 중국은 석유 소비량의 약 4분의 3을 수입에 의존하고 있습니다. 에너지 부문의 열세는 세계 질서의 주도권을 두고 미국과 겨루려는 중국 앞에 놓인 가장 큰 벽이며, 어떻게 해서든 해결해야 할 전략적 과제입니다.

중국도 상당한 규모의 산유국으로, 하루 약 430만 배럴의 원유를 국내에서 생산합니다. 이는 세계 6~7위의 생산량입니다. 그러나 소비량은 2024년 기준으로 하루 1,637만 배럴입니다.[62] 따라서 부족한 약 1,200만 배럴, 즉 전체 소비의 약 74%를 수입해야 합니다. 한 나라가 국제 질서의 패권을 다투려면 생존에 필수적인 두 가지 자원, 에너지와 식량은 자급해야 합니다. 중국은 에너지와 식량 모두 자급하지 못하는 상황입니다. 그래도 식량은 자급량이 수입량보다 많아 상황이 그나마 낫습니다. 그러나 석유는 수입 의존도가 지나치게 높습니다.

중국은 1993년 이전까지만 해도 석유를 자급했고 수출하기도 했습니다. 1959년 발견된 대형 육상 유전인 다칭Daqing 유전과 1961년 발견된 성리Shengli 유전 등에서 국내 수요 이상으로 석유를 생산했습니다. 따라서 1990년대 초반까지 에너지 안보가 심각한 이슈는 아니었습니다.

21세기에 들어서 상황이 급변합니다. 2000년 일 500만 배럴 수준이던 중국의 석유 소비량은 2010년 1,000만 배럴을 돌파했고 2023년 1,600만 배럴을 넘어섰습니다. 심지어 코로나19로 세계 석유 소비가 급감하던 시기에도 줄지 않았습니다. 중국의 석유 소비 증가는 경제 규모가 커지면서 자연스럽게 나타난 현상이었습니다. 더 많은 상품을 생산하고, 더 큰 도시를 건설하면서, 더 많은 에너지를 소비하게 된 것입니다. 또한 에너지 집약형 산업, 이를테면 철강, 석유화학, 조선 등이 중국으로 집중되며, 전 세계를 대상으로 제품을 생산하는 세계의 공장 역할을 하게 된 요인도 있습니다.

앞에서 봤듯 미국은 셰일 혁명 전 중동에서 영향력을 확대하기 위해 많은 노력을 기울였습니다. 중동 정세에 깊숙이 개입하며, 때로는 비민

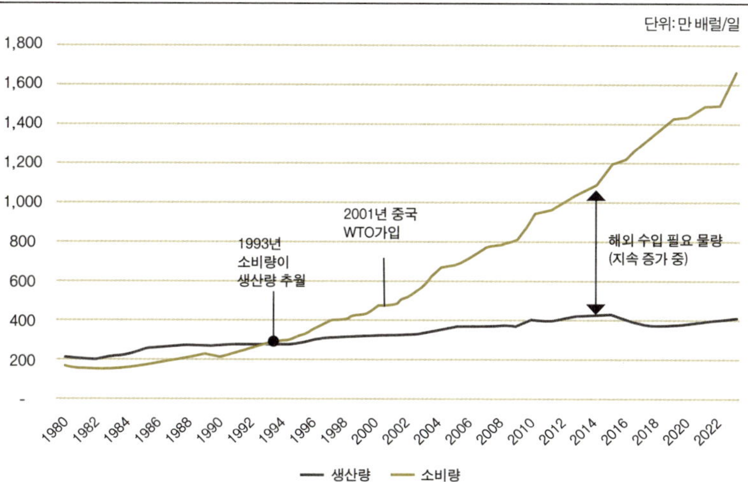



중국의 가장 큰 고민 중 하나는 해마다 늘어나는 원유 소비다. 소비는 꾸준히 증가하는 반면, 국내 생산은 정체되어 있어 수입 의존도가 매년 높아지고 있다. 이는 에너지 안보 측면에서 중국의 전략적 약점이 될 수 있다.

출처: Energy Institute 데이터 활용해 재구성

주적 권위주의 정권을 지원했고, 때로는 반미 성향의 지도자를 축출하기도 했습니다. 심지어 전쟁도 불사했지요. 그러나 셰일 혁명으로 석유 소비량의 상당 부문을 자급할 수 있게 되면서 대외 전략이 크게 바뀌었습니다. 개입을 줄이고 미국을 우선시하는 정책을 펴게 된 것입니다.

이와 같이 석유 수급의 변화가 외교 정책의 방향을 바꾸는 현상은 중국에서도 뚜렷하게 나타났습니다. 다만 중국은 미국과 반대의 상황으로 변해갔습니다. 즉, 석유를 자급하던 상황에서 해외 석유가 필요한 상황으로 바뀌었습니다. 한때는 자급이 가능했던 석유의 공급이 부족해지자, 중국은 외교의 초점을 자원 확보에 맞추었습니다. 이러한 노력

에는 이념의 차이와 지역 정세의 불안도 방해물이 되지 않았습니다.**63** 산유국이라면 어디든 협력의 손을 내밀었습니다. 그 과정에서 차관, 무기 수출, 뇌물까지 다양한 수단이 동원됐습니다. 초기에는 아프리카 산유국에 진출해 차관을 공여하고 석유로 돌려받는 석유 담보부 차관Loan for oil을 제공하거나, 도로와 항만 등 인프라 건설과 교환해 석유개발 사업권을 확보Infrastructure for oil deal하는 사례가 많았습니다.

이러한 노력과 함께 해외에서 자원을 안전하게 운송하기 위한 초국가적 프로젝트도 추진합니다. 바로 '일대일로' 정책입니다. 앞서 말했듯한 나라가 국제 질서의 주도권을 다투려면 에너지와 식량은 자급해야 합니다. 그런데 중국처럼 자급이 불가하다면, 차선책으로 어떠한 상황에서도 에너지와 식량을 안전하게 공급할 수 있는 보급로를 확보해야 합니다. 중국은 사우디와 이란 등 중동에서 가장 많이 석유를 수입합니다. 이때 말라카 해협Malacca Strait과 남중국해를 통과하는데, 중국의 군사력으로 이 수송로의 안전을 완전히 담보하기 어렵습니다. 특히 말라카 해협은 좁은 수로이기에 봉쇄가 쉽다는 점에서 유사시 중국의 석유 운송로를 포함한 해상 물류망이 마비될 가능성이 있습니다. 특정 국가가 해상을 봉쇄하고, 자원 공급을 막는다면 경제 활동은 물론이고 군함과 전투기도 운영할 수 없게 됩니다.

말라카 해협만 문제가 되는 것이 아닙니다. 이란의 호르무즈 해협도 큰 위협 요인입니다. 이란이 중국과 우호적 관계임을 고려할 때, 이란에 의해 호르무즈 해협이 봉쇄될 가능성은 낮습니다. 하지만 미국은 힘으로 이 해협을 봉쇄할 수도 있고 봉쇄를 풀 수도 있습니다.

호르무즈 해협과 말라카 해협을 통과하면 베트남, 필리핀 등과 영유권 분쟁 중인 남중국해를 지나야 합니다. 중국은 남중국해에 이른바 '구단선九段線'이라는 선을 긋고, 그곳에서 자원 개발과 항행 통제 등의 주권적 권리를 주장하고 있습니다. 이를 위해 구단선 안에 암초들을 인공섬으로 만들고 군사시설 등을 건설하고 있습니다. 중국이 배타적 권리를 주장하는 면적은 남중국해 전체의 약 90%에 달합니다. 그러나 국제사회는 중국의 주장을 거부하고 있고, 중국도 이 지역에서 군사적 제해권을 확보하지 못하고 있습니다. 특히 미국은 중국이 그은 구단선 안쪽 해역에서 동맹국들과 반복적으로 군사훈련을 하고 있습니다. 연중 수차례씩 '항행의 자유Freedom of Navigation Operations'라는 이름으로 최첨단 군함과 전투기 등을 동원해 군사 훈련을 실시하는 것입니다. 이는 중국의 구단선 주장을 거부하는 외교 행위이면서 동시에 무력시위입니다.

일대일로는 이러한 전략적 취약점을 극복하고자 2013년 시진핑 주석에 의해 처음 제안된 국가 전략입니다. 외국과 연결되는 도로, 철도, 항만, 송유관 등 교통·물류 인프라를 구축하여, 말라카 해협을 통하지 않는 에너지 수송 경로를 확보하고자 한 것입니다. '일대'는 중국에서 중앙아시아와 유럽으로 이어지는 육상 경로를 의미하고, '일로'는 동남아, 아프리카, 유럽을 연결하는 해상 경로를 뜻합니다. 하지만 이 프로젝트는 특정 운송로에 대한 과도한 의존을 조금 줄여줄 뿐입니다. 석유·가스 수입량의 대부분은 여전히 말라카 해협을 경유하는 해상 경로를 이용해야 합니다.

게다가 일대일로 주변으로는 중국과 비우호적인 국가들이 자리 잡고 있습니다. 미국, 호주, 영국은 오커스[AUKUS, A(호주)-UK(영국)-US(미국)]라는 3국 동맹체를 결성하여 중국 해군을 견제하고 있고, 미국, 일본, 인도, 호주 4개국은 쿼드라는 전략 협의체를 구성해 중국에 맞서고 있습니다. 이러한 모습은 '이념'에 의한 냉전은 끝났지만 '이권'에 의한 냉전은 끝날 수 없다는 생각이 들게 합니다.

중국의 또 다른 대안은 남미 산유국과 전략적 협력을 통해 석유 공급로를 다변화하는 것입니다. 실제로 CNPC. 시노펙Sinopec 등 중국 국영 석유기업들은 브라질, 베네수엘라, 에콰도르 등 남미 산유국에 진출해, 자원 개발과 투자·차관 제공을 결합한 협력 구조를 구축해 왔습니다. 남미산 원유는 운송 거리가 길다는 단점에도 불구하고, 말라카 해협과 호르무즈 해협을 거치지 않고 들여올 수 있다는 점에서 전략적 의미가 매우 큽니다. 특히 베네수엘라는 세계 최대 수준의 매장량을 보유하고 있어, 장기적 가치가 높게 평가되어 왔습니다. 이 때문에 중국 석유기업들은 베네수엘라에 대거 진출해 자원개발에 참여했고, 미국의 제재에도 불구하고 베네수엘라 원유를 꾸준히 도입했습니다. 이러한 배경에서 2026년 1월 트럼프 정부가 군사작전을 통해 베네수엘라 대통령 니콜라스 마두로Nicolas Maduro를 체포해 미국으로 이송한 사건을 해석할 수도 있습니다.

중국은 석유·가스의 해외 의존도가 높습니다. 해상 군사력도 아직은 열세입니다. 이 조건에서 미국이 주도하는 질서에 정면으로 도전하기 어렵습니다. 따라서 중국은 장기적 관점에서 석유에 의존하는 산업 구조 자체를 바꾸려 합니다. 다시 말해 중국은 그 어느 나라보다 석유에 많이 의존하고 있으면서도, 석유와 헤어지기 위한 노력을 가장 많이 하고 있습니다. 만약 인류가 석유가 지배하는 시대를 졸업한다면, 그것의 가장 큰 공은 중국에 있을 것입니다.

# 36

## 중국과 테슬라의 헤어질 결심

엿 먹어라, 석유![64]

•

일론 머스크

지리적 한계 때문에 중국이 미국을 넘어서기 어렵다는 주장이 있습니다. 베스트셀러 《지리의 힘》에서 저자 팀 마샬Tim Marshall은 '중국에 석유와 가스를 들여오는 해상 운송로가 막히면 중국은 생존 자체가 위협받는다'[65]라고 말했습니다. 중국과 달리 미국은 셰일 혁명 이후 세계 최대 산유국이 됐습니다. 설령 미국의 석유 생산이 부족해도 바로 위에 세계 4위 산유국 캐나다가 있습니다. 바로 아래에도 멕시코와 브라질 등 대형 산유국이 있습니다. 주변국의 석유마저 부족해서 중동 산유국에 의존한다 해도 미 해군이 지키는 수송력에 도전할 세력은 아직 없습니다. 이러한 지리적 이점은 중국과 뚜렷이 대비됩니다. 중국은 장거리 해상 운송을 통해 자원과 물자를 실어 와야 합니다. 팀 마샬은 중국이 막강한 수송 능력을 갖춘 미 해군과 비슷한 수준의 능력을 확보하려면 30년은 더 필요할 것이라고 이야기했습니다.[66] 이 말이 맞다면 석유가 주요 에너지원인 이번 세상에서 중국이 국제 질서를 주도하기 어려워 보입니다.

그렇다면 중국은 어떻게 이 약점을 극복할 수 있을까요? 첫 번째 방법은 석유·가스에 대한 의존을 줄이는 것입니다. 즉 태양광, 풍력 등 재생에너지를 확대하는 것입니다. 두 번째는 석유를 쓰지 않는 새로운 문명의 이기利器를 만드는 것입니다. 이를테면 전기차와 2차전지를 대중화하여 석유 소비를 줄일 수 있습니다. 마지막으로 자국 내에서 석유를 더 많이 생산해 수입 의존도를 낮추는 것입니다. 미국에서처럼 셰일 혁명이 발생한다면 더할 나위 없을 것입니다.

중국은 세 가지 방법 모두에 국가 역량을 총동원하고 있습니다. 사실 오늘날 중국의 에너지 부문에서 석유·가스보다 더 많이 주목받는 것은 태양광, 풍력 등과 같은 재생에너지입니다. 2024년 중국의 재생에너지 발전량은 3,399TWh로 전 세계 재생에너지 발전 총량의 약 34%를 차지했습니다. 2000년 기준으로는 226TWh에 불과했는데 20여 년 만에 15배로 증가했습니다. 지금도 이 증가 흐름은 계속되고 있습니다. 2024년 기준 세계 신규 태양광 설비의 61.2%, 신규 풍력 설비의 69.4%가 중국에서 설치됐습니다.[67] 또한 태양광 패널 제조업체 상위 10개 중 7개가 중국 기업입니다.

전기차 보급에서도 중국은 압도적 1위입니다. 세계 전기차 판매량

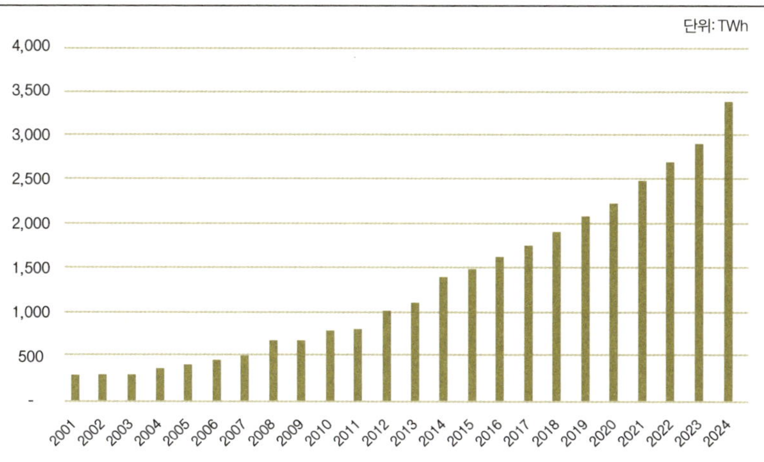



의 약 50~60%는 중국에서 발생하고 있습니다. 2023년 이후 전기차 판매량 세계 1위 기업은 중국의 BYD입니다. 전기차의 핵심인 2차전지 부문에서도 중국 기업이 시장을 지배하고 있습니다. 2024년 기준 중국의 CATL과 BYD가 2차전지 시장의 50% 이상을 점유하고 있습니다.

중국이 처음부터 내연기관차 중심의 산업 패러다임을 앞장서 바꾸려고 했던 것은 아니었습니다. 또 초기부터 불확실성을 무릅쓰고 전기차에 전폭적인 투자를 했던 것도 아닙니다. 전기차 산업이 처음 태동한 곳은 미국이었습니다. 1996년 미국의 GM이 전기차 EV1을 출시한 것이 현대 전기차의 시초였습니다. EV1은 시장의 큰 관심을 받지 못한 채 단종됐고, 이후 2008년 테슬라가 로드스터Roadster를 출시하자 비로소 대중의 관심을 끌기 시작했습니다.

현대적 전기차의 등장은 에너지 수요 흐름에서 중요한 사건입니다. 과거 석유 소비가 대중화되는 역사의 과정에서 중요한 사건은 1908년 미국 포드에서 '모델T'라는 내연기관차를 출시한 일이었습니다. 모델T 는 컨베이어 벨트에서 대량 생산되며 내연기관차 대중화 시대를 열었습니다. 오늘날 석유 수요의 가장 큰 비중은 자동차 연료 수요에서 발생합니다. 석유 총소비량의 약 45%가 자동차, 트럭, 버스 등의 도로 운송용 연료입니다. 그러므로 내연기관차를 전기차로 전환하는 것은 가장 효과적으로 석유 수요를 줄이는 방법입니다.

전기차의 잠재력을 먼저 인지하고 선도적으로 상품화를 추진한 이들은 테슬라의 창업자들이었습니다. 마틴 에버하드Martin Eberhard와 일론 머스크 등 테슬라의 창립 멤버들은 '석유 의존을 줄이는 것이 사업의 중요한 동기였다'고 말합니다.[68] 그들은 리튬이온 전지를 통해 석유를 대신할 수 있다고 확신했습니다. 당시 리튬이온 전지는 폭발과 화재의 위험성 때문에 주로 휴대폰과 노트북 등 소형 가전에만 사용됐습니다. 가격도 매우 비싸서 경쟁력을 확보하기 어렵다는 인식이 지배적이었습니다. 그러나 테슬라의 창업자들은 리튬이온 전지를 자동차에 사용하기로 결심하고 2003년 테슬라를 창립했습니다.[69] 그리고 2008년 3월 마침내 전 세대에 비해 획기적으로 개선된 성능의 전기차 로드스터를 출시했습니다. 로드스터는 비록 대량 생산으로 이어지지 못했지만 탁월한 주행 성능으로 시장의 주목을 받았습니다.

테슬라가 로드스터라는 혁신적 제품을 출시한 것은 뜻밖의 일이었습니다. 객관적인 조건만 놓고 보면 누구도 미국에서 전기차 사업을 하겠다는 계획에 찬성하기 어려웠습니다. 지금도 그렇지만 당시 미국은 임금과 지대 등 생산비가 높아서 제조업에 유리한 환경이 아닙니다. 더욱이 전기차의 핵심인 배터리 기술에서 한국, 일본, 중국에 크게 뒤처져 있었습니다. 로드스터에 사용된 배터리도 일본의 파나소닉으로부터 공급받은 것이었습니다. 또한 창립 당시의 테슬라는 작은 기업으로, 충분한 자본과 인력, 전문성을 확보하지 못한 상황이었습니다.[70] 그런데 바로 이러한 점 때문에 테슬라의 성과는 중국의 기업가와 정책 결정자들에게 큰 자극이 되었을 것입니다. 동시에 로드스터를 통해 석유 소비를 줄이는 수단으로서 전기차의 잠재력도 인식했을 것입니다.

이후 중국은 전기차 산업을 전략적으로 육성하기 시작합니다. 로드스터 출시 이듬해인 2009년, 중국 정부는 처음으로 체계적인 전기차 육성 정책을 도입합니다.[71] 대표적인 예가 '십성천량十城千輛' 정책으로, 10개 도시에 각각 1,000대의 전기차를 보급하겠다는 계획이었습니다. 같은 해, BYD는 순수 전기차인 BYD e6를 출시하며 본격적으로 전기차 시장에 뛰어듭니다. 이후 2011년에는 전기차 산업이 중국의 '7대 전략 산업'에 포함됐고, 2015년에는 '중국제조2025'의 핵심 지원 산업으로 선정됐습니다. 전기차 기업에는 세제 혜택이, 소비자에게는 상당한 구매 보조금이 제공됐습니다. 또 정부가 나서서 적극적으로 충전소를 확충해 사용 환경을 개선했습니다. 그 결과 중국의 전기차 산업은 눈부신 속도로 성장했습니다. 2015년부터 중국은 전기차 판매량에서 미국을 제치고 1위를 유지하며 매년 격차를 벌리고 있습니다.

중국이 전기차 산업을 육성한 동기는 우선 내연기관 자동차 산업에서 일본, 독일, 한국 등과 경쟁력에서 크게 차이가 나므로 기존 자동차 산업에서 경쟁하지 않으려 했기 때문입니다. 대신 새로운 산업을 먼

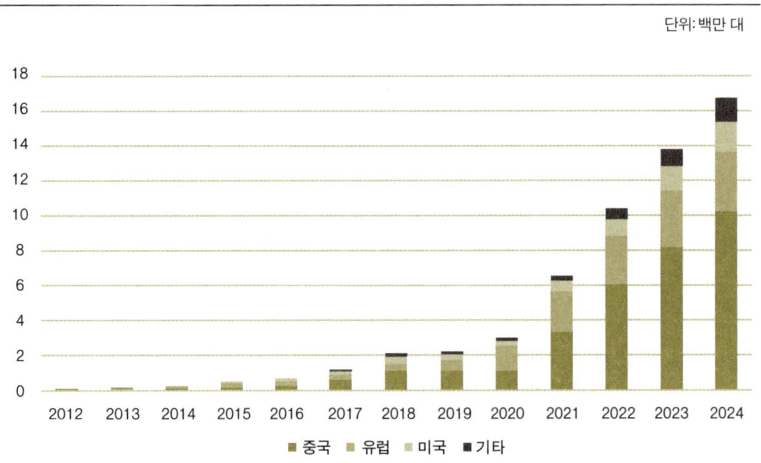

2015년 이후 세계 전기차 판매량은 급격히 증가했는데, 이 중 과반이 중국에서 판매됐다. 중국의 전기차 산업은 정부 주도와 민간 기술이 결합된 전략 산업으로 세계 전기차 산업을 주도하고 있다.

출처: IEA, Global EV Outlook 2024 재구성

저 발전시켜 기술과 시장을 선점하려는 상업적 동기가 있습니다. 그런데 중국 전기차 산업의 성장은 국가의 전폭적 지원으로 이뤄졌다는 점에서 국가의 전략적 동기도 큽니다.[72] 즉, 전기차 보급을 통해 석유 수요를 감소시켜 수입 석유에 대한 의존을 줄이고자 한 것입니다. 또 전기차가 확산될수록 석유 수요는 줄고, 2차전지 제조에 필요한 광물 수요는 늘어납니다. 중국은 이러한 광물의 가공 능력에서도 세계 선두를 달리고 있습니다. 그러므로 세계 전기차 수요가 커질수록 공급망에서 유리한 위치를 차지할 수 있습니다. 이는 중국이 석유 시장에서 일방적인 구매자에 머무는 것과 완전히 다른 지위입니다.

테슬라의 창업 멤버들과 마찬가지로, 중국 정부는 '탈석유'를 지향하고 있습니다. 석유와 헤어질 결심을 공유했다는 점에서, 중국과 테슬라는 서로에게 호의적이었습니다. 2018년 5월, 중국 정부는 테슬라에게 파격적인 특혜를 부여합니다. 외국 완성차 업체로는 처음으로 상하이에 100% 지분을 보유한 자회사 설립을 허용한 것입니다. 이는 외국 기업은 반드시 중국 기업과 합작해야 한다는 기존 규정을 깨는 조치였습니다.[73] 여기에 더해 200에이커가 넘는 부지와 저금리 대출도 제공했습니다.[74] 국내외에서 전기차 보급 확대를 위해 전례 없는 특혜를 준 것입니다. 테슬라의 상하이 공장, 일명 상하이 기가팩토리는 놀라운 속도로 건설됐고 2019년 10월부터 생산을 시작하게 됩니다. 2021년 이후 상하이 공장은 테슬라 생산량의 과반을 담당하고 있습니다.

이처럼 중국이 재생에너지를 적극 확대하고 전기차 보급에서 앞서 있는 모습에서, 중국의 석유 수요가 감소하고 탄소 배출량도 줄었을 것이라고 생각하기 쉽습니다. 그러나 현실은 정반대입니다.

# 37

# 중국의 모순, 재생에너지도 1등 탄소 배출도 1등

기후변화는 중국이 미국 제조업을 해치기 위해 만들어낸 사기다.

•

도널드 트럼프

재생에너지와 전기차 산업은 오늘날 중국의 핵심 산업으로 성장했습니다. 세계 태양광 모듈과 패널의 70~80%를 중국 기업이 생산하고 있습니다.[75] 세계 상위 10개 전기차 기업 중 7개가 중국 기업(2025년 시가총액 기준)이고[76] 2차전지 시장에서 중국 기업들의 점유율은 약 70%에 달합니다(2024년 기준).[77] 오늘날 에너지 전환과 탄소 감축은 중국 기업 없이 추진하기 어렵다고 해도 과언이 아닙니다. 이렇게 미래 성장 산업에서 높은 경쟁력을 보이는 중국은 미국의 견제 대상이 될 수밖에 없습니다.

2021년 출범한 바이든 정부의 대표 정책인 인플레이션 감축법 Inflation Reduction Act은 사실상 중국의 재생에너지와 전기차 산업을 겨냥한 견제 수단이었습니다. 이 법은 명칭과 달리 물가 안정보다 재생에너지 산업 지원에 초점이 맞춰져 있습니다. 태양광·풍력·2차전지의 미국 내 생산 시 세액 공제를 제공하고, 미국 내 전기차와 관련 제조시설 투자에 세제 혜택을 부여하는 것이 인플레이션 감축법의 핵심이었습니다.

바이든 정부는 재생에너지 사용을 확대하고자 했지만 중국에 의존해 추진하길 원하지 않았습니다. 대신 자국에서 이뤄지는 재생에너지 사업에 막대한 혜택을 주고자 했습니다. 또한 미국 내에서 생산된 전기차에만 보조금을 지급해 공급망의 탈중국화와 자국 중심의 제조업 재편을 노렸습니다. 내용을 보면 '인플레이션 감축법'이란 이름보다 '신재생에너지확대 및 전기차 산업 지원에 관한 법'이라는 명칭이 더 잘 어울립니다. 또는 '중국 견제를 통한 저탄소 산업 공급망 재편에 관한 법'이라 불러도 이상하지 않습니다.

2025년 출범한 트럼프 2기 정부에서도 중국 견제는 계속됩니다. 트럼프 정부 2기에서 관세 정책의 주요 타깃은 중국입니다. 그리고 관세로 가장 큰 타격을 받는 산업은 중국의 재생에너지 관련 산업입니다.[78] 또한 트럼프 정부는 기본적으로 석유·가스의 증산을 통한 에너지 가격 안정을 추구하는데, 이러한 기조도 재생에너지 산업의 성장을 둔화할 수 있습니다.

아이러니한 점도 있습니다. 앞에서 살펴봤듯 미국이 집중 견제해야 할 정도로 중국의 재생에너지와 전기차 산업이 양적으로나 질적으로 세계 정상입니다. 그럼에도 중국은 여전히 탄소 배출량에서 압도적 세계 1위입니다. 중국의 탄소 배출량은 매년 증가하고 있습니다. 게다가 한국을 포함해 세계 주요국은 2050년 탄소중립을 선언했지만, 중국은 탄소중립 시기를 2060년으로 설정했습니다. 물론 인구가 많고 경제 규모도 크기 때문에 탄소 배출량이 많기도 합니다. 그러나 그것을 고려해도 너무 많습니다. 약 14억 명에 달하는 중국 인구는 세계 인구의 약 17%이지만, 탄소 배출량은 세계 배출량의 약 31%를 차지합니다.[79] 또 경제 규모는 미국의 약 64%이지만[80] 탄소 배출량은 미국의 약 2.5배입니다. 이러한 현상에서 재생에너지와 전기차에 의존해서 탄소를 감축하는 방법이 최선인지, 그리고 탄소 감축을 위해 더 중점을 두어야 할 부분은 무엇인지 고민하게 합니다. 이 현상의 원인은 뒤에서 자세히 살펴보겠습니다. 여기서 먼저 짚어야 할 지점은 재생에너지 증가와 전기차 보급이 석유 수요 감소로 연결되지 않는 중국의 현실입니다.

중국의 석유 소비는 매년 증가일로에 있습니다. 심지어 코로나19로 세계 석유 수요가 급감한 2020년에도 중국의 석유 소비는 증가했습니다. 이 증가 추세가 언제 멈출지 알 수 없습니다. 중국은 아직 개발 단계에 있는 국가이기 때문입니다. 서구 선진국 대비 여전히 도시화율이 낮고, 자동차 보급률도 미국의 3분의 1 수준입니다. 중국은 아직도 더 많은 도시가 건설되고 더 많은 자동차가 보급될 여지가 있습니다. 이렇게 개발이 진행 중인 국가에서 석유 수요가 감소하기는 쉽지 않습니다. 물론 전기차가 보급되고 있지만, 내연기관차와 하이브리드 차량도 동시에 보급되는 상황이기에 석유 수요 감소로 이어지지 않고 있습니다. 때로는 내연기관차의 상대적인 비율의 감소가 절대적인 수의 증가를 가립니다. 그러나 세계적으로 모든 종류의 자동차는 증가하고 있습니다.

또한 재생에너지는 대부분 발전용으로 쓰입니다. 따라서 운송용과 석유화학용으로도 쓰이는 석유를 완전히 대체하긴 어렵습니다. 예컨 대, 태양광으로 전기 생산은 가능하지만, 그것을 항공기와 선박의 연료 로 사용하기는 어렵습니다. 풍력도 발전용 연료가 될 수는 있지만 일상 에서 접하는 수많은 석유화학제품을 대체할 수는 없습니다.

많은 전문기관이 전기차의 증가와 경제 성장의 둔화로 2030년 전후 부터 중국의 석유 수요가 감소할 것으로 전망합니다. 그러나 감소폭은 제한적이어서 2050년까지 2024년 대비 80% 이상의 수요가 유지될 것 으로 예상합니다.[81] 따라서 석유는 앞으로도 수십 년간 중국에서 필수 에너지원으로서 중요성을 유지할 것입니다. 또한 중국의 해외 석유 의 존도 역시 크게 변하지 않을 것입니다. 중국이 국내외에서 석유와 가스 를 확보하기 위해 총력을 기울이는 이유입니다.

중국은 국영 석유 기업 3사(CNPC, Sinopec, CNOOC)를 통해 국내외에 서 탐사와 개발을 진행하고 자산을 인수합니다. 앞서 살펴봤듯 2000년 이후 중국 국영 석유 기업들은 막대한 외환보유고를 활용해 세계 각지 에서 유전과 가스전을 사들이고 에너지 기업을 인수했습니다. 그런데 2015년 이후부터 중국은 해외 자산 인수에 집중하던 전략에서 점차 국 내 자원 개발로 무게 중심을 옮기고 있습니다. 최근 중국 석유 생산량은 정체하고 있지만, 가스 생산량은 적극적인 탐사와 개발로 매년 눈에 띄 게 증가하고 있습니다. 여기서 눈여겨볼 부분은 중국이 근해에서 탐사 와 생산을 늘리고 있다는 것입니다. 특히 한반도와 가까운 보하이만渤海 灣에서 다수의 유전·가스전을 발견하면서 이 지역이 중국 최대의 해상 유전 지역으로 떠오른 상황입니다. 보하이만은 베이징과 톈진 등 산업 중심지와 가깝기에 중국은 보하이만 일대를 전략적 내해內海로 규정하고 탐사와 개발에 집중하고 있습니다.[82]

중국은 남중국해에서도 탐사와 시추를 확대하고 있습니다. 이곳은 주변국과의 영유권 분쟁이 치열하게 벌어지는 곳입니다. 그럼에도 중국은 해양 자원 주권을 내세우며 인공 구조물을 건설하고 탐사를 강행하고 있습니다. 중국이 분쟁 지역에서 자원 탐사를 강화하는 것은 에너지 확보와 더불어 해양 주권 확보를 동시에 추구하려는 의도입니다.

중국은 이웃나라이지만 우리나라와 전혀 다른 에너지관觀을 가지고 있습니다. 우선 그들은 아직 석유와 가스에 의존해야 하는 현실을 냉정히 직시하고 있습니다. 에너지 전환이라는 담론에 휩쓸려 현실을 왜곡하거나 지나친 희망을 가지지 않습니다. 그래서 재생에너지에 천문학적 투자를 하면서도 석유·가스 확보를 국가 정책의 최우선 순위에서 추진하고 있습니다. 이에 반해 우리나라는 석유·가스를 전량 수입하면서도, 자원 확보에서 중국만큼의 절박함은 없습니다. 어쩌면 그것은 미국이 주도하는 국제 질서를 바라보는 태도의 차이에서 기인한 것인지도 모르겠습니다.

중국인들은 스포츠 경기에서 자국 선수를 응원할 때 "짜요加油"라고 외칩니다. '기름을 붓다'라는 뜻의 이 구호는 마치 중국이 세계의 석유를 빨아들이면서 강국으로 굴기한 중국의 모습을 상징하는 듯합니다. 2000년 이후 중국 경제 성장의 불꽃을 지핀 것은 다름 아닌 석유였습니다. 그러나 지금의 중국은 태양광과 풍력, 전기차를 보급하며, 기름이 아닌 빛과 바람으로 달리고 싶은 열망도 드러내고 있습니다. 그래서 에너지라는 하나의 관점에서 보면 중국은 아이러니가 넘치는 나라입니다. 재생에너지와 전기차에 가장 적극적으로 투자하면서도 탄소 배출이 가장 많은 나라, 석유 수요가 가장 많은 나라이면서 석유에서 절실하게 벗어나고 싶은 나라이기 때문입니다.

지금까지 살펴본 것처럼 세계 현대사는 기-승-전-석유 또는 석유-승-전-결의 역사였습니다. 오일쇼크, 달러의 등장, 세계화, 미국 우선주의, 중국의 성장과 그 제약의 지점에서도 석유는 중요한 결정 요인으로 작용했습니다. 그리고 가장 최근의 러시아와 중동의 전쟁도 예외가 아닙니다.

# 석유, 전쟁을 지배하다

(2020년 이후의 전쟁)

# 38

# 국제유가에서 시작된 러시아의 부활

부와 권력은 그 둘을 함께 소유할 때 용이하게 보호될 수 있다.

•

조지 오웰, 《1984》 중에서

앞서 살펴봤듯 국제유가는 2001년부터 중국의 수요 증가와 함께 10여 년간 상승 기조를 이어갔습니다. 지속적인 유가 상승은 석유를 대량으로 수입하는 중국에 경제적으로나 정치적으로 큰 비용이었습니다. 그런데 누군가의 비용은 누군가의 수익입니다. 또 누군가의 취약점은 누군가에게 힘의 근거가 됩니다. 러시아가 그런 사례입니다. 2022년 러시아가 우크라이나를 침공하고 이후 서방이 지원하는 우크라이나와 장기간 전쟁을 수행할 수 있는 배경에는 2001년 이후 석유·가스 자원 가치의 급격한 상승이 있습니다.

국제유가 변동은 러시아 현대사에 깊은 영향을 미쳤습니다. 이것을 명확히 알아보기 위해 1991년 소련 해체 시기로 돌아가 보겠습니다. 당시 러시아 대통령은 보리스 옐친Boris Yeltsin이었습니다. 그는 1991년 8월 개혁에 반대하는 공산당 강경 보수파의 쿠데타를 저지하며, 개혁과 자유를 추구하는 지도자로서의 입지를 굳혔습니다. 그해 12월 소련 해체가 공식화된 이후, 옐친은 독립 러시아 연방의 초대 대통령으로서 새로운 국가 체제를 세우는 역사적 과제를 떠맡게 됩니다. 옐친은 소련 시절 고르바초프의 개혁이 지나치게 점진적이었다고 비판하며, 시장경제로의 급진적 전환과 국영 기업의 민영화를 추진합니다. 러시아 경제는 순식간에 시장으로 내던져졌고, 자유와 혼란이 동시에 폭발하게 됩니다.

옐친의 개혁은 기대와 달리 극심한 혼란을 불러왔습니다. 시장경제에 익숙하지 않았던 러시아 기업들은 외국 기업과 경쟁에서 도태됐고 실업률과 빈곤률은 치솟았습니다. 체제의 미비 속에서 러시아 경제는 후퇴했고, 뇌물이 일상화될 정도로 국가 시스템 전반이 부패에 잠식됐습니다. 혼란과 부패가 심화되면서 구 공산당 세력은 시장경제로의 전환에 저항했습니다. 구 공산당 세력과 대통령 세력 간 갈등이 격화되면서 1993년에는 무력 충돌도 발생합니다. 엎친 데 덮친 격으로 1994년에는 독립을 선언한 체첸과 충돌이 본격화됐습니다. 1998년에는 아시아 금융위기의 여파로 러시아는 국가 부채 상환 불이행(디폴트)을 선언했고, 루블화의 가치는 폭락했습니다. 결과적으로 급진적 체제 전환의 시도는 빈곤과 부패, 혼란과 불신만을 키웠습니다. 이 혼란 속에서 보리스 옐친은 1999년 말 대통령직에서 사임했습니다.

옐친의 실패는 당시 세계 석유 시장의 침체와도 깊은 관련이 있었습

보리스 옐친은 소련의 붕괴와 러시아의 체제 전환을 이끈 인물이다. 그는 1991년 러시아 연방의 초대 대통령으로서 공산주의에서 시장경제로의 급격한 이행을 주도했다. 그러나 그 과정에서 사회적 혼란과 정치적 갈등이 뒤따랐다.

출처: 위키피디아

니다. 1990년대 지속된 저유가는 석유업계의 수익성을 악화시키며, 투자와 성장을 모두 위축시켰습니다. 그런데 이러한 석유업계의 침체는 소위 '올리가르히Oligarch'라는 비효율적이고 부패한 경제 권력 집단의 등장 때문이기도 했습니다. 앞서 언급했듯 옐친은 재임 중 주요 국영기업의 민영화를 추진했습니다. 민영화는 국가의 재산을 국민에게 공정하게 분배하고 효율적인 경쟁 체제를 도입하기 위함이었습니다. 하지만 결과는 정반대로 나타났습니다. 옐친이 국영 에너지 기업을 민영화하는 과정에서 정치권과 연줄이 있던 구 관료층이나 기존 경제 세력이 주요 유전과 가스전을 헐값에 사들였습니다. 이 과정에서 부를 축적한 소수의 특권층, 이른바 올리가르히라는 신흥 재벌 집단이 형성됐습니다. 올리가르히는 경제 권력에 그치지 않고 국가 권력까지 잠식했습니다. 로비를 통해 입법과 정책 수립에 개입했고, 언론을 장악해 영향력을 행사했습니다.

무엇보다 올리가르히는 석유 산업을 장악하면서 천문학적 부를 축적합니다. 석유는 러시아 경제의 심장이고 국가 경제의 중심축입니다. 그러나 옐친 체제 하에서 석유는 특권층을 위해 존재하는 자산이 됐습니다. 이러한 부조리는 비효율과 경쟁력 약화를 낳으면서 1980년대 후반 일 1,100만 배럴 수준이던 러시아의 원유 생산량은 1996년 약 600만 배럴 수준까지 떨어졌습니다. 이후에도 저유가가 지속되면서 옐친이 퇴임한 1999년까지도 생산량은 그 수준에서 머물렀습니다.

1990년대의 부패와 혼란, 석유 산업의 침체는 러시아 국민들로 하여금 '시장경제'와 '자유'의 가치에 대해 커다란 회의를 품게 했습니다. 많은 이들이 시장경제로의 전환이 번영과 공정을 가져오리라 기대했지만, 돌아온 것은 극심한 빈부 격차와 무질서였습니다. 이러한 실망 속에 러시아 국민들은 강력한 리더십을 가진 지도자의 출현을 원하게 됩니다.[1] 이러한 배경에서 강한 이미지를 가진 푸틴이 집권할 수 있었습니다. 옐친의 사임 직후 국무총리였던 블라디미르 푸틴Vladimir Putin이 2000년 3월 대통령에 취임합니다.

푸틴은 집권 직후 국민의 기대에 맞춰 올리가르히와 전쟁을 선포합니다. 국가 재산에 기생한 특권층을 척결하겠다고 하자 대중은 환호했습니다. 푸틴은 무엇보다 올리가르히가 지배하고 있던 석유 자산에 대한 통제권 회복에 집중합니다. 그는 석유가 정치 권력의 기반이자, 나아가 유럽에 대항할 지정학적 무기가 될 수 있음을 인식하고 있었습니다. 푸틴 취임 당시 러시아의 대표 석유기업은 유코스Yukos였습니다. 유코스는 옐친 정부 시기 국영 석유기업의 민영화가 추진되는 과정에서, 대표적 올리가르히였던 미하일 호도르콥스키Mikhail Khodorkovsky가 러시아의 석유 자산을 대거 인수하며 1993년에 설립한 기업입니다. 설립 이후 러시아의 최대 석유회사로 성장했고, 2000년대 초반에는 석유 생산량이 세계 석유기업 중 4위에 이를 정도로 컸습니다. 푸틴은 유코스와 CEO 호도르콥스키를 국가에 대한 도전 세력으로 간주했고, 2003년 그를 횡령과 탈세 등의 혐의로 체포했습니다. 그리고 유코스의 주요 자산은 국영기업 로스네프트Rosneft와 가즈프롬Gazprom이 인수하도록 했습니다. 이로써 정부가 주요 석유·가스 자산을 통제하게 됩니다.

때마침 국제유가는 대세 상승기를 맞습니다. 러시아의 석유·가스 생산량도 꾸준히 증가했습니다. 국제유가 상승과 러시아의 산유량 증가로 러시아는 매년 5~10%의 높은 경제 성장률을 기록하게 됩니다. 석유와 가스가 주도한 경제 성장으로 푸틴은 90년대의 '혼란과 부패'를 이겨내고 '안정과 성장'을 이뤄낸 지도자의 이미지를 갖게 됩니다.

푸틴에게는 운이 따랐습니다. 물론 강력한 리더십으로 부패와 비효율의 요인을 제거하며 러시아를 정치적·경제적 혼란에서 벗어나게 한 성과가 있습니다. 그 기반에서 러시아 경제는 안정됐고 성장으로 나아갈 수 있었습니다. 그런데 그것이 지속될 수 있던 중요한 원인은 국제유가의 상승이었습니다.[2] 푸틴이 취임한 2000년부터 세계 석유 수요는 매년 늘었고 국제유가는 지속적으로 상승했습니다. 러시아의 석유 수익이 크게 증가하면서 2000년 세계 23위였던 러시아의 경제 규모 순위

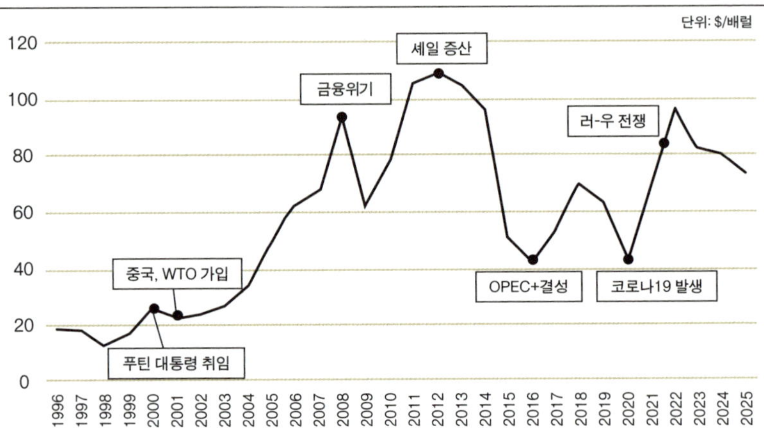



1990년대에 국제유가는 대체로 낮은 수준을 유지했다. 그러다 푸틴이 집권한 2000년을 기점으로 유가는 장기 상승 국면에 진입한다. 이후 2008년 글로벌 금융위기 때 일시적으로 급락했지만, 곧바로 반등하여 2014년 상반기까지 배럴당 100달러 내외의 고유가 흐름을 지속했다. 이러한 고유가 국면에서 러시아 경제는 고성장을 구가했다.

출처: Petronet 재구성

는 2008년 8위까지 뛰어올랐습니다.

러시아만큼 국제유가에 따라 정치 지도자의 입지와 국운이 좌우된 나라도 드뭅니다. 과거 소련이 붕괴했던 원인 중 하나도 장기간의 저유가였습니다. 앞서 봤듯 1985년 사우디 석유장관 야마니는 유가를 지지하기 위한 감산 정책을 포기하고, 점유율을 확대하기 위한 증산에 돌입했습니다. 이후 장기간 저유가 기조가 이어졌습니다. 이는 소련 경제를 악화시키며 붕괴를 앞당겼습니다. 그러나 푸틴이 들어선 2000년 이후, 중국이 석유 수요를 폭발적으로 늘려가면서 러시아는 도약의 기회를 맞게 됩니다. 급증한 석유 수익은 예산 흑자, 외환보유고 증가, 복지 확대 등으로 연결됐습니다. 한마디로 석유는 러시아의 경제를 키웠고, 그 경제는 권력을 단단히 했습니다.

강력한 리더십을 확보한 푸틴은 더욱 과감해졌고 러시아를 더욱 강성한 국가로 만들겠다는 야망을 갖게 됩니다. 그리고 그것을 이루기 위해서는 소련 붕괴 이후 점점 동진하며 세력을 키우는 나토NATO 위협에 제동을 걸 필요가 있다고 판단했습니다. 나토 확장에서 비롯된 위기의식과 자국 에너지 자원의 힘을 바탕으로, 러시아는 전쟁이라는 선택을 고려하게 됩니다.

# 39

# 러시아의 고집과 독일의 착각이 만든 가스관

러시아가 우크라이나를 침공하면,
노르트스트림은 멈출 것이다.

•

토니 블링컨, 전 미국 국무장관


석유·가스의 지리적 운송로는 에너지 운송의 의미를 뛰어넘는 정치적·외교적 영향력을 갖습니다. 앞에서 보았듯 호르무즈 해협, 말라카 해협, 남중국해, 수에즈 운하 등이 위협의 수단이 되기도 하고 전쟁의 원인이 되기도 했습니다. 그러므로 외부 위협으로부터 안전한 에너지 수송로를 확보하는 것은 국운을 좌우하는 요인이 될 수 있습니다. 이러한 맥락에서 중국의 일대일로의 의도를 알아차릴 수 있고, 미국의 강력한 해군력의 효용도 이해할 수 있습니다. 미국의 석유 금수 조치가 중요한 원인이었던 진주만 공습 이래로, 무력을 제외하고 상대를 가장 강하게 타격할 수 있는 수단은 석유·가스 거래를 차단하는 것이었습니다. 수입국은 산업과 일상을 떠받치는 에너지를 잃게 되고, 공급국은 막대한 경제적 이윤을 잃기 때문입니다.

러시아는 석유·가스 수출로 먹고 사는 나라라고 해도 과언이 아닙니다. 러시아 입장에서 물리적으로 안전한 수송로의 확보는 중대한 문제입니다. 푸틴 재임 이후 러시아의 석유·가스 생산량은 꾸준히 증가해 2020년 기준으로 가스 생산량은 세계 2위, 원유 생산량은 세계 3위입니다. 특히 가스는 세계 생산량의 17% 비중을 차지할 정도로 가스 공급의 중심국입니다. 러시아에게 안전한 가스 수출로를 확보하는 것은 국가 경제와 대외 전략 모든 면에서 중요했습니다.

이런 배경에서 보면 러시아 대통령 푸틴은 확실히 치밀한 인물입니다. 취임 직후부터 그는 안전한 가스 수송로를 확보하기 위해 총력을 기울였습니다. 천연가스를 수출하는 방법은 두 가지가 있습니다. 첫째는 지하 또는 해저에 설치된 파이프를 통해 운송하는 방식입니다. 둘째는 천연가스를 액화하여 액화천연가스(이하 LNG)로 만들어 부피를 줄인 후 LNG 전용 선박에 실어 수출하는 방법입니다(천연가스는 액화하면 부피가 약 1/600로 줄어들어 운송이 용이해집니다). 액화를 위해서는 가스를 영하 162도까지 냉각해야 하고, 그 냉각 상태를 운송 중 유지하기 위한 LNG 전용 선박이 필요합니다. 또 수입국은 LNG를 인수하고 재기화하는 터미널 시설을 건설해야 합니다. 수출국과 수입국 모두 큰 비용이 들 수밖에 없습니다. 따라서 가까운 거리에서 액화 없이 가스관을 통해 거래하는 것이 유리합니다.

러시아는 가스를 이웃한 유럽으로 수출하기 위해 대형 가스관을 확보하는 것이 필요했습니다. 물론 푸틴이 대통령에 취임한 2000년에도 러시아에서 유럽으로 향하는 가스관은 존재했습니다. 당시 러시아는 유럽으로 가스를 수출하기 위해서 러시아에서 우크라이나를 거쳐 슬로바키아, 체코, 독일 등으로 연결되는 브라트스트보Bratstvo 가스관을 주로 이용했습니다. 이 가스관은 외국의 영토를 지나야 했는데, 그것 자체가 외부 세력에 운송의 통제권을 내어준 격이었습니다. 유사시에 특정 국가가 파이프라인의 사용을 막을 수도 있고 운송량의 일부를 가로챌 수도 있었습니다. 특히 우크라이나를 지나고 있어 우크라이나가 외교적 협상력을 강화하는 도구가 되기도 했습니다. 또한 러시아는 우크라이나에 꼬박꼬박 통행료를 지불해야 했습니다. 당시 우크라이나를 경유하지 않는 가스관의 확보를 위해 러시아는 야말-유럽Yamal–Europe 가스관을 건설 중이었고 2000년에 일부 구간이 개통된 상태였습니다. 그러나 우크라이나를 피해갈 뿐 폴란드와 벨라루스 등 외국 영토를 경유하기는 마찬가지였습니다.

푸틴은 취임하자마자 외국 영토를 경유하지 않는 대형 가스관 건설을 추진합니다. 취임 직후인 2001년 독일 총리 게르하르트 슈뢰더Gerhard Schröder에 발트해 해저를 통해 러시아 서부 연안과 독일 북부 해안을 잇는 대형 가스관의 건설을 제안합니다. 경제만 놓고 보면 거절할 이유가 없었습니다. 독일은 유럽 제일의 산업국가로 에너지 소비가 유럽에서 가장 많습니다. 그런데 우리나라처럼 대부분의 에너지 자원을 수입에 의존하고 있습니다. 그러므로 주요 생산국인 러시아와 주요 소비국인 독일을 직접 연결하는 해저 가스관은 양국 모두에게 이익이 됩니다. 이는 물론 경제적 측면만을 고려한 것입니다.

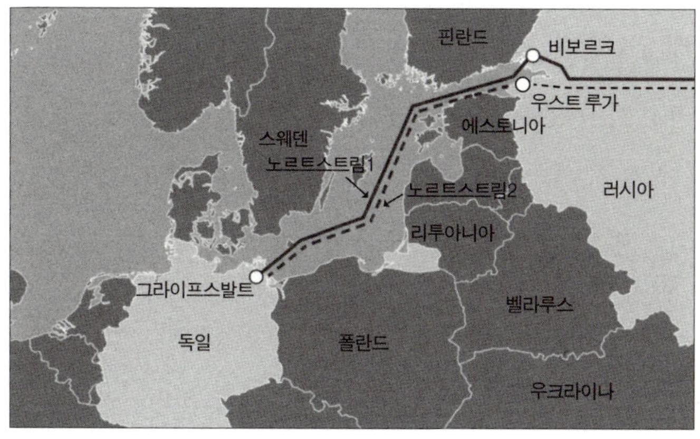



노르트스트림은 러시아에서 독일까지 발트해 해저를 따라 연결된 천연 가스 파이프라인이다. 이 파이프라인은 우크라이나 경유 노선을 우회함으로써 러시아가 유럽에 대한 영향력을 강화할 수 있는 발판이 됐다.



러시아와 독일을 잇는 가스관 건설은 러시아의 힘을 키워줌으로써 자칫 유럽의 안보를 위협하는 결과를 낳을 수 있었습니다. 유럽이 러시아산 가스에 의존할수록 러시아는 그 관계를 무기화할 수 있습니다. 즉, 노르트스트림 가스관은 단순한 에너지 인프라가 아닌 지정학적 무기가 될 수 있었습니다. 이러한 점을 고려해 독일 정부도 바로 동의를 할 수는 없었습니다. 그러나 오랜 망설임 끝에 2005년 9월, 퇴임 직전에 슈뢰더는 가스관 건설에 합의했습니다.[3] 슈뢰더에 이어 2005년 11월 독일의 새 총리가 된 앙겔라 메르켈Angela Merkel도 재임 중 미국과 동유럽 국가들의 반대 목소리에도 불구하고 노르트스트림 가스관 건설을 지속했습니다. 마침내 2011년 11월 러시아와 독일을 잇는 길이 1,220km의 대형 가스관이 완공되어 가동을 시작합니다.

메르켈 내각은 여기서 멈추지 않고, 노르트스트림과 같은 경로와 같은 규모를 가진 가스관, 즉 노르트스트림2의 건설마저 추진합니다. 노르트스트림2는 앞서 설치된 노르트스트림1과 전략적으로 또 다른 의미를 갖습니다. 일반적으로 에너지 자원을 다양한 국가에서 도입할 때 도입의 안정성이 높아지고, 특정 국가에 종속되는 것을 방지할 수 있습니다. 그런데 노르트스트림2까지 완성되면 단일 경로에 대한 의존도가 지나치게 커집니다. 즉, 러시아는 유럽 가스 총수입량의 절반에 가까운 물량을 우크라이나와 폴란드 등을 경유하지 않고 공급할 수 있게 됩니다. 그럼에도 독일은 노르트스트림2 건설을 강행했습니다. 여기에는 그럴 만한 이유가 있었습니다. 당시 독일은 2011년 후쿠시마 원전 사고 이후, 탈원전 정책을 추진하고 있습니다. 2010년 발전량의 약 23%를 차지하던 원자력 발전은 2020년에 약 11%로 급감했습니다.[4] 탈원전을 추진하면서 독일은 다른 어느 때보다 러시아의 가스가 필요했습니다.

당시 노르트스트림2 건설을 가장 강하게 반대했던 국가는 미국이었습니다. 2018년 미국 대통령 트럼프는 독일이 '러시아의 포로'를 자처하고 있다며, 노르트스트림 건설은 결코 이뤄져서는 안 될 일이라고 강하게 비판하였습니다.[5] 이후 미국 정부는 노르트스트림2 건설에 참여한 관련 기업들을 제재하여 실질적으로 공사 진행에 제동을 걸기도 하였습니다.[6] 같은 시기 우크라이나의 대통령 볼로디미르 젤렌스키 Volodymyr Zelensky도 자국을 경유하지 않는 가스관은 러시아의 '지정학적 무기'가 될 수 있다며 반대했습니다. 그러나 메르켈은 "노르트스트림은 정치와 무관한 상업적 활동으로 외국의 간섭 대상이 아니다"라고 주장하며 뚝심 있게 건설을 지속했습니다.

논란 끝에 2021년 9월 노르트스트림2마저 완성됩니다. 이제 러시아는 우크라이나와 폴란드 등을 경유하지 않고 독자적으로 유럽에 막대한 양의 가스를 수출할 수 있게 된 것입니다. 노르트스트림2가 완성된 직후, 푸틴은 우크라이나 침공을 결정합니다. 만약 완공 전에 전쟁이 발발했다면 노르트스트림2의 완공을 보지 못했을 것입니다. 따라서 완공 시점이 침공 시기를 결정한 하나의 이유가 됐을 수 있습니다.

2022년 2월, 러시아의 우크라이나 침공 후 유럽연합은 러시아산 가스 도입을 줄이기 위해 총력을 기울이게 됩니다. 러시아의 20년 고집이 흐르고, 독일의 오판이 묻힌 가스관이 무용지물이 될 위기에 처한 것입니다.

# 40

# 유럽은 러시아의 에너지 없이 살 수 있을까?

정치는 경제 문제가 사회에 드리운 그림자일 뿐이다.

•

존 듀이, 철학자

러시아가 우크라이나 침공을 결심하기 전 가장 치밀하게 계산한 것은, 전쟁 이후 유럽이 러시아산 석유·가스 수입을 얼마나 줄일 수 있느냐였습니다. 아마 러시아는 유럽이 러시아의 석유·가스 도입을 끊지 못하리라 판단했을 것입니다. 이러한 판단 하에 러시아는 전쟁 직전까지 노르트스트림2 완공을 위해 최선을 다했습니다. 전쟁 초기 러시아 국가안보회의 부의장 드미트리 메드베데프Dmitry Medvedev는 서방이 러시아에 대해 석유·가스를 제재할 경우, '유럽은 멋진 신세계에 진입할 것'이라며 반어적 경고를 합니다.

2022년 2월 24일 러시아의 우크라이나 침공 이후, 유럽은 러시아에 대해 여러 제재를 단행하며, 러시아산 석유·가스 수입을 크게 줄였습니다. 가스부터 살펴보면 전쟁 전 유럽의 가스 도입량 중 러시아산의 비율이 약 45% 정도였는데, 전쟁 이후에는 약 19%로 떨어졌습니다.[7] 러시아산 가스 수입량을 절반 이하로 줄인 것입니다. 유럽의 가스 총소비량도 전쟁 전 대비 약 20% 감소했습니다. 그런데 이 과정에서 고통과 부작용은 컸습니다. 독일의 경제는 역성장을 하고, 이탈리아와 프랑스의 경제성장률도 2023년에서 2025년까지 연 1% 내외의 낮은 수준에 머물렀습니다. '멋진 신세계'는 아니었지만 이전과는 확실히 다른 세계가 펼쳐진 것입니다. 에너지 자원이 경제와 일상에서 차지하는 비중을 고려할 때 유럽의 경기 침체와 복지 감소는 피할 수 없는 결과였습니다.

2025년 5월 유럽연합은 2027년 말까지 러시아산 석유와 가스 수입을 완전히 중단하겠다는 로드맵을 발표했습니다. 반대하는 일부 국가들도 있지만 이 계획은 단기적으로 어느 정도 실행에 옮겨질 것입니다. 그러나 장기적으로 보면 러시아산 가스는 다시 유럽에 공급될 가능성이 높습니다. 여기에는 경제적 이유와 국제정치의 이유가 모두 있습니다.

경제적 이유부터 살펴보겠습니다. 러시아-우크라이나 전쟁(이하 러-우 전쟁) 전 러시아산 가스의 최대 수입국은 독일이었습니다. 전쟁 후 독일은 러시아산 가스 도입을 줄이고, 훨씬 비싼 LNG를 도입했습니다. LNG는 가스관으로 수출되는 가스 대비 2~5배의 가격에 거래되는 '비싼' 자원입니다. 가스를 액화 후 운송하고 수입국에서 재기화 하는 데 비용이 추가되기 때문입니다. 독일 통계청Statistisches Bundesamt에 따르면, 2022년에 독일의 평균 가스 도입가는 러－우 전쟁 전인 2021년에 비해 약 3.3배로 급등했습니다.(2021년 7,212유로/TJ → 2022년 23,920유로/TJ)[8] 이마저도 LNG 인프라 부족으로 충분히 들여오지 못했습니다. 그 결과 전기료와 난방비 등 전반적인 에너지 가격이 크게 상승했습니다. 높은 에너지 가격은 물가를 자극했고 국가 경쟁력의 약화로 이어졌습니다. 전쟁이 발발한 2022년 독일의 GDP 성장률은 1.4%에 그쳤고, 2023년과 2024년에는 여건이 더 악화되며 2년 연속으로 마이너스 성장을 기록했습니다.

어느 정부에서든 에너지 비용 상승은 국민의 지지를 잃게 하는 요인입니다. 이는 물가 상승의 가장 큰 원인일 뿐 아니라 기업 경쟁력에 부정적 영향을 줍니다. 트럼프가 석유 증산을 외치는 것도, 바이든이 사우디의 빈 살만을 찾아가 증산을 요청한 것도, 카터가 이란을 찾아가 팔라비를 찬양했던 것도, 우리나라 정부가 유가 상승 때마다 유류세를 낮추고 전기료 인상을 억제하는 것 모두 국민이 부담하는 에너지 비용을 낮추기 위함입니다.

독일 국내 정치 구도도 에너지 비용의 영향을 받았습니다. 러-우 전쟁 직전인 2021년 12월에 총리가 된 올라프 숄츠Olaf Scholz는 독일 경제의 부진 속에서 3년 만에 물러나야 했습니다. 그리고 2025년 2월 실시된 총선에서 집권 세력이었던 진보 정당이 패하고, 기독민주당CDU과 기독사회당CSU이 이끄는 연합이 승리했습니다. 이어 기독민주당의 대표 프리드리히 메르츠Friedrich Merz가 연립정부의 새로운 총리로 선출됩니다. 새 정부는 전기료를 유럽 최저 수준으로 내리겠다고 선언했고, 무려 50기의 가스 화력발전소를 새로 짓겠다는 공약을 내세웠습니다.[9] 이 공약이 실현된다면 가스 수요 증가는 불가피합니다. 따라서 에너지 자원의 대부분을 수입하는 독일도 향후 어느 시점에 가격이 싼 러시아산 가스의 유혹을 이기기 힘들 것입니다. 더욱이 독일은 탈원전 정책을 고수하고 있습니다. 그렇다면 값싼 가스의 필요성이 더욱 커질 수밖에 없습니다. 독일 외에도 벨기에, 프랑스, 튀르키예 등은 러시아산 가스 도입을 완전히 끊기 어려운 처지입니다. 헝가리와 슬로바키아는 2025년 유럽연합의 정책에 반대하며 러시아산 가스 수입을 계속하겠다는 입장을 고수하고 있습니다.

한편, 러-우 전쟁은 세계 에너지 공급의 흐름을 크게 바꿔 놓았습니다. 유럽이 러시아산 가스 수입을 줄이면서 러시아는 새로운 판매처로 중국을 선택했습니다. 이 상황은 중국에 유리한 구도입니다. 중국은 불안한 해상 운송을 거치지 않고, 러시아로부터 유리한 가격으로 에너지 자원을 도입할 수 있기 때문입니다.

오늘날 에너지 흐름에서 주목할 것은 전기 사용의 증가입니다. 이러한 흐름은 앞으로 더 뚜렷해질 것입니다. 앞으로 늘어날 데이터센터는 '전기 먹는 하마'로 불릴 만큼 막대한 전력을 소비합니다. 지속적으로 증가하는 전기차도 전력 수요 증가의 중요한 요인입니다. 가스의 주요 용도는 전기를 생산하는 발전입니다. 전력 수요 증가는 곧 가스 수요 증가로 이어질 수밖에 없습니다.[10] 국제에너지기구IEA는 2025년 11월 발표한 세계에너지전망World Energy Outlook 2025보고서에서 2050년에 세계 가스 수요가 2024년 대비 약 9% 증가할 것으로 전망했습니다. 특히 중국은 인공지능과 전기차 산업을 전략적으로 키우고 있어, 같은 기간 가스 수요 증가율이 세계 평균을 크게 웃도는 약 41.6%에 이를 것으로 예상됩니다(2024년 4,280억 $m^3$ → 2050년 6,060억 $m^3$).[11] 그러한 중국에 러시아처럼 가스를 안정적으로 공급해줄 수 있는 파트너를 확보한다는 것은 말 그대로 전략적 이익이자 에너지 안보에 큰 힘이 됩니다.

중국이 가스를 절실히 필요로 하는 것은 전기차와 인공지능 때문만은 아닙니다. 탄소 감축을 위해서도 가스가 절실한 상황입니다. 가스는 석탄에 비해 탄소 배출량이 절반 수준입니다. 이러한 점 때문에 가스는 탄소중립 사회로 가는 경로에서 가교 역할을 하는 연료bridge fuel로 불립니다.[12] 현재 중국은 발전량의 약 66%를 석탄 화력발전에 의존하고 있습니다(2024년 기준). 전 세계 석탄 소비의 56%가 중국에서 발생합니다.[13] 석탄은 화석연료 중에서도 탄소 배출량이 가장 많습니다. 따라서 중국의 탄소 감축을 위해 가장 시급한 과제는 석탄 화력발전을 줄이는 것입니다. 석탄을 줄이려면 재생에너지와 가스 사용을 늘려야 합니다. 그런데 중국은 이미 태양광과 풍력 발전량에서 타의 추종을 불허하는 세계 선두입니다. 그럼에도 석탄 화력발전이 총 발전량의 60% 이상을 차지하고 있습니다. 결국 가스도 석탄을 어느 정도 대체해줘야 합니다. 한마디로 중국에 가스의 안정적 확보는 경제 성장을 지속시키는 동력이자 탄소 감축을 실현할 수단입니다.

러시아가 유럽으로 가스를 수출하지 못할 경우, 러시아의 주요 판매 시장은 중국과 인도로 한정됩니다. 수요처가 제한되면 구매자인 중국의 협상력이 향상되고 중국은 러시아산 가스를 유리한 조건에 확보할 수 있게 됩니다. 실제로 러-우 전쟁 발발 전인 2021년 러시아가 중국으로 수출한 가스 판매 물량은 138억 $m^3$였으나[14], 2024년에는 381억 $m^3$로[15] 약 176% 증가했습니다. 가격 면에서도 중국은 유리한 조건으로 도입했습니다. 2024년 기준, 중국이 러시아로부터 수입한 가스의 단가는 유럽 시장의 거래 가격 대비 약 35% 낮았습니다.[16] 결과적으로 서방이 러시아산 가스를 제재하며 도입을 줄였던 것이 중국의 에너지 안보를 강화하고 경제적 이익을 늘리는 효과를 낸 것입니다. 그러므로 미국으로서는 러시아산 가스의 유럽 판매를 허용하는 선택이 나을 수 있습니다. 지금 미국의 가장 큰 위협은 러시아가 아니라 중국이기 때문입니다.

헨리 키신저는 2022년 세계경제포럼World Economic Forum에서 "미국과 유럽이 러시아를 적대시하면 러시아는 중국의 하위 파트너Subordinate partner가 될 것이며, 이는 미국과 유럽이 중국을 견제하는 데 불리한 구조를 만든다"라고 주장했습니다.[17] 키신저는 러시아의 가스를 명확하게 언급하지는 않았습니다. 그러나 가스 자원이 러시아 경제의 핵심이라는 점에서 가스에 대한 서방의 제재는 러시아와 중국의 연합이라는 결과로 이어질 가능성이 매우 높습니다. 따라서 미국은 러시아를 끌어안으며 러시아가 중국에 가까워지는 것을 막으려 할 것입니다.

지금까지 천연가스에 관해 이야기했습니다. 그렇다면 러시아산 원유는 러-우 전쟁 이후 어떻게 됐을까요? 가스는 고정된 가스관을 통해 수출되는 경우가 많지만, 원유는 유조선에 실려 바다를 통해 세계 곳곳으로 이동합니다. 이 점에서 원유는 거리의 제약이 상대적으로 적고 대체 거래처를 찾기 쉽습니다. 이러한 원유의 특성 덕분에 유럽이 러시아산 원유 도입을 줄였지만, 유럽의 원유 소비는 줄지 않았습니다. 쉽게 대체 물량을 찾으면서 오히려 소비가 약간 늘었습니다. 전쟁 전과 비교해 보면, 유럽의 가스 소비는 약 20% 감소했지만, 원유 소비는 약 2% 증가했습니다(2021년 일 1,372만 배럴 → 2023년 일 1,401만 배럴).[18]

러시아의 원유 생산량도 유럽의 제재에도 불구하고 감소하지 않았습니다. 전쟁 전인 2021년의 원유 생산량은 일 1,046만 배럴이었는데, 전쟁이 발발한 2022년에는 오히려 소폭 증가해 일 1,055만 배럴이었습니다.[19] 다만 수출 대상국의 구성에 변화가 있었습니다. 유럽이 러시아산 원유 수입을 줄이자, 그 빈자리를 중국과 인도가 채웠습니다. 중국과 인도는 러시아산 원유를 수입해서 휘발유, 경유 등의 석유제품으로 만들어 수출했습니다. 또 러시아산 원유를 저렴한 가격에 들여와 석유화학제품 생산을 크게 늘렸습니다. 중국 석유화학 업계의 과잉 공급으로 2022년 이후 한국의 석유화학 업계는 큰 어려움을 겪고 있습니다. 결국 러시아산 원유는 중국과 인도에서 가공돼 제품유 또는 석유화학제품의 형태로 글로벌 시장에서 판매된 것입니다.

결론적으로 러시아의 석유와 가스는 유럽 시장으로 계속 흘러갈 가능성이 큽니다. 물론 전쟁 직후 한동안 러시아산을 끊겠다는 그 결심과 단합은 유지될 것입니다. 그러나 에너지라는 현실의 무게는 생각보다 무겁고, 국가의 결심은 생각보다 가벼운 경우가 많습니다. 더욱이 오늘날의 성장 산업은 가스의 안정적 공급을 요구하고 있습니다. 이런 상황에서 유럽이 이미 완공된 가스관을 통해 값싼 러시아산 가스 도입을 장기간 포기하기는 쉽지 않을 것입니다. 중국을 견제하려는 미국의 계산에서도 러시아와의 완전한 단절은 고려되지 않을 가능성이 높습니다. 또한 러시아 북부 해안을 거치는 '북방항로'의 가치가 커질수록, 미국, 유럽뿐 아니라, 한국, 일본 등도 러시아와 협력할 유인이 커집니다.

다만 미국의 LNG 수출 능력 증대에 따라, 유럽의 러시아에 대한 의존이 약간은 감소할 수도 있습니다. 그러나 장기적으로 러시아는 유럽의 가스 공급원 역할을 이어갈 확률이 높습니다. 중장기적으로 글로벌 가스 수요는 견고하고, 러시아산 가스는 비용 면에서 가장 유리하기 때문입니다.

　전쟁 이후 극단의 단절을 겪은 뒤 현실의 무게 앞에서 손을 다시 맞잡는 일은 역사 속에서 반복되어 온 장면입니다. 이 모습은 오늘날 중동에서도 되풀이되고 있습니다.

# 41

## 이스라엘과 사우디는 왜 친해졌을까?

영원한 친구도 없고, 영원한 적도 없다.
영원한 것은 오직 이익뿐이다.

•

헨리 존 템플, 전 영국 총리

과거 아랍 국가들에 이스라엘을 몰아내고 팔레스타인 땅을 되찾는 일은 아랍 연대의 동력이자 아랍 정체성의 중심이었습니다. 1967년 3차 중동전쟁을 주도한 이집트 대통령 나세르는 '범아랍주의'를 내세우며 아랍 세계의 통합을 꿈꾸었고, 그의 사상은 아랍 전역에서 지지를 받았습니다. 아랍 세계의 공통된 반이스라엘 감정은 중동전쟁과 오일쇼크를 촉발한 기반이었고 국제사회에 아랍의 영향력을 각인시킨 동력이었습니다. 그렇다면 그 시절 아랍 세계를 뜨겁게 달궜던 반反시오니즘은 오늘날까지 이어지고 있을까요?

2023년 10월 7일, 팔레스타인 무장 정파 하마스Hamas가 이스라엘을 기습 공격하며 이스라엘-하마스 전쟁이 일어났습니다. 전쟁이 발발한 10월 7일은 4차 중동전쟁(욤키푸르 전쟁)이 발생한 1973년의 10월 6일과 단 하루 차이가 납니다. 4차 중동전쟁에서 이집트군은 개전 초기 이스라엘군을 패퇴시키며 이스라엘에 큰 충격을 줬습니다. 이후 미국이 개입하며 전세가 역전됐지만, 아랍은 석유 금수 조치를 통해 세계 경제에 쇼크를 줬습니다. 4차 중동전쟁에서 아랍은 비록 승리하지는 못했지만, 아랍의 군사력이 무시할 수준이 아님을 증명했습니다. 동시에 아랍의 석유가 그 어떤 무기보다 강력함을 드러냈습니다. 이러한 의미 때문에 하마스가 4차 중동전쟁 50주년의 역사적 상징성을 고려해 공격 날짜를 결정했다는 주장이 있습니다.[20]

하마스가 택한 날짜는 아랍 단결의 기념일이었지만, 정작 하마스를 도운 건 아랍이 아니었습니다. 대부분의 아랍 국가들은 이 전쟁을 방관했습니다. 그래서 이 전쟁은 과거처럼 아랍 전체로 번지지 않았습니다. 또 과거처럼 오일쇼크는커녕 국제유가에도 별다른 영향을 주지 못했습니다. 전쟁 중 국제유가는 오히려 하락했습니다. 오늘의 아랍 세계에서 1970년대의 치열한 반시오니즘, 반이스라엘 의식을 찾아보기 어렵습니다. 과거의 시각에서 보면 상상하기 어려운 변화가 일어난 것입니다.

아랍의 변화는 4차 중동전쟁 이후부터 시작됐고, 변화의 선두에 이집트가 있었습니다. 4차 중동전쟁의 가장 큰 당사자였던 이집트는 1978년 미국의 중재로 이스라엘과 캠프데이비드 협정을 체결해 시나이 반도를 돌려받았습니다. 1979년에는 이스라엘과 평화조약을 맺으며 공존을 선택했습니다. 이집트로서는 현실적인 선택이었습니다. 물론 4차 중동전쟁을 통해 아랍은 군사력과 석유 무기화의 위력을 세계에 과시했습니다. 그러나 동시에 오일쇼크의 위험을 감수하면서까지 이스라엘을 지키겠다는 미국의 의지도 드러났습니다. 석유 금수 조치가 불러올 경제적 손실이 뻔했음에도, 미국의 태도는 단호했습니다. 결국 이집트는 끝이 없을 것 같은 대결보다는 시나이 반도 반환이라는 실질적 이익을 취하고 평화를 선택했습니다. 이 선택은 아랍 세계의 격렬한 분노를 불러왔습니다. 그러나 당시의 분노의 절정은 새 흐름의 시작이었습니다. 이스라엘을 지키려는 미국의 의지 앞에서 아랍 세계는 조금씩 변해갔습니다.

이집트의 평화조약이 변화의 물꼬를 텄다면 그 흐름을 굳힌 사건은 이란 혁명입니다. 이집트와 이스라엘이 평화조약을 체결한 1979년 그 해에 이란은 왕정을 무너뜨리고 이슬람 신정국가로 탈바꿈했습니다. 이후 이란은 미국을 대악마로 규정하며 철저한 반미 노선을 추구했고, 미국의 핵심 우방인 이스라엘과의 관계도 단절했습니다. 그전까지 이란은 사우디와 함께 친미 노선을 따르며 중동에서 미국의 영향력을 유지하는 양대 핵심 동맹국이었습니다. 당시 미국은 권위주의 정권을 지원한다는 비난에도 아랑곳하지 않고 두 나라에 경제적·군사적 지원을 아끼지 않았습니다. 지원의 목적은 중동의 안정을 유지하고 석유의 안정적 공급을 보장하는 것이었습니다. 1970년대에 이러한 전략을 일컬어 '쌍기둥 정책Twin Pillars Policy'이라고 하는데, 두 기둥은 바로 이란과 사우디입니다.

이란 혁명은 미국에게는 두 개의 기둥 중 하나만 손실이었지만, 사우디에게는 훨씬 더 심각한 안보 문제로 다가왔습니다. 이란 혁명은 친미 팔라비 왕정이 무너지고 시아파 신정 체제가 수립된 사건입니다. 즉, 시아파 종교 지도자가 국가의 최고 통치자가 되어 나라를 다스리고, 철저한 이슬람 원리주의를 신봉하게 된 변화입니다. 사우디는 성지 메카의 수호자임을 자처하며 종교의 권위로 왕실의 정당성을 유지해왔습니다. 그러나 이란의 혁명 앞에서 사우디 왕정은 너무나 세속적으로 보였습니다. 막강한 군사력까지 갖춘 이란 앞에서, 사우디는 이념에서도 무력에서도 위협을 느낄 수밖에 없었습니다.

또한 사우디는 수니파 대표국이고 이란은 시아파 맹주국인데, 이러한 종파의 차이는 혁명 이후 중동의 주도권을 둘러싼 대결 구도로 격화됩니다. 혁명 이전까지 이란은 세속주의 성향의 왕정 체제였기에 수니와 시아의 차이는 그리 날카로운 문제가 아니었습니다. 그러나 혁명 후 종교가 이란 정권의 핵심 기반이 되었습니다. 그러면서 이란 시아파 정권에게 수니파를 제압하는 것은 혁명의 이상과 정통성을 강조하는 핵심 활동이 됩니다. 또 이란 혁명의 이상은 이란으로 한정되는 것이 아니었기에, 이란은 혁명의 전파자임을 자처했습니다. 그러면서 종파 간 갈등은 점차 중동 지역의 주도권 싸움으로 확대됩니다. 이란은 혁명 후 중동 곳곳에 포진한 시아파 세력을 지원하며 대리세력proxy group으로 활용했습니다. 대표적 대리세력은 예멘의 후티 반군, 이라크의 시아파 민병대 그룹, 레바논의 헤즈볼라 등인데, 이들은 수니파 아랍국에 큰 위협입니다.

결과적으로 이란 혁명 후 중동의 갈등 구도는 '아랍과 이스라엘의 대립'에서 '아랍과 이란의 대립'으로 재편되었습니다. 오늘날 사우디, UAE, 예멘 등 아랍국 안보에 가장 큰 위협은 서쪽의 이스라엘이 아니라 동쪽의 이란입니다. 이들에게 이스라엘과의 중동전쟁은 반세기 전의 일이지만 이란의 막강한 군사력과 핵 개발은 현실의 위협입니다. 이 현실적 위협에 가장 든든하게 맞서주는 국가가 다름 아닌 이스라엘과 미국입니다.

사우디도 이란을 방어하기 위해 매년 천문학적 규모의 예산을 무기 구매에 지출하고 있습니다. 그러나 군사력, 인구, 산업 수준 등 모든 부분에서 사우디가 열세입니다. 따라서 사우디는 미국이 더 적극적으로 사우디의 안보 문제에 개입해줄 것을 요구하고 있습니다. 2023년 9월 사우디는 미국에 원하는 것을 구체적으로 재차 제시했습니다. 사우디가 원한 것은 '한-미 동맹 수준'의 관계였습니다.[21] 1945년 이후 미국은 사우디의 체제 유지와 안보를 보장해주고, 사우디는 미국에 안정적으로 석유를 공급하는 상호 협조의 관계를 유지해왔습니다. 그러나 한미 상호방위조약(1953년)과 같은 국제법상 공식 조약은 체결하지 않았습니다. 원칙적으로 중동에서 미국의 최대 동맹국은 이스라엘이고, 이스라엘과 아랍의 관계를 고려할 때 미국이 사우디와 공식 조약을 체결하는 것은 적절하지 않았습니다. 미국이 사우디와 공식적인 동맹 관계를 맺는다면 마치 20세기 초 영국이 아랍 민족과 유대인에게 이중 약속을 한 모습을 연상시킬 것입니다.

그럼에도 사우디는 꾸준히 미국에 안보 협력 관계를 NATO 또는 한미 동맹급으로 격상시킬 것을 요구해왔습니다. 사우디는 미국이 요구를 수용하면 이스라엘과도 수교하겠다고 약속했습니다. 그러나 셰일 혁명 이후 미국은 중동에서 군사 개입을 줄이고 인도·태평양 지역에 자원을 집중하는 전략을 추진하고 있습니다. 이스라엘과의 관계를 고

려해서도, 오늘날 미국의 대외 전략의 방향에도 사우디와의 공식적인 동맹은 적절하지 않습니다.[22]

그러는 사이, 중국은 경제 규모를 키워갔고 동시에 거대한 석유 고객으로 떠올라 사우디와 접점을 넓혔습니다. 그러나 중국은 사우디에 대규모 군사력을 전개해서 사우디의 안전을 지켜주기 어렵습니다. 중국이 미국을 대신할 수는 없습니다. 같은 이유로 중국의 경제 규모가 커져도 위안화가 석유 시장에서 달러를 대체하기는 어렵습니다. 사우디가 가장 중요하게 여기는 것은 언제나 '안보'이기 때문입니다. 지금도 사우디 국영 석유회사의 이름은 아람코입니다. 아람코라는 기업명에는 아메리카라는 이름이 내포되어 있습니다. 아람코라는 기업명이 유지되는 현실은 오늘날 사우디가 미국을 바라보는 시선을 반영합니다. 미국의 마음은 예전 같지 않지만, 사우디의 입장은 본질적으로 변화가 없습니다.

사우디는 아직 이스라엘과 수교에 이르지 못했지만, 몇몇 아랍국들은 이미 이스라엘과 공식적인 수교를 맺었습니다. 1994년에는 이스라엘의 이웃 나라인 요르단이 이스라엘과 평화조약을 체결하고 공식적으로 수교했습니다. 이 결정으로 요르단은 미국으로부터 안보 보장과 경제적 보상을 약속받았습니다. 2020년 9월에는 UAE와 바레인이 미국 트럼프 정부의 중재 하에 이스라엘과 공식적으로 외교 정상화에 합의하고 수교했습니다. 이른바 아브라함 협정Abraham Accords입니다. 협정의 이름 '아브라함'은 기독교, 유대교, 이슬람교의 한 뿌리가 되는 조상 아브라함을 딴 것으로, 상호 이해와 공존의 의미를 내포합니다. 이 협정으로 아랍의 두 나라가 이스라엘을 인정했지만 아랍 세계에서 이 두 나라를 비난하는 목소리는 크지 않았습니다. 다만, 팔레스타인 사람들에게 매우 당혹스러운 변화였을 것입니다. 국내 한 언론은 "팔레스타인 슬픈 날"이라는 제목으로 아브라함 협정 소식을 전했습니다.[23]

이스라엘 하마스의 전쟁 직전인 2023년 10월에는 사우디마저도 이스라엘과 관계 정상화와 수교를 추진하려 했습니다. 사우디의 빈 살만 왕세자는 "사우디와 이스라엘이 매일 조금씩 가까워지고 있다"[24]고 말했습니다. 주요 외신은 양국의 수교가 임박했다고 보도했습니다. 하마스로서는 엄청난 고립감을 느꼈을 것입니다. 팔레스타인에서는 여전히 힘겹게 이스라엘과 싸우고 있지만, 아랍의 형제국들에서 과거와 같은 연대감은 찾아보기 힘들었기 때문입니다. 아랍의 종갓집 격인 사우디마저 이스라엘과 수교하게 되면 하마스는 자신들의 종교적·정치적 존립 기반을 잃게 됩니다. 그래서 사우디와 이스라엘 간 수교를 막기 위해 하마스가 극단적인 무력 도발을 선택했다는 주장이 제기됩니다.[25] 다시 말해 하마스는 외교의 장에서 점점 소외되고, 과거의 아랍 연대가 사라지는 상황에서 무력 충돌 외에 목소리를 낼 방법이 없다고 느꼈을 수 있습니다.

결론적으로 아랍의 이스라엘에 대한 적대감은 옅어졌습니다. 그 대신 이란이 이스라엘의 새로운 적으로 등장하며 양국 관계가 중동 정세를 결정하는 중대한 축이 되고 있습니다. 오늘날 이스라엘이 직면한 상대인 이란은 아랍보다 약하지 않습니다. 이란의 인구는 이스라엘의 약 9배이고, 국토 면적은 75배에 달합니다. 그럼에도 이스라엘은 성경 속 다윗처럼 예나 지금이나 물러섬이 없습니다. 이스라엘-하마스 전쟁 중에 이스라엘은 이란을 직접 타격하는 과감한 대응도 보여줬습니다.

그렇지만 이스라엘에도 아킬레스건은 있었습니다. 과거 이스라엘은 석유와 가스가 전혀 생산되지 않는 나라였고 거의 전량을 외국에 의존해야 했습니다. 이스라엘은 이 취약성을 극복하기 위해 수십 년간 끈질기게 씨름했습니다. 축복을 놓치지 않으려 밤새 싸운 성경 속 야곱처럼 말입니다.

# 42

## 이스라엘과 이집트의 위험한 거래

평화는 친구와 만드는 것이 아니다.
평화란 아주 고약한 적과 만들어가는 것이다.

•

이츠하크 라빈, 전 이스라엘 총리

2000년대 초반까지 이스라엘은 석유도, 가스도 나지 않는 자원 빈국이었습니다. 그래서 우리나라처럼 석유 공급을 거의 전량 외국에 의존해야 했습니다. 그런데 주변에 사우디를 비롯한 아랍 국가들은 이스라엘의 존재를 인정하지 않았고, 당연히 이스라엘에 석유를 수출하지 않았습니다. 물론 지금은 이스라엘과 아랍의 관계가 과거와 비할 수 없을 정도로 개선됐습니다. 그러나 사우디를 비롯한 다수의 산유국은 아직까지도 이스라엘과 공식 수교에 이르지 못했고 석유 거래도 이뤄지지 않고 있습니다.

전통적으로 이스라엘은 중앙아시아의 아제르바이잔과 카자흐스탄, 남미의 멕시코 등에서 석유를 수입해 왔습니다. 석유는 유조선에 실어 원거리를 운송해 도입하는 것이 일반적인 도입 방식입니다. 우리나라가 중동과 미국에서 석유를 수입하듯 말입니다. 그런데 가스의 경우 원거리에서 도입할 경우, LNG 형태로 도입해야 해서 근거리 도입에 비해 상대적으로 비용 부담이 큽니다. 그렇다고 이스라엘이 가까운 아랍권에서 가스를 도입할 경우 그 의존 관계가 정치적·경제적 종속을 낳고 중동 내에서 이스라엘의 입지에 악영향을 줄 우려가 있었습니다. 따라서 2000년대 초반까지 이스라엘은 석유와 석탄만 사용하고, 가스는 전혀 쓰지 않는 매우 특이한 소비 구조를 유지했습니다. 오늘날 유럽이 안보상의 이유로 러시아산 가스 수입을 줄였다면, 당시 이스라엘은 한 걸음 더 나아가 아랍의 가스 자체를 외면했습니다.

그 대신 이스라엘은 집요하게 자국에서 석유와 가스를 찾기 위해 노력했습니다. 그러나 반세기가 지나도록 성과를 내지 못했습니다. 그 가운데 이스라엘의 에너지 소비는 여느 나라들처럼 매년 증가했고, 1990년대에 들어서자 늘어난 전력 수요로 인해 마침내 선택의 기로에 서게 됩니다. 증가하는 전력 수요로 주변국에서 가스를 도입하지 않을 수 없게 된 것입니다. 결국 이스라엘은 1999년 이집트와 가스 구매 협상을 시작했습니다.

그런데 이집트가 어떤 나라인가요? 과거 중동전쟁 때 가장 치열하게 이스라엘과 싸웠던 나라입니다. 물론 1979년 양국이 평화조약을 체결했지만 이집트 내부에서는 평화조약 체결을 반대하는 목소리도 컸습니다. 또한 평화조약을 주도한 대통령 사다트는 1981년 10월 이슬람 극단주의 세력에 의해 암살당했었지요.

사다트 암살 직후 대통령이 된 이는 공군 출신으로 전쟁 영웅이었던 호스니 무바라크Hosni El Sayed Mubarak였습니다. 그는 사다트의 갑작스러운 죽음 직후 대통령직을 승계해 이후 무려 31년간 정권을 유지했습니다. 무바라크가 31년간 정권을 유지할 수 있었던 배경에는 두 차례 중동전쟁이 있었습니다. 1967년 3차 중동전쟁에서 이집트 공군은 이스라엘의 기습으로 궤멸에 가까운 피해를 입었습니다. 당시 이스라엘에 복수하기 위한 가장 중요한 과제는 공군의 빠른 재건이었습니다. 무바라크는 사관학교 교장으로서 인적, 물적으로 공군의 빠른 재건에 중심 역할을 했습니다. 이후 1973년 4차 중동전쟁에서는 공군 총사령관으로 작전을 지휘하며 이집트군이 시나이 반도의 이스라엘군을 몰아낸 전과에도 크게 기여했습니다. 이러한 공으로 무바라크는 종전 후 사다트 정부에서 부통령에 오릅니다. 그리고 사다트 사후에는 대통령이 된 것입니다.

무바라크 정부는 사다트 정부의 평화조약을 존중하고, 친미·친이스라엘 외교 노선을 계승했습니다. 따라서 이스라엘에 가스를 공급하는 것에 반대하지 않았습니다. 이러한 배경에서 1999년 이스라엘과 이집트는 가스 공급 협상을 시작할 수 있었습니다. 그러나 2000년 팔레스타인에서 대규모 반이스라엘 저항 운동, 이른바 2차 인티파다Intifada가 일어나고, 폭력과 무장 충돌이 확산되며 다수의 사상자가 발생합니다. 이로 인해 양국 가스 협상도 한동안 중단됐습니다.

이후 2005년 협상이 재개됐고 마침내 그해 6월 이집트가 이스라엘에 15년간 매년 17억 m³의 가스를 공급하는 대형 계약이 체결됩니다.[26] 이후 이스라엘 남부 도시 아슈켈론Ashkelon에서 이집트 시나이 반도의 엘

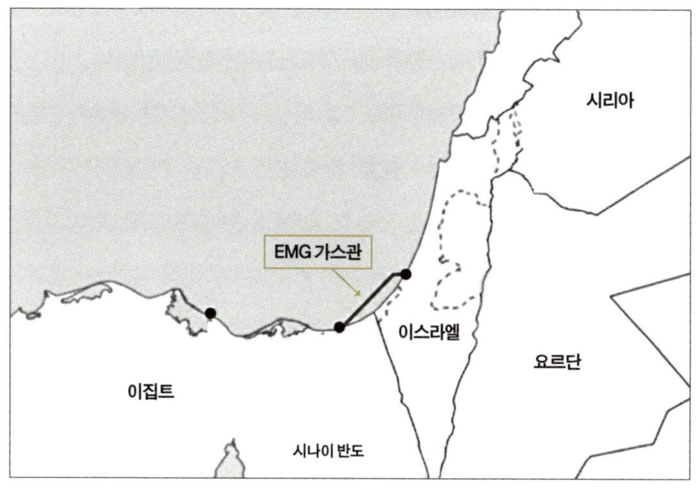


아리쉬El Arish까지 약 90km의 해저 파이프라인 건설이 빠르게 진행됐습니다. 계약 체결로부터 3년이 지난 2008년 4월 이집트산 가스는 새로 건설된 동지중해 해저 가스관EMG Pipeline을 통해 이스라엘에 역사상 최초로 수출됐습니다. 이후 수출량이 점차 늘어나며 이집트산 가스는 이스라엘의 가스 소비량의 약 절반을 차지하는 핵심 공급원이 됩니다.[27]

그러나 이집트의 가스 공급은 5년을 넘기지 못했습니다. 2011년 무바라크 정권이 반정부 봉기로 붕괴한 것입니다. 무바라크의 31년 독재는 그의 정책에 반기를 드는 세력을 키워 나갔습니다. 그 결과 무바라크와 다른 노선을 지닌 세력이 대중의 지지를 받게 됩니다. 특히 이스라엘에 가스를 공급하기로 한 결정에 반대 여론이 크게 형성됐습니다. 결국 2012년 4월 이집트 국영 가스회사EGAS는 이스라엘과의 가스 공급 계약을 일방적으로 취소했습니다. 비슷한 시기 이집트에서 대통령 선거가 실시됐고, 그 결과 이슬람 근본주의를 추종하는 무슬림 형제단Muslim Brotherhood 출신의 무함마드 무르시Mohamed Morsi가 당선됩니다. 이슬람 근본주의를 추종하는 무르시는 세속주의의 무바라크와는 전혀 다른 인물이었습니다. 그는 이스라엘에 대한 강경한 입장을 고수했습니다. 당연히 이스라엘에 대한 가스 공급 중단도 이어갔습니다.

이집트 정부의 성향과 여론에 따라 이스라엘의 에너지 안보가 위협받는 상황이 지속됐다면, 이스라엘의 위상은 지금과 같지 않았을 것입니다. 더 많은 것을 아랍에게 양보하고, 경제적으로도 더 어려운 상황에 놓였을 것입니다. 그러나 이스라엘은 이집트의 가스가 끊긴 바로 그 순간 놀라운 반전의 계기를 마련합니다.

# 43

# 21세기의 이스라엘이 더 강한 이유

싸우지 않고 이기는 것이 최상의 전략이다.

·

《손자병법》'모공(謀攻)'편

이스라엘은 건국 직후부터 자국에서 석유와 가스를 찾기 위한 노력을 끈질기게 해왔습니다. 하지만 실패가 반복됐습니다. 2000년대 초반까지 이스라엘에서 석유와 가스는 거의 생산되지 않았습니다. 그래도 포기할 수는 없었습니다. 주변 아랍국은 안정적 에너지 공급원이 될 수 없었고, 해마다 증가하는 에너지 수요 때문에 가스 무無사용 정책을 이어가기도 어려웠습니다. 결국 이스라엘 정부는 탐사 영역을 먼 바다 심해로 확대합니다. 1999년 이스라엘 정부는 북부 항구도시 하이파Haifa에서 80km 떨어진 심해의 타마르Tamar 광구를 탐사하기로 결정한 것입니다.

이스라엘 정부는 영국의 중견 가스 기업 BG Group과 자국 기업들로 구성된 컨소시엄에 타마르 광구의 탐사권을 부여했습니다. 수차례 시추를 했지만 뚜렷한 성과 없이 시간만 흘렀습니다. 결국 BG Group은 성과를 내지 못하고 2006년 철수를 선언했습니다. 이후 지분을 인수하여 탐사를 이어간 기업은 미국의 노블 에너지Noble Energy(2020년 셰브론에 합병)였습니다. 노블은 누적된 탐사 결과를 바탕으로 2008년 11월 시추를 선언했습니다. 그리고 마침내 2009년 1월 대규모 가스 발견에 성공합니다. 예상 매장량은 당시 이집트산 가스 연간 수입량의 약 200배에 해당하는 엄청난 규모였습니다.[28] 이스라엘의 정치적·경제적 입지에 게임체인저가 될 만한 큰 발견이었습니다.

이스라엘 정부는 이집트의 가스 공급이 중단된 상황이었기에 신속하게 가스전 개발을 진행합니다. 그 결과 예정보다 이른 2013년 3월 타마르에서 가스 생산이 개시됐습니다. 타마르 가스전은 생산 초기부터 연간 약 100억 $m^3$ 수준의 가스를 생산했는데, 이는 이스라엘 내수 수요 이상이었습니다. 과거 이집트로부터 수입하던 물량을 단숨에 국내 생산으로 대체한 것입니다.

이스라엘의 경사는 여기서 그치지 않았습니다. 2010년에는 타마르의 약 2배 규모인 레비아탄Leviathan 가스전이 타마르 인근에서 발견됐습니다. 이미 가스를 자급할 수 있는 상황에서 레비아탄 가스전의 발견은 이스라엘을 역내의 주요 가스 수출국으로 변모시킵니다.

자국 가스전에서 본격적으로 생산이 시작되면서 이스라엘은 다양한 경제적 효과를 누리게 됩니다. 가스는 기본적으로 전기를 생산하는 발전용 연료로 많이 쓰입니다. 그러므로 전력 분야에서 가장 큰 변화가 나타났습니다. 이집트에서 가스를 수입하던 2012년까지 이스라엘의 발전량에서 가스 발전이 차지하던 비율은 약 17% 정도였습니다. 그러나 가스전 발견 이후 가스 화력발전을 대폭 늘리면서 2024년 기준 총 발전량의 무려 70%를 자국산 가스로 충당하게 됩니다.[29]

전반적인 에너지 비용이 감소하고, 막대한 재원을 가스 수입에 지출하지 않으면서 경제 성장률이 증가했습니다. 가스가 발견된 2009년을 기준으로 이전 10년인 2000년부터 2009년까지 이스라엘의 연평균 GDP 성장률은 3.5%였습니다. 그러나 이후 10년인 2010년부터 2019년까지는 4.2%로 0.7%포인트 커졌습니다. 세계 경제는 2010년 이후 성장이 다소 둔화됐는데, 이스라엘은 오히려 성장률을 끌어올린 것입니다. 이스라엘의 전기료도 전력 수요의 증가에도 불구하고 오히려 큰 폭으로 하락했습니다. 가스전 생산이 시작된 2013년부터 2018년까지 5년에 걸쳐 전기료가 14.4% 낮아졌습니다.[30]

경제적 효과 못지않게 외교·안보적 효과도 컸습니다. 가스 생산이 증가하면서 이스라엘은 이웃한 요르단에 가스 공급을 제안했습니다. 요르단 측에서도 이스라엘로부터 가스를 도입하는 것이 가장 경제적 방법이었습니다. 결국 2016년 양국 사이에 장기 가스 공급 계약이 체결됩니다. 두 나라는 접경하고 있기에 가스관 건설에 많은 시간이 걸리지 않았습니다. 계약 체결 후 1년 만에 가스관이 완공되고, 2017년부터 이스라엘의 가스가 요르단으로 수출됩니다. 이후 요르단은 발전량의 상당한 비중을 이스라엘산 가스에 의존하게 됩니다.

2018년에는 과거 이스라엘에 일방적으로 가스 공급을 끊었던 이집

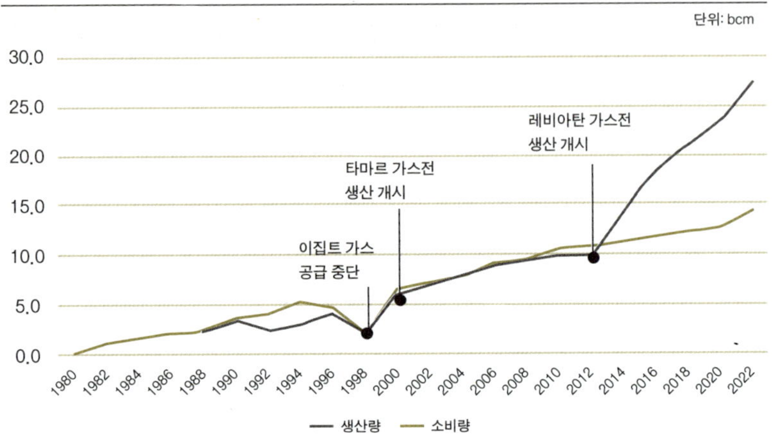

2019년 레비아탄 가스전의 생산이 시작된 이후 이스라엘은 해마다 가스 수출 규모를 꾸준히 확대하고 있다.

출처: Energy Institute 재구성

트마저 이스라엘에 가스 공급을 요청합니다. 이집트 내 가스 생산 감소로 자국 수요를 충당하지 못하게 된 것입니다.

우선 이스라엘은 2012년의 일방적 가스 공급 중단에 대한 배상 합의를 요구했습니다. 2019년 6월 이집트는 약 5억 달러의 위약금을 지불하기로 합의합니다.[31] 이후 이스라엘은 과거 이집트산 가스의 수입 경로였던 동지중해 가스관을 역방향으로 개조해 2020년 이집트로 가스 수출을 개시합니다. 이집트는 이스라엘산 가스 도입에도 불구하고, 공급 부족을 완전히 해결하지 못하면서, 2023년 7월부터 매일 1~3시간씩 전력 차단제를 실시합니다.[32] 2023년 10월 이스라엘-하마스 전쟁이 발발하고, 전쟁의 여파로 이스라엘의 가스 수출이 감소하면서 이집트의 가스 부족은 더욱 심화됐고, 전략 차단제도 1년간 이어졌습니다. 즉, 이집트가 이스라엘산 가스 수입의 증대를 절실하게 바라는 상황이 지속됐습니다. 이후 이집트의 요청에 부흥해 이스라엘도 수출 물량을 늘려갑니다. 2024년 기준 이스라엘이 이집트와 요르단으로 수출한 가스는 131억 m³로 전년보다 약 13% 증가했습니다.[33]

2019년 이집트는 이스라엘, 그리스 등과 함께 동지중해 가스포럼 EMGF을 창설했습니다. 이 포럼의 취지는 동지중해 주변의 가스 생산국이 동지중해 가스 사업에서 협력해, 유럽 가스 시장을 함께 개척하자는 것이었습니다. 이 포럼에서 이스라엘산 가스를 이집트의 가스액화설비를 통해 LNG로 전환해 유럽으로 수출하는 사업이 구상됩니다. 이 포럼을 토대로 2022년 6월 이스라엘, 이집트, 유럽연합EU이 3자 간 가스공급계약을 체결하게 됩니다.[34] 당시 유럽은 러-우 전쟁 이후 심각한 에너지 위기에 직면해 있었습니다. 따라서 이스라엘산 가스는 유럽에 중요한 대체 자원으로 부각됐습니다.

결과적으로 이스라엘의 해상 가스전은 아랍 국가들과 관계를 새롭게 구축하게 했습니다. 아랍 국가들의 에너지 수입과 상호 경제 협력은 오랜 분쟁의 역사에도 불구하고 아랍의 반 이스라엘 정서를 효과적으로 잠재우고 있습니다.[35]

그렇다면 탄소 배출량은 어떻게 변했을까요? 가스 생산과 전력 소비가 모두 늘었으니 탄소 배출도 증가했을 것으로 생각하기 쉽습니다. 그러나 그렇지 않습니다. 2013년부터 2018년까지 탄소 배출량은 정체 상태를 유지했고, 2022년부터는 완연한 감소세를 보이고 있습니다. 구체적으로 2024년 이스라엘의 탄소 배출량은 2022년 대비 15.4% 감소

했습니다(2022년 6,990만 톤 → 2024년 5,910만 톤).**36**

　발전량 증가에도 불구하고 탄소 배출이 감소한 것은 석탄 화력발전의 감소 때문입니다. 2012년 이스라엘 발전량에서 석탄이 차지한 비율은 61.5%였습니다. 그러나 2024년 석탄 비율은 14%로 급감했습니다.**37** 같은 해 가스는 약 70%, 태양광은 약 13%의 비율을 차지했습니다. 탄소 배출이 비교적 적은 가스와 탄소 배출이 거의 없는 태양광으로 전력 수요의 80% 이상을 충당하고 있는 것입니다.

　2025년 이스라엘의 가스 매장량Proved gas reserve은 약 7,090억 m³~1조 m³로 추정됩니다.**38** 이는 이스라엘이 약 80년간 사용이 가능한 양입니다. 2025년 현재 증산을 위한 시설 개선 작업이 진행 중이어서 생산량과 매장량은 꾸준히 늘어갈 것입니다. 이스라엘은 가스 자산을 바탕으로 과거 적이었던 인구 1억의 아랍 대국 이집트와 이웃 나라 요르단을 자국 가스 공급에 의존하게 했습니다. 지금 이집트와 요르단에서 이스라엘의 가스는 없어서는 안 될 에너지원입니다. 또한 이집트를 핵심적인 비즈니스 파트너로 변모하게 했습니다. 경제 협력이 강화되면서 이집트에서 과거처럼 반이스라엘 감정이 확산되기는 어려운 상황입니다. 결론적으로 21세기의 이스라엘은 과거의 이스라엘보다 더 강하다고 할 수 있습니다. 싸우지 않고 주변 아랍국을 포섭하며 새로운 질서를 만들어가고 있기 때문입니다.

　이렇게 석유·가스의 자립 여부와 생산량의 변화는 그 나라의 경제는 물론이고, 국력과 안보에 지대한 영향을 미치고 있습니다. 이는 미국의 셰일 혁명, 중국의 재생에너지와 전기차 산업, 그리고 유럽과 러시아의 관계 등 현대사의 주요 국면마다 확인할 수 있습니다.

지금 살펴본 이스라엘과 아랍의 관계에서도 예외가 아니었습니다. 결론적으로 석유와 가스는 지금도 힘의 우위와 번영의 정도, 그리고 각 국의 전략을 결정하는 핵심 요인입니다. 그럼 이렇게 석유가 중요한 시대는 언제까지 지속될까요?

# 6부

# 석유의 시대를 끝내는 법

# 44

# 트럼프의 드릴, 베이비, 드릴

Drill, Baby, Drill!

•

도널드 트럼프

2024년 미국 대통령 선거 과정에서 트럼프는 미국의 석유와 가스 생산량을 전례 없는 수준으로 늘리겠다고 공언했습니다. 트럼프의 주장은 시대착오적으로 보일 수도 있습니다. 그러나 트럼프 정부의 전략적 관점에서는 꼭 필요한 것입니다. 미국을 다시 위대한 국가로 만들겠다는 구상에서 석유와 가스는 제조업의 부흥, 무역수지와 재정적자의 개선, 국제정치 협상력 강화라는 세 가지 측면에서 필수 요소입니다.

기본적으로 에너지 수요에서 석유가 차지하는 비중이 여전히 큽니다. 코로나19가 세계를 휩쓸기 직전인 2019년 세계 석유 소비량은 하루 1억 배럴에 근접하며 역사상 최고치를 기록했습니다. 2020년에는 팬데믹으로 석유 소비량이 급감했고 국제유가도 곤두박질쳤습니다. 그러나 이는 일시적이었습니다. 2021년부터 석유 소비량은 다시 증가했고 2022년에 국제유가는 배럴당 100달러를 돌파했습니다. 이듬해인 2023년에 팬데믹 전 최대 소비량인 하루 1억 배럴을 넘어서며 역대 최고치를 다시 경신했습니다. 2024년과 2025년에도 석유 소비는 계속 증가하며 역대 최고치를 매년 새롭게 쓰고 있습니다.

석유 수요가 견고한 상황에서 해외 의존을 줄이고 가장 큰 공급자로서 지위를 유지하려는 것은 국익 차원에서 자연스러운 것입니다. 어차피 계속 사용할 수밖에 없다면 자국에서 직접 생산해 쓰는 것이 경제적으로나 정치적으로 유리하기 때문입니다. 석유·가스 생산량을 늘리고 싶어 하는 것은 미국만이 아닙니다. 중국, 러시아, 일본 등도 마찬가지입니다. 앞서 살펴봤듯 중국은 매년 증가하는 에너지 수요에 대응하고, 말라카 해협 의존을 줄이고자 국내외에서 에너지 자원 확보에 총력을 기울이고 있습니다. 러시아도 경제와 재정에서 석유·가스 수출이 차지하는 비중이 크기 때문에 자원 개발에 열을 올리고 있습니다. 비산유국인 일본도 해외에서 석유·가스 생산량을 늘리기 위한 정책을 펼치고 있습니다. 일본 경제산업성은 2030년까지 자국 석유·가스 소비량의 50% 이상, 2040년까지는 60% 이상을 국내외에서 생산한다는 목표를 설정해놓았습니다.[1] 그리고 실제로 매년 이 목표에 다가가고 있습니다. 2023년 기준으로 일본 기업들이 생산한 석유·가스 물량 합계는 일본 총소비량의 약 37.2%에 이릅니다.[2] 이처럼 'Drill, Baby, Drill'과 같은 드러나는 구호가 없을 뿐 석유를 스스로 힘으로 개발하고 확보하려는 노력은 보편적입니다.

미국이 석유 증산을 외치는 중요한 배경에는 제조업을 재건하려는 의도가 있습니다. 제조업이 성장하면 에너지 소비도 함께 늘어납니다. 중국은 세계의 제조 공장으로 성장하면서 2000년부터 2024년까지 석유 소비는 약 3.5배로 가스 소비는 무려 약 18배로 증가했습니다. 강철을 녹이고, 반도체를 생산하고, 자동차를 조립하는 과정마다 막대한 전력과 연료가 필요하기 때문입니다. 제조업 부흥을 꿈꾸는 국가가 자국 내 에너지 생산을 늘려 에너지 비용을 낮게 유지하려는 것은 당연하다고 할 수 있습니다. 주목할 점은 제조업을 다시 일으키겠다는 것이 특정 정파의 의도이거나 단기 정책이 아니라는 것입니다. 이는 미국이 직면한 과제를 풀기 위한 전략적이고 장기적 목표입니다. 공화당과 민주당을 막론하고, 미국은 중국이 주도하는 공급망 의존을 줄이는 것을 국가 생존의 과제로 인식하고 있습니다. 바이든 행정부 시기에도 인플레이션 감축법IRA과 같은 대규모 산업정책을 통해 제조업 기반을 강화하고 공급망을 미국 내로 되돌리려 했습니다. 트럼프 2기 정부의 관세 정책도 자국 산업을 보호하고 육성하려는 목적이 큽니다.

또한 석유 산업은 미국의 심각한 재정적자 완화에도 큰 몫을 할 수 있습니다. 한 나라의 지하에 매장된 석유와 가스는 기본적으로 국가와 국민의 자산입니다. 이 자원을 정부가 직접 생산하는 경우는 드뭅니다. 일반적으로 정부가 기업에게 '탐사 및 개발할 수 있는 권리'를 부여합니다. 이를 '광권' 또는 '조광권'이라고 합니다. 광권 계약을 체결한 기업은 자원을 개발 및 채굴하고, 생산량에 비례해 정부에 로열티(광권 사용료)를 납부합니다. 이를 통해 생산물을 정부와 기업이 나누는 것입니다.

대부분의 나라에서 조광 계약은 정부 몫이 훨씬 많은 형태로 체결됩니다. 만약 국영 기업에 광권을 부여했다면 투자비와 운영비를 제외한 수익 전부가 정부의 몫이 될 것입니다. 그러므로 국가가 석유·가스 생산을 늘린다는 것은 자국에 매장된 자원을 활용해 수익 사업을 확대한다는 의미인 셈입니다. 다만 미국의 경우, 사유지에서 생산되는 비율이 훨씬 높아서 로열티 등 파생되는 수익이 상대적으로 적을 수 있습니다.[3] 그러나 미국은 세계 최대 산유국이고 생산량 중 일부라도 로열티 또는 각종 세금을 통해 징수한다면 국가 재정을 확충할 수 있습니다. 사업가 출신인 트럼프는 이러한 특성에 끌렸을 것입니다. 특히 알래스카의 경우, 국유지가 대부분이기에 개발이 이뤄진다면 정부의 몫이 매우 클 것입니다.

석유와 가스의 수출이 늘어나면 무역수지도 개선할 수 있습니다. 석유와 가스 시장은 오늘날 가장 많은 자본이 오가는 시장입니다. 우리나라만 해도 연간 200조 원을 에너지 자원 수입에 지출하고 있습니다. 거대한 자금이 오가는 시장에서 미국이 일정 부문 점유율을 가져가지 않으면 그 남겨진 파이는 중동 산유국들과 러시아가 차지할 것입니다.

그렇다면 트럼프는 탄소 배출에 대해서는 어떤 인식을 가지고 있을까요? 2025년 9월, 트럼프는 UN총회에서 연설하며 다시 한 번 "기후변화는 사기"라고 발언했습니다. 또 "유럽은 탄소를 감축하는 과정에서 공장을 닫고 일자리를 잃었지만, 중국은 막대한 탄소를 배출하며 엄청난 부를 쌓았다"고 주장했습니다. "기후변화는 사기이므로 석유·가스를 통해 에너지 비용을 낮춰야 하며, 그렇지 않을 경우 빈곤에 빠질 것"이라 주장했습니다. 또 기후변화가 사기가 아니라면 왜 중국은 막대한 탄소를 배출하며 탄소 감축의 부담을 나누지 않느냐고 물었습니다. 이것이 부당하기에 미국이 파리기후협약에서 탈퇴했다고 말합니다. 결국 그의 관점에서 기후변화는 허구인데, 설령 거짓이 아니라도 서구만 감축해봤자 무의미하다는 것입니다. 행간의 의미까지 읽는다면 최대 탄소 배출국 중국을 겨냥하며, 공급망의 탈중국화를 정당화하는 듯합니다.

앞의 내용을 종합하면 트럼프가 내세운 'Drill, Baby, Drill'은 단순한 선거 구호를 넘어서 '에너지 풍요를 통해 국부를 증대하고, 제조업 부흥을 뒷받침하며, 재정적자와 무역적자를 완화하겠다'는 선언의 집약적 표현입니다.

그런데 보다 근본적으로는 석유와 가스가 여전히 중요한 에너지원이기 때문입니다. 그렇다면 왜 석유와 가스 소비는 감소하지 않는 것일까요? 태양광과 풍력 등과 같은 재생에너지의 증가에도 불구하고 왜 석유와 가스 소비는 매년 증가하는 것일까요? 그리고 어떻게 하면 이 소비 증가 추세를 억제하고, 저탄소 에너지원으로 전환할 수 있을까요? 이 질문이야말로 이 시대의 가장 중요한 질문일 것입니다.

# 45

# 파리기후협약 이후 10년의 교훈

에너지는 경제의 혈액이다. 국가 안보의 기반이다.
산업 경쟁력을 떠받치는 힘이다.[4]

•

우르줄라 폰데어라이엔, EU 집행위원장

지금까지 석유가 세계경제와 국제질서를 지배하는 현실을 살펴봤습니다. 그런데 석유는 거시적인 경제와 정치만 지배하는 것이 아닙니다. 우리의 일상도 석유와 가스 등 화석연료가 구축한 체계 위에 있습니다. 출근길의 지하철, 여행지로 떠나는 비행기, 컴퓨터 모니터와 스마트폰의 액정, 그리고 인공지능의 연산도 석유와 가스에 기대고 있습니다. 또 집에서 드라마를 보고, 냉방과 난방을 하고, 마트에서 장을 보고, 택배를 여는 순간에도 우리는 화석연료를 쓰고 있습니다. 일상에서 화석연료를 소비하지 않는 활동은 아마 수면뿐일 것입니다. 이 같은 현실은 인류가 언젠가 넘어서고 극복할 대상입니다.

화석연료에 의존하는 현실에 대해 국제사회가 한 목소리를 내며 변화를 약속한 중대한 합의가 있습니다. 바로 2015년 12월 '제21차 유엔기후변화협약 당사국총회'에서 채택된 '파리기후협약'입니다. 그 이전 1997년 '제3차 유엔기후변화협약 당사국총회'에서 채택된 '교토의정서'도 중요한 합의였습니다. 그러나 교토의정서는 미국이 불참한 가운데 OECD 회원국 중심이 된 특정 국가들의 합의였습니다. 이와 달리 파리기후협약은 195개국, 즉 세계 거의 모든 나라가 합의에 참여했다는 점에서 인류가 화석연료에서 벗어나기 위한 노력의 중요한 첫걸음이었습니다.

파리기후협약 이후 세계 각국은 2050년 또는 2060년까지 탄소중립을 달성하겠다고 선언했습니다. 아울러 각국은 5년마다 스스로 온실가스 감축 목표를 정해 줄이겠다는 약속, 이른바 국가온실가스감축목표<sub>Nationally Determined Contribution</sub>를 수립하고 발표했습니다. 또한 유럽과 중국을 중심으로 재생에너지와 전기차 보급 확대 정책이 이어졌고 미국에서도 대규모 재생에너지 지원 정책이 집행됐습니다.

그런데 이러한 합의, 선언, 정책들이 효과적으로 탄소를 감축하고, 석유와 가스 소비를 줄였을까요? 안타깝게도 그렇지 않습니다. 2015년 이후에도 팬데믹이 발생한 2020년을 제외하고, 석유와 가스 소비는 매년 증가했습니다. 심지어 석탄 소비도 줄지 않았습니다. 세계 탄소 배출량도 매년 증가했습니다. 2015년 이후 세계 각국 에너지 부문의 역사를 통해 얻을 수 있는 가장 중요한 교훈은 탄소중립과 에너지 전환에 대해 정부와 대중의 더 깊은 이해와 고민이 필요하다는 것입니다.

2025년 8월 빌 게이츠는 한국의 유명 TV 프로그램에 출연해 자신의 인생 책 3권을 소개했습니다. 그중 하나는 환경과학자 바츨라프 스밀Vaclav Smil의《세상은 실제로 어떻게 돌아가는가How the world really works》라는 책입니다. 빌 게이츠는 여러 자리에서 이 책을 이야기했습니다. 이 책은 세상을 냉철하게 이해해야 한다고 말합니다. 정확한 이해가 올바른 해법의 출발이기 때문입니다. 현대 세계의 가장 중요한 특징은 모든 인프라와 도구가 화석연료에 의해 작동하고, 그 구조 위에서 일상과 산업이 돌아간다는 점입니다. 바츨라프 스밀은 화석연료의 높은 비중과 그 엄청난 규모가 빠른 대체를 불가능하게 한다며, '이것은 공학적·경제적 현실에 근거한 사실적 결론'[5]이라고 주장합니다. 우리는 디지털과 인공지능 시대에 살고 있다고 말하지만, 현대를 과거와 명확히 구분 짓는 뚜렷한 특징은 막대한 에너지 소비와 철강·구리·플라스틱과 같은 물질의 대량 사용입니다.

여기서 강조할 것은 바츨라프 스밀이 화석연료의 사용을 늘려야 한다고 주장하는 것이 아니라는 것입니다. 그는 분명하게 현대 세계를 만든 에너지인 화석연료에 대한 의존을 줄이기 위해서 '꾸준히' 노력해야 한다고 주장합니다.[6] 다만, 세상이 돌아가는 방식에 대한 정확한 이해 없이 그렇게 주장하는 것은 관련 논의를 현실과 괴리시킨다고 말합니다. 현대 세계가 기본적으로 어떻게 작동하는지 대부분의 사람이 제대로 이해하지 못하는 상황에서 '물리적 가능성과 동떨어진 주장'을 펼친다면 다양한 의견과 제안의 경쟁이 합리적으로 이뤄질 수 없다는 것입니다.[7] 오늘날 수십억 인구를 먹이고 재우고 입히는 것의 기반이 석유와 가스입니다. 바츨라프 스밀은 인류의 복지가 화석연료와 그것이 생산하는 다양한 물질에 기초하고 있어, 구조적으로 인류가 그 시스템을 쉽게 포기할 수 없다고 말합니다. 따라서 좀 더 전략적이고 장기적인 에너지 정책이 필요하다는 것입니다.

빌 게이츠가 추천한 또 다른 책 《팩트풀니스Factfulness》도 세상에 대한 정확한 인식을 주제로 합니다. 이 책 역시 '느낌을 사실로 인식하는 인간의 비합리성'에 대한 문제의식에서 출발합니다. 이 책의 저자들은 다양한 수치와 팩트를 바탕으로 세상에 대한 우리의 느낌적 시선을 사실에 기초한 시선으로 교정하려 합니다.

바츨라프 스밀의 주장이 주목받는 것은 2015년 이후 최근 10여 년간 에너지 부문의 흐름과 관련이 있습니다. 2015년 파리기후협약 이후 각국 에너지 부문의 역사에서 중요한 교훈은 석유·가스가 절대적인 비중을 차지하는 현실을 무시한 정책은 지속성을 담보하기 어렵다는 점입니다. 2015년 이후 '이상과 현실에 대한 괴리'가 여러 국가의 정책에서 드러나면서 전환 노력의 일관성이 저해되고, 탄소 감축 정책이 오히려 역풍을 맞는 사례가 나타났습니다.

앞서 살펴봤듯 2020년 출범한 미국 바이든 정부는 역사상 최대 규모의 재생에너지 지원 법안인 인플레이션 감축법을 통과시켰습니다. 그러나 바이든 정부 재임 중 지속적 휘발유 가격 상승과 인플레이션이 민생을 압박했습니다. 결국 바이든은 재임 후반기에 석유기업에 증산을 독려했고, 사우디까지 찾아가 증산을 요청했습니다. 그래도 부족하자 전략비축유를 대규모로 방출하며 유가 상승을 억제하고자 했습니다. 바이든 정부 말기, 미국의 전략비축유 재고는 1983년 이후 최저치를 기록했습니다.[8] 이러한 현상은 에너지 정책에서 정반대의 노선을 제시해온 도널드 트럼프가 재선되는 발판을 마련했습니다.

독일은 더 극적인 변화를 겪었습니다. 2021년 12월 총리로 취임한 올라프 숄츠Olaf Scholz는 재생에너지 확대와 탈원전을 주요 정책으로 내세웠습니다. 올라프 숄츠가 이끄는 사민당SPD, 녹색당Grüne, 자유민주당FDP 연립정부는 2030년까지 발전량의 80%를 재생에너지로 충당하겠다는 목표를 세웠습니다. 실제로 2024년 독일의 발전량에서 재생에너지 비율은 57.1%까지 상승했습니다.[9] 유럽 내에서 단연 선두의 재생에너지 규모였습니다.

그러나 재생에너지 확대와 탈원전 정책은 러-우 전쟁의 충격과 겹치며 에너지 가격의 급등을 야기했습니다. 그 결과 독일은 2023년과 2024년 2년 연속 마이너스 성장을 하게 됩니다. 더 큰 문제는 높은 재생에너지 비율에도 불구하고, 독일의 탄소 배출량이 유럽에서 압도적 1위라는 것입니다.[10] 재생에너지 확대와 탈원전을 동시에 추구하면서, 정작 탄소 배출이 가장 많은 석탄 화력발전을 충분히 줄이지 못했기 때문입니다.[11] 또 러시아산 가스 공급이 줄어들면서 화석연료 중 탄소 배출이 적은 가스 발전도 줄었기 때문입니다. 결과적으로 너무 급한 재생에너지 확대 정책은 반대편에 있는 정책의 매력을 높였습니다. 그리고 2025년 2월 총선에서 에너지 안보와 에너지 가격 안정을 약속한 중도 우파 정당들이 승리하게 됩니다. 2025년 5월 총리에 취임한 기독민주당의 프리드리히 메르츠는 가스화력 발전소의 대규모 증설을 천명하고 있습니다.

캐나다에서도 비슷한 변화가 있었습니다. 캐나다 총리 쥐스탱 트뤼도Justin Trudeau는 한때 관습을 거스르고 다양한 문화를 포용하는 젊은 정치인으로, 정계의 스타로 불렸습니다. 그러나 2025년 1월 지지율 하락으로 사임을 발표했습니다. 트뤼도는 재생에너지를 확대하고 탄소세를 도입하며, 적극적으로 석유·가스 소비 억제 정책을 폈습니다. 이 요인 때문만은 아니겠지만, 이후 캐나다는 높은 물가상승률과 실업률을 겪었고, 2023년과 2024년 두 해 연속 1% 대의 낮은 경제성장률에 머물렀습니다. 결국 그가 속한 자유당Liberal party의 지지율은 역대 최저 수준인 약 16%까지 하락했고 트뤼도는 사임했습니다.[12] 이후 2025년 3월 당내 선거에서 전 캐나다 중앙은행 총재 마크 카니Mark Carney가 당 대표로 선출되며 새 총리로 취임합니다. 카니는 석유·가스 산업에 우호적인 입장을 보이며 트뤼도와 다른 모습을 보였습니다. 그는 에너지 전환의 필요성을 인정하면서도 현실적·경제적 부담을 줄이는 데 초점을 맞추고 있습니다. 그는 트뤼도가 도입했던 탄소세의 폐지를 추진하는 한편, 자국 내 석유·가스 생산 확대를 모색하고 있습니다.

각국 사례에서 중요한 교훈은 정책에 올바른 비전이 있더라도, 물가 상승, 경기 침체 등 현실적 고통을 불러오면 그 정책은 동력을 잃게 된다는 것입니다. 기후변화 대응을 위한 과감한 계획과 장밋빛 목표는 실제 시행 전까지 국민 부담을 야기하지 않습니다. 그러나 각국 사례에서 보듯 실제 시행하는 것은 전혀 다른 차원의 문제가 됩니다. 목표에는 모두가 동의하지만, 비용이 가격에 반영되는 순간 사람들은 태도를 바꿉니다. 요컨대 사람들은 탄소가 줄어들길 원하지만, 석유와 전기는 싸게 공급되길 바랍니다. 이 모순에 대한 고민이 필요합니다.

한국 정부도 국제유가가 오르면 유류세를 면제하거나 인하하고, 연료비가 상승해도 전기료는 가급적 낮게 유지해 왔습니다. 에너지 비용

만큼 민생과 민심에 영향이 큰 것도 없기 때문입니다. 높은 에너지 비용을 장기간 견딜 정부도 국민도 없습니다. 그러므로 화석연료 사용을 줄여가는 과정에서 에너지 비용을 어떻게 관리할 것인지는 기후변화 대응의 핵심 과제입니다. 결국 에너지 전환과 탄소 감축에서 가장 중요한 것은 '정책의 수용성'과 '대중의 이해'입니다. 기술의 진보가 있다 해도, 적어도 10년 이내의 미래에서 재생에너지 확대는 에너지 비용의 증가를 가져올 수밖에 없습니다.[13] 따라서 대중의 수용성을 확보할 전략을 마련해야 하고, 갈등을 극복하려는 각오도 필요합니다. 한마디로 탄소 제로로 가는 길은 '이상과 현실', '의무와 불만' 사이의 아슬아슬한 줄타기입니다.

이런 맥락에서 바츨라프 스밀은 대중의 에너지 리터러시Energy Literacy 가 필요하다고 말합니다. 험난하고 장기간이 소요될 수밖에 없는 감축과 전환의 과정에서 대중의 이해와 동의 없이는 실패할 수밖에 없기 때문입니다. 핵심은 단순히 재생에너지를 확대하는 것이 아니라, 경제와 민생의 충격을 최소화하며 지속 가능한 최적의 '에너지믹스'를 구성하고, 이를 점진적으로 조정해 나가는 것입니다.

단언컨대 에너지 전환은 시간이 지난다고 이뤄지는 것도 아니고, 시장의 원리로 달성되는 것도 아니며, 시민의 자발적 힘으로 가능한 것도 아닙니다. 시간이 지나도 석탄 화력발전은 줄지 않았고, 시장이 싸고 수급이 원활한 에너지원을 선호하는 속성도 쉽게 바뀌기 어렵습니다. 그러므로 에너지 전략은 먼 미래를 내다보는 꾸준한 관점과 지속 가능한 방향을 확립하고, 화석연료에 의존해 온 문명을 점진적으로 바꿔가는 장기적 노력이 필요합니다. 결론적으로 정교한 에너지 전략과 이에 대한 사회적 공감대가 함께 자리 잡을 때, 우리는 새로운 에너지 시대에 더 빠르게 도달할 수 있을 것입니다.

# 미래를 결정할 에너지 역량

역사는 본질적으로 '부'와 '힘'을 다투는 과정이었습니다. 외형은 종종 다른 명분으로 포장되기도 하지만 부의 축적과 힘의 우위라는 단순하고도 냉혹한 목적이 있었습니다. 이러한 면에서 지난 100여 년의 역사에서 석유가 중심에 있었던 것은 우연이 아닙니다. 석유가 부의 원천이자 힘의 기반이었기 때문입니다. 석유만 그런 것이 아닙니다. 어느 시대든 에너지 자원은 국가의 부와 힘을 결정짓는 요인이었습니다. 석유 이전의 주역은 석탄이었습니다. 18세기 영국에서 일어난 산업혁명은 곧 에너지 혁명이었습니다. 증기기관은 석탄을 운동 에너지로 손쉽게 전환했고 이 기술이 운송, 제철, 방직 등 모든 산업을 비약적으로 발전시켰습니다. 영국은 풍부한 석탄 자원을 발판으로 18세기 후반 세계 최초의 산업혁명을 완성했고, 해가 지지 않는 대영제국으로 도약했습니다.

이후 영국이 쇠락하고, 미국이 강국으로 부상한 것도 에너지원의 혁신 때문입니다. 20세기 전반기 미국은 전 세계 원유 생산량의 60% 이상을 차지하는 압도적 1위의 산유국이었습니다. 미국은 석유를 선도적으로 활용하며 산업화를 이뤘습니다. 이는 전례 없는 생산성 향상과 공급량 증대를 불러왔습니다. 유효 수요가 따라올 수 없을 정도로 생산량이 급증한 것은 1929년 대공황의 주요 원인이었습니다. 한편, 미국에 석유 공급을 의존한 일본은 그 취약한 에너지 구조가 개전과 패망의 주요 원인이었습니다.

20세기 후반, 미국은 사우디에 최대 산유국 자리를 내주었지만 중동 정세에 깊숙이 개입하며 석유 자원을 관리했습니다. 미국은 중동 정세 관리에 실패했을 때, 오일쇼크라는 큰 충격을 경험해야 했습니다. 2차 세계대전 직후 미국과 영국은 세븐 시스터즈라는 기업들을 통해, 이후에는 외교와 제재로 통제를 이어갔습니다. 때로는 전쟁도 불사했습니다. 미국과 사우디의 관계, 그리고 1990년대의 걸프전과 2003년 이라크 전쟁 등은 그 배경을 석유와 분리하기 어렵습니다.

오늘날도 다르지 않습니다. 21세기 들어서자 중국은 석유의 힘으로 굴기했고, 그 한계를 극복하고자 전기차와 재생에너지 산업에서 가장 앞선 국가가 됐습니다. 비슷한 시기에 미국은 셰일 혁명으로 최대 산유국에 다시 복귀했고 이는 미국 우선주의의 배경이 됐습니다. 여전히 석유와 가스는 경제를 결정하는 요인이고, 가장 강력한 제재 수단이며, 상대국의 힘을 제한하는 무기입니다. 노엄 촘스키는 미국이 유럽과 일본 등 동맹국들의 충성을 보장받을 수 있는 이유는 미국이 중동 산유국을 장악하고 있기 때문이라고 주장합니다.[1]

결국 역사를 움직여온 결정적 동인은 언제나 에너지 자원이었습니다. 석탄에서 석유, 그리고 오늘날 가스와 재생에너지에 이르기까지 에너지원의 변화는 곧 세계사의 궤적을 바꾼 사건이었습니다.

그런데 앞으로의 에너지 전환은 과거와 다른 중요한 차이가 있습니다. 앞으로의 변화는 자연적으로 진행되는 것이 아니라, 정부의 정책과 각국의 연대와 협력 속에서 이뤄질 것입니다. 새로운 에너지원들이 상업적으로 또 비용에서 더 유리하다면 고민도, 정책도, 연대와 협력도 필요 없을 것입니다. 프롤로그에서 말한 '상상력의 부족'도 그리 큰 문제가 아닐 것입니다. 시장과 기업이 자연스럽게 새 에너지원을 선호할 것이기 때문입니다. 그러나 그렇지 않기에 욕망을 거스르는 의지와 새로운 에너지 시스템을 향한 정교한 전략이 필요합니다.

프랑스는 발전량의 66.8%를 원자력에 의존하는 반면, 이탈리아는 원자력 비율이 '0'이고 가스 발전의 비율이 44.4%입니다(2024년 기준). 중국과 인도에서는 석탄 발전 비율이 각각 61.3%와 74.4%인 반면(2023년 기준), 브라질과 노르웨이는 수력 발전 비율이 각각 56.1%, 88.9%입니다(2024년 기준).[2] 미국은 석유와 가스의 증산을 외치는 반면, 영국은 북해의 강한 바람을 이용한 해상 풍력을 가장 열심히 증대하고 있습니다. 에너지 전략에 정해진 답은 없습니다. 탄소중립이라는 목표는 같아도 각국의 에너지 접근성, 지리적 조건, 제조업 비중 등을 따져서 국가별로 각기 다른 최선의 경로를 설계하는 수밖에 없습니다.

한국의 발전량에서 태양광은 약 6%, 풍력은 1% 미만입니다(2024년 기준).[3] 재생에너지를 단기간에 3~4배 늘리기도 어렵지만, 그렇게 해도 전체 발전량의 30% 정도입니다. 우리나라는 프랑스나 브라질처럼 특정 에너지원이 과반을 차지하며 독주할 환경이 아닙니다. 한국을 포함한 대부분의 나라에서 에너지 전환과 탄소 문제의 답은 당분간 하나가 아니라 다양한 에너지원의 조합과 조화의 예술이 될 것입니다. 그리고 이런 변화에는 에너지 소비를 효율화하고 절감하려는 노력도 반드시 병행되어야 합니다. 가장 강력한 탄소 감축 수단은 아껴 쓰고 덜 쓰는 것입니다.

우리의 특수한 현실도 무시할 수는 없습니다. 우리나라는 세계 4위의 원유 수입 대국입니다. 막대한 수입 규모를 바탕으로 정유·석유화학·조선업 등 석유 기반 산업은 우리 경제의 한 축을 이루고 있습니다. 이러한 현실에서 전환기에 석유 공급의 불확실성은 다른 어느 나라보다도 우리 경제와 안보에 큰 위협이 될 수 있습니다. 본문에서 살펴본 것처럼 에너지 공급의 불안과 경제적 충격은 결국 에너지 전환의 동력도 약화시킬 수 있습니다.

지금 우리나라는 석유와 가스를 100% 수입에 의존하고 있고, 재생에너지 비율도 낮습니다. 우선 한국은 석유, 가스, 원자력, 태양광, 풍력 등 종류에 관계없이 다양한 에너지원에 대한 실력과 기술을 쌓을 필요가 있습니다. 진정한 강국이 되는 길은 외부에 흔들리지 않으면서 스스로 필요한 에너지원을 확보하는 것입니다. 역사는 이를 증명해왔습니다. 오늘의 부와 힘을 결정한 에너지의 시간은 여전히 내일로 흐르고 있습니다.

## 각주

**• 1부 •**

1   Daniel Yergin, *The Prize*, Simon & Schuster UK, 1991, p.14.

2   대니얼 예긴,《황금의 샘》, 김태유 · 허은녕 역, 라의눈, 2017.

3   노엄 촘스키 · 질베르 아슈카르,《촘스키와 아슈카르, 중동을 이야기하다》, 강주헌 역, 사계절, 2009, pp.103~104.

4   Daniel Yergin, *The Prize*, p.375.

5   Leonardo Maugeri, *The Age of Oil*, Lyons press, 2008, pp.54~55(국역본: 레오나르도 마우게리,《당신이 몰랐으면 하는 석유의 진실》, 최준화 역, 가람기획, 2008).

6   Daniel Yergin, *The Prize*, p.383.

7   "Chilcot report: What Blair said to Bush in memos", *BBC*, 2016.7.6, 토니 블레어 총리의 메모를 공개한 칠콧 리포트는 존 칠콧이 위원장이었던 영국 이라크 조사위원회의 보고서로, 2003년 영국의 이라크전 참전 결정 과정을 분석한 문서이며 2016년 7월 공개됐다.

8   "'I will be with you whatever':read Blair's secret 2002 memo to Bush on Iraq", *The Washington Post*, 2016.7.16.

9   《영국 개황》, 외교부 유럽국 서유럽과, 2013, p.143.

10   Mostafa Elm, *Oil, Power, and Principle in Iran: Iran's Oil Nationalization and Its Aftermath*, Syracuse University Press, 1994, p.161.

11 Henry Kissinger, *Diplomacy*, Simon & Schuster, 1994, p.43. 키신
저는 이 책에서 영국과 미국은 역사적 언어적 문화적으로 연대가
있고 이러한 배경으로 두 나라의 관계는 특수한 속성special nature이
있다고 설명한다. 이러한 특별한 관계 속에서 양국은 자본주의 진
영의 핵심적인 동맹이자, 2차 세계대전 이후 중동 석유의 공동 관
리자가 된다.

12 Daniel Yergin, *The Prize*, p.433.

13 윌리엄 엥달, 《20세기 세계사의 진실》, 서미석 역, 도서출판 길,
2007, pp.141~142.

14 Leonardo Maugeri, *The Age of Oil*, p.66.

15 같은 책, pp.67~68.

16 같은 책, pp.68~69.

17 Teddy Ng Kristin Huang, "China and Iran carry out naval exercise
near Strait of Hormuz as US holds drill with Qatar", *South China
Morning Post*, 2017.6.19.

18 Leonardo Maugeri, *The Age of Oil*, p.95.

19 5.16 군사정변을 준비한 김종필은 나세르가 쿠데타를 통해 정권
을 장악한 과정을 상세히 파악했고, 가장 많이 참고한 롤모델이 나
세르라고 밝혔다.

20 Daniel Yergin, *The Prize*, p.473.

21 Simon C. Smith, *Ending Empire in the Middle East*, Britain, the
United States and Post-war Decolonization, 1945-1973, Taylor
& Francis, 2013. p.133.

22 S. Victor Papacosma 외 1명, *NATO in the Post-Cold War Era:
Does It Have a Future?*, Palgrave Macmillan, 2016, p.285.

23  Henry Kissinger, *Diplomacy*, p.547.

24  같은 책, pp.547~548.

25  같은 책, p.547.

26  Remembering Eni's Founder, Eni.com, 2017, https://www.eni.com/en_IT/company/eni-history/remembering-eni-founder.page?lnkfrm =asknow.

27  Leonardo Maugeri, *The Age of Oil*, pp.88~89.

28  Daniel Yergin, *The Prize*, p.512.

29  Leonardo Maugeri, *The Age of Oil*, pp.90~91.

30  Firrao, D. Bortolotti 외 3인, The way the mistery of the Mattei's case was solved, *DOAJ*, 2013.

31  앤서니 샘슨, 《석유를 지배하는 자들은 누구인가》, 김희정 역, 1992, 책갈퍼, pp.211~214.

32  제프리 로빈슨, 《석유황제 야마니》, 유경찬 역, 아라크네, 2003, p.235.

33  Mehran Kamrava, *The Modern Middle East*, University of California Press, 2005, p.118.

34  제프 로빈슨, 《석유황제 야마니》, p.107.

35  이은경, 〈일본 고도성장기의 석유 사회사: 석유사용의 규제와 수요확대의 길항을 중심으로〉, 《일본학 연구》 제39집, 2013, p.136.

36  Daniel Yergin, *The Prize*, p.489.

37  앤드리스 골드소, 《국제 에너지 정책론》, 진상현 외 5인 역, 한울아카데미, 2016, p.315.

38  히라타 다케오, 《세계 에너지 전쟁지도》, 지식노마드, 2024, p.417.

39  《인도네시아 개황》, 외교부 아세안국 동남아과, 2017, p.60.

40  Inpex launches FEED phase for Abadi LNG project in Indonesia, *NS Energy*, 2025.8.4.


• 2부 •

1  한국석유공사,《석유산업의 이해》, 2018, pp.125~127.

2  유발 하라리,《사피엔스》, 조현욱 역, 김영사, 2015, p.153.

3  앤드리스 골드소,《국제 에너지 정책론》, 진상현 외 5인 역, 한울아카데미, 2016, pp.311~313.

4  E. H. 카,《역사란 무엇인가》, 김택현 역, 까치, 1997, p.12.

5  "The end of the Oil Age", *Economist*, 2003.10.23.

6  Kevin D. Freeman, *Secret Weapon: How Economic Terrorism Brought Down the U.S. Stock Market and Why It can Happen Again*, Palgrave Macmillan, 2012, p.30.

7  Leonardo Maugeri, *The Age of Oil*, p.110.

8  Daniel Yergin, *The Prize*, p.584.

9  Bruce Riedel, "Enigma: The anatomy of Israel's intelligence failure almost 45 years ago", *Brookings*, 2017.9.25.

10  Daniel Yergin, *The Prize*, pp.588~589.

11  Walter J. Boyne, Nickel Grass, *Air Force Magazine*, 1998. 12.

12  Leonardo Maugeri, *The Age of Oil*, p.112.

13  George W. Gawrych, *The 1973 Arab-Israeli War: The Albatross of Decisive Victory*, Combat Studies Institute, 1996, p.243.

14  "What lessons did the Israel Air Force learn from the Yom Kippur War?", *The Jerusalem Post*, 2023.10.5.

15  Frederic S. Mishkin, "What Depressed the Consumer? The

Household Balance Sheet and the 1973-75 Recession", *Brookings*, 1977.

16 Leonardo Maugeri, *The Age of Oil*, p.113.

17 같은 책, p.112.

18 Daniel Yergin, *The Prize*, p.606.

19 앤서니 샘슨,《석유를 지배하는 자들은 누구인가》, p.27.

20 〈단판 건 석유모험〉,《경향신문》, 1973.11.23.; 석유 위기에 고통 겪는 일본 키신저 왕진,《동아일보》, 1973.11.14.

21 KBS, 발굴! 정부기록보존소 (4) 석유 확보 작전-사우디 왕자를 대접하라, 〈KBS 역사 스페셜〉, 2003.5.31.

22 앤서니 샘슨,《석유를 지배하는 자들은 누구인가》, p.27.

23 〈친아랍성명 발표〉,《동아일보》, 1973.12.17.

24 Speech by Egyptian President Sadat to the Knesset(20 November 1977), *Center for Israel Education*, 2016.

25 Daniel Yergin, *The Quest*, Penguin books, 2011, p.272.

26 Sean Loughlin, "House cafeterias change names for 'french' fries and 'French' toast", *CNN.com*, 2003.3.12.

27 Geoffrey Heard, "Not Oil, But Dollars vs. Euros", *Global Policy Forum*, 2003.3.

28 IEA, *Countries & Regions*, 2025.

29 류권홍, 〈국제석유·가스 개발과 거래 계약〉,《한국학술정보》, 2011, pp.110~130.

30 Carola Hoyos, "The new Seven Sisters: oil and gas giants dwarf western rivals", *Financial Times*, 2007.3.13.

31 Daniel Yergin, *The Prize*, p.616.

32  KBS, 발굴! 정부기록보존소 (4) 석유 확보 작전-사우디 왕자를 대접하라, 〈KBS 역사 스페셜〉, 2003.5.31.

33  〈나이프 장관, 우린 형제〉, 《동아일보》, 1979.7.21.

35  제프리 로빈슨, 《석유황제 야마니》, p.323.

36  "The end of the Oil Age", *Economist*, 2003.10.23.

37  같은 기사.

38  제러미 리프킨, 《수소 혁명, 석유시대의 종말과 세계경제의 미래》, 이진수 역, 민음사, 2003, p.47.

39  제프리 로빈슨, 《석유황제 야마니》, pp.374~375.

40  "Shah Reportedly Pledges Neutrality on Oil Prices", *The Washington Post*, 1977.11.15.

41  Mark Thiessen, *An Island of Stability: The Islamic Revolution of Iran and the Dutch Opinion*, Sidestone Press, 2009, p.2.

42  유흥태, 《이란의 역사: 이슬람의 유입에서 이슬람 혁명까지》, 살림, 2008, p.84.

43  같은 책, p.92.

44  Cyrus Kadivar, "A Question of Numbers", *Rouzegar-Now*, 2003.8.3.

45  Daniel Yergin, *The Prize*, p.662.

46  History of Iran: Iran after the victory of 1979's Revolution, *Iran Chamber Society*, http://www.iranchamber.com/history/islamic_revolution/revolution_and_iran_after1979_1.php.

47  Geoff Simons, *Iraq: From Sumer To Saddam*, Palgrave Macmillan UK, 1994, p.274.

48  Leonardo Maugeri, *The Age of Oil*, p.128.

• 3부 •

1  Zbigniew Brzezinski, "Oui, la CIA est entrée en Afghanistan avant les Russes", *Les-crise*, 1998.1.15.

2  Jennifer Huang, "A Cold War Legacy of Persian Gulf Conflict", *Independent Arts and Media*, 2003.3.19.

3  앨런 브링클리,《있는 그대로의 미국사 3》, 손세호 외 역, 휴머니스트, 2011, p.501.

4  정의길,《이슬람 전사의 탄생: 분쟁으로 보는 중동 현대사》, 한겨레출판, 2015, p.161.

5  최성권,《중동의 재조명: 국제정치》, 2011, 한울아카데미.

6  Daniel Yergin, *The Prize*, pp.691~692.

7  윌리엄 엥달,《20세기 세계사의 진실》, p.292.

8  존 W. 가버,《중국과 이란》, 박민희 역, 알마, 2011, pp.140~141.

9  제프리 로빈슨,《석유황제 야마니》, p.341.

10  같은 책, p.369.

11  Daniel Yergin, *The Prize*, p.700.

12  노엄 촘스키 · 질베르 아슈카르,《촘스키와 아슈카르, 중동을 이야기하다》, p.103.

13  티머시 미첼,《탄소 민주주의》, 에너지기후정책연구소 역, 생각비행, 2017, p.52.

14  같은 책, p.53.

15  이준범, 〈미국의 람보식 석유패권 전략〉,《신동아》, 2004.5.31.

16  노엄 촘스키 · 질베르 아슈카르,《촘스키와 아슈카르, 중동을 이야기하다》, pp.104~108.

17  한국석유공사,《석유산업의 이해》, p.132.

18  같은 책, p.132.

19  Andrew Inkpen · Michael H. Moffett, *The Global Oil & Gas Industry: Management, Strategy & Finance*, PennWell Books, 2011, p.362.

20  유발 하라리,《사피엔스》, p.465.

21  ICE, "Global crude benchmarks:Brent sets the standard: Part2 A series by Energy Intelligence", (2025.10.9. 접속).

22  유발 하라리,《사피엔스》, p.465.

23  Daniel Yergin, *The Prize*, p.724.

24  앤드리스 골드소,《국제 에너지 정책론》, pp.81~82.

25  Daniel Yergin, *The Prize*, pp.724~725.

26  Leonardo Maugeri, *The Age of Oil*, p.137.

27  외교부 아프리카 중동국 중동2과,《사우디아라비아 개황》, pp.89~90.

28  Russel Gold, "Back to the Future? Oil Replays 1980s Bust", *The Wall Street Journal*, 2015.1.13.

29  이재원 · 조인우, '1980년대 중반과 금번 유가하락기의 원유시장 여건 비교 분석',《국제경제리뷰》, 제2016-11호, 2016.

30  제프 로빈슨,《석유황제 야마니》, p.374.

31  같은 책, p.375,

32  Daniel Yergin, *The Prize*, p.727

33  같은 책, p.729.

34  같은 책, p.728.

35  Roberto Bocca, 'Three reasons for the oil price drop', *World Economic Forum*, 2015.2.27.

36  Meghan L. O'Sullivan, *Windfall: How the New Energy Abundance Upends Global Politics and Strengthens America's Power*, Simon and Schuster, 2017, p.31.

37  Anjli Raval, "Opec leader vows not to cut oil output even if price hits $20", *Financial Times*, 2014.12.23.

38  Meghan L. O'Sullivan, *Windfall*, p.31.

39  《사우디아라비아 개황》, 외교부 아프리카 중동국 중동2과, 2015, pp.89~90.

40  Ram Garikipati, "Aramco's investment in Hyundai Oilbank aimed at maintaining hold on market", *The Korea Herald*, 2019.1.30.

41  EIA, "U.S. crude oil exports reached a new record in 2024", 2025.4.10.

42  BP, *Statistical Review of World 2015 Workbook*, Pureprint Group, 2015.

43  Daniel Yergin, *The Prize*, pp.737~738.

44  Daniel Yergin, *The Prize*, p.738.

45  Mark Weston, *Prophets and Princes: Saudi Arabia from Muhammad to the Present*, Wiley, 2008, p.270.

46  제프 로빈슨, 《석유황제 야마니》, pp.406~407.

47  Daniel Yergin, *The Prize*, p.743.

48  Kiran Stacey and Neil Hume, "Opec's days as economic force are over", *Financial Times*.

49  이병승, 《걸프전쟁과 아랍민족 운동》, 눈, 1991, p.14.

50  Leonardo Maugeri, *The Age of Oil*, p148.

51  정의길, 《이슬람 전사의 탄생》, p.198.

52 Leonardo Maugeri, *The Age of Oil*, p.212.

53 Daniel Yergin, *The Prize*, p.757.

54 ohn J. Mearsheimer, "A Return to Offshore Balancing", *Newsweek*, 2008.12.30.

55 〈여러분 흘린 땀이 대한민국 외교력〉,《매일경제》, 2004.12.9.

56 토머스 L. 프리드먼,《렉서스와 올리브나무》, 신동욱 역, 창해, 2003, p.633.

57 앨런 브링클리,《있는 그대로의 미국사 3》, p.535.

58 토머스 L. 프리드먼,《렉서스와 올리브나무》, p.43.

59 같은 책, p.203.

60 Daniel Yergin, *The Quest*, pp.90~91.

61 같은 책, p.55.


• 4부 •

1 앨런 브링클리,《있는 그대로의 미국사 3》, p.535.

2 티머시 미첼,《탄소 민주주의》, pp.313~314.

3 Steve Coll, *Ghost Wars: The Secret History of the CIA, Afghanistan and Bin Laden*, Penguin Books, 2004, p.222.

4 같은 책, p.222.

5 같은 책, pp.338~339.

6 같은 책, p.341.

7 정의길,《이슬람 전사의 탄생》, pp.302~303.

8 니콜로 마키아벨리,《군주론》, 강정인 · 김경희 역, 까치, 2008, pp.114~115.

9 사무엘 헌팅턴,《문명의 충돌: 세계질서 재편의 핵심 변수는 무엇

인가》, 이희재 역, 김영사, 1997, p.417.

10 Richard Burkholder, "Gallup Poll of Baghdad: Gauging U.S. Intent", *Gallup*, 2003.10.28.

11 노엄 촘스키 · 질베르 아슈카르, 《촘스키와 아슈카르, 중동을 이야기하다》, p.103.

12 National Energy Policy Development Group, *Reliable, Affordable, and Environmentally Sound Energy for America's Future*, National Energy Policy Development Group, 2001, pp.4~8.

13 U.S. Energy Information Agency, *Annual Energy Outlook 2012*, U.S. Energy Information Agency, 2012, p.113, 153.

14 U.S. Energy Information Agency, *Annual Energy Outlook 2014*, U.S. Energy Information. Agency, 2014, p.D-16, A-28

15 Peter Zeihan, *The Accidental Superpower: The Next Generation of American Preeminence and the Coming Global Disaster*, Twelve, 2014(국역본: 피터 자이한, 《21세기 미국의 패권과 지정학》, 홍지수 · 정훈 역, 김앤김북스, 2018).

16 Meghan L. O'Sullivan, *Windfall*, pp.16~18.

17 National Energy Policy Development Group, *Reliable, Affordable, and Environmentally Sound Energy for America's Future*, National Energy Policy Development Group, 2001, pp.8-18~20.

18 윌리엄 엥달, 《20세기 세계사의 진실》, pp.352~353.

19 George Monbiot, "Why Blair is an appeaser?", *The Guardian*, 2002.11.5.

20 U.S. Department of Defense, "Casualty Status as of 10 a.m. EST Jan. 30, 2025", 2025.

21 "How the US public was defrauded by the hidden cost of the Iraq war", *The Guardian*, 2013.3.11.

22 박정욱,《중동은 왜 싸우는가?: 정체성의 투쟁, 중동사 21장면》, 지식프레임, 2018. p.451.

23 Leonardo Maugeri, *The Age of Oil*, p.259.

24 신민영, 정성태,《반세계화 시대의 세계화》, LG경제연구원, 2016, p.4.

25 벤 S. 버냉키,《벤 버냉키, 연방준비제도와 금융위기를 말하다》, 김홍범·나원준 역, 미지북스, 2014, p.130.

26 같은 책, pp.117~172.

27 같은 책, pp.117~172.

28 유발 하라리,《사피엔스》, pp.431~438.

29 정필모,《달러의 역설》, 2015, 21세기북스, p.95.

30 조셉 스티글리츠,《불평등의 대가》, 이순희 역, 열린책들, 2013, p.237.

31 토마 피케티,《21세기 자본》, pp.545~546.

32 정필모,《달러의 역설》, 2015, 21세기북스, pp.107~110.

33 Alex Lubin, *American Studies Encounters the Middle East*, The University of North Carolina Press, 2016, p.13.

34 Marin Katusa, Testosterone Pit, "The Media Won't Touch This Story About The End Of The US Dollar", *Business Insider*, 2012.4.30.

35 U.S. Department of the Treasury, 'William E. Simon (1974 – 1977)'.

36 티머시 미첼,《탄소 민주주의》, pp.173~174.

37 Andrea Wong, "The Untold Story Behind Saudi Arabia's 41-Year

U.S. Debt Secret", *Bloomberg*, 2016.5.30.

38  캐런 앨리엇 하우스,《중동을 들여다보는 창 사우디아라비아》, 방
    진영 역, 2016, p.26.

39  Daniel Yergin, *The Prize*, p.633.

40  김태유·김대륜,《패권의 비밀》, p.337.;Madeleine Albrtight
    'Fascism', Harper, 2018. pp.6~7.

41  Madeleine Albrtight, *Fascism*, pp.6~7.

42  김태유·김대륜,《패권의 비밀》, p.348.

43  Meghan L. O'Sullivan, *Windfall*, p.21.

44  같은 책, p.22.

45  피터 자이한,《21세기 미국의 패권과 지정학》, p.180.

46  "The Father of Fracking", *Economist*, 2013.8.3.

47  Meghan L. O'Sullivan, *Windfall*, pp.32~33.

48  대한송유관공사는 송유관 설치 및 운영을 전담할 공기업으로
    1990년 설립됐고, 2001년 민영화됐다. SK이노베이션이 41%로
    가장 많은 지분을 갖고 있고, GS칼텍스(28.62%), 정부(9.76%) 순
    으로 지분을 보유하고 있다.

49  Meghan L. O'Sullivan, *Windfall*, preface pp.10~11.

50  John J. Mearsheimer and Stephen M. Walt, "The Case for Offshore
    Balancing", *Foreign Affairs*, 2016, 95, pp.70~83.

51  도드 인권센터(Dodd Center of Human Rights) 헌정식 연설,
    2021.10.15.

52  *Wall Street Journal*, "Saudi Arabia prepared to host a humbled Joe
    Biden", 2022.7.13.; Wall Street Journal, "US-Saudi relationship
    buckle, driven by animosity between Biden and Mohammed bin

Salman", 2022.10.24.

53 FRED, Inflation, consumer prices for the United States, (업데이트일: 2025.4.16).

54 당시 카터 발언 원문은 다음과 같다. "Iran, because of the great leadership of the Shah, is an island of stability. ~ This is a great tribute to you, Your Majesty, and to your leadership, and to the respect and the admiration and the love which your people give you."

55 〈카터 회견 주한미군 철수 방침 불변 한국과 협의…4~5年 걸쳐〉, 《매일경제》, 1977.3.10.

56 〈주한미군 철수 논란 40년…생생하게 돌아보는 韓美정상'설전〉, 《연합뉴스》, 2018.11.25.

57 〈키신저 이한, 주한미군철수를 반대〉, 《동아일보》, 1979. 5.14.

58 같은 자료.

59 The White House Office of the Vice President, "Remarks by the Vice President at Yale University Class Day", 2015.5.17.

60 *The Washington Post*, "Biden's trip to Saudi Arabia erodes our moral authority", 2022.7.11.

61 "A bump and a miss: Saudi oil cut slaps down Biden's outreach", *AP*, 2022.10.7.

62 Energy Institute, 2025 Statistical Review of World Energy, 2025.

63 유현석, 《국제정세의 이해》, 한울, 2024, p.440.

64 월터 아이작슨, 《일론 머스크》, 안진환 역, 21세기북스, 2023, p.263.

65 팀 마샬, 《지리의 힘》, 사이, 2015, p.48.

66 같은 책, p.42.

67  IRENA, *Renewable Power Generation Costs in 2024*, 2025.7, p.15.

68  월터 아이작슨,《일론 머스크》, p.157, p.263.

69  같은 책, p.158.

70  최지웅, 〈테슬라 경쟁력의 성장 시기별 메커니즘 분석〉, 메커니즘 경영학회, 2024.11.

71  박준기 외 2인, 〈중국 전기자동차 산업발전과 전망:중국 정부의 산업육성정책 평가를 중심으로〉,《현대중국연구》, 18집, 제4호, 2017.

72  Alex Wang, 'Understanding China's national energy security strategy', *Legal planet*, 2024.9.24.

73  월터 아이작슨,《일론 머스크》, 21세기북스, p.374.

74  같은 책, p.375.

75  IEA, *Special Report on Solar PV Global Supply Chains*, 2022.8.

76  companiesmarketcap.com, Largest electric vehicle companies by Market Cap, https://companiesmarketcap.com/electric-vehicles/largest-ev-companies-by-market-cap/

77  SNE Research, "From Jan to Dec 2024, Global EV Battery Usage Posted 894.4GWh, a 27.2% YoY Growth", 2025.2.11.

78  에너지경제연구원,《세계 에너지시장 인사이트》, 제25-7호, 2025.4.14.

79  Emissions Database for Global Atmospheric Research, *GHG emissions of all world countries : 2024 report*, 2024, https://edgar.jrc.ec.europa.eu/report_2024#emissions_table.

80  Worldmeter, GDP by Country, 2023, https://www.worldometers.

info/gdp/gdp-by-country/.

81  IEA, *World Energy Outlook 2025*, 2025.11.12.

82  한국전략해양연구소, 〈한미동맹과 해양안보〉, 2021.5.21.


### • 5부 •

1  여인곤, 〈푸틴 러시아 대통령의 집권과정과 대내외정책 전망〉, 통일연구원, 2000.5.

2  이선우, 〈경제위기와 선거권위주의 체제의 안정성: 러시아 푸틴 정권의 사례〉,《국가전략》, 제22권, 2호, 2016.5.

3  Atlantic Council, "Europe can win Putin's gas war but must learn Nord Stream lessons", 2022.9. 6.

4  "Germany: Coal tops wind energy in 2021, but there's more to the story", *Nuclear Newswire*, 2021.9.23.

5  "US President Trump slams German support for Nord Stream2 gas link", *S&P*, 2018.11.7.

6  "Nord Stream 2: Trump approves sanctions on Russia gas pipeline", *BBC*, 2019.12.21.

7  European Commission, "Roadmap to fully end EU dependency on Russia energy", 2025.5.6.

8  Statistisches Bundesamt, Yearly natural gas import, 2025.8.20.

9  'German opposition leader vows to build 50 gas-fired power plants if elected', *Reuters*, 2025.1.19.

10  IEA, *World Energy Outlook 2024*, 2024.10.16, p.317.

11  IEA, *World Energy Outlook 2025*, 2025.11.12, p.435.

12  "From 'Bridge Fuel' to destination: natural gas is now key to

power company plans", *Bloomberg*, 2025.4.29.

13 Energy Institute, *2025 Statistical Review of World Energy*, 2025.

14 Energy Institute, *2022 Statistical Review of World Energy*, 2022.

15 Energy Institute, *2025 Statistical Review of World Energy*, 2025.

16 Jamestown Foundation, "Russia's fiscal dependence on China grows", 2024.11.13.

17 World Economic Forum, "Kissinger: These are the main geopolitical challenges facing the world right now", 2022.5.23/

18 Energy Institute, *2025 Statistical Review of World Energy*, 2025.

19 같은 자료.

20 How the Yom Kippur War Changed Israel, *Time*, 2023.10.11.

21 Biden Aides and Saudi Explore Defense Treaty Modeled after Asian Pacts, *The New York Times*, 2023.9.19. ; 〈한미 동맹급 안보 원한다. 빈살만 배짱 요구에 속타는 바이든〉,《중앙일보》, 2023.9.19.

22 Why Washington say no to Riyadh, *Foreign Policy*, 2023.3.21

23 〈이스라엘, UAE · 바레인과 수교, 팔레스타인 슬픈 날〉,《경향신문》, 2020.9.16.

24 Saudi Crown Prince says deal with Israel is closer every day, *Bloomberg*, 2023.9.21.

25 장지향 외 1명, 〈이스라엘-하마스 전쟁: 분석과 전망〉, 아산정책연구원, 2023.11.29.

26 Egyptian court says no to gas exports to Israel, *Reuters*, 2008.12.19.

27 Sujata Ashwarya, Natural Gas Discoveries and Israel's Energy

Security, *Georgetown Journal of International affairs*, 2020.5.25.

28  Implications of Egypt's Gas Cut-Off with Israel, Washington institute, 2012.4.23.

29  IEA, *Countries & Regions*, 2025.

30  The Knesset Research & Information Center, *Description and Analysis of the Implementation of the Electricity Reform - May 2024*, 2024. p.43.

31  Egypt agrees to pay Israel $500 million to end gas dispute, *Time of Israel*, 2019.6.17.

32  Egypt to Extend Electricity Cuts to 3 Hours, Sparking Social Media Backlash, *Egyptian Streets*, 2024.6.4.

33  Israel's gas exports to Egypt and Jordan increased by over 13% in 2024, *Enerdata*, 2025.3.7.

34  〈EU, 이집트·이스라엘과 천연가스 공급협약 체결〉, 《연합뉴스》, 2022.6.15.

35  Congressional Research Service, *Israel: Background and U.S. Relations*, 2022.7.1.

36  Energy Institute, *2025 Statistical Review of World Energy*, 2025.

37  IEA, *Countries & Regions*, 2025.

38  Israel's gas exports to Egypt and Jordan increased by over 13% in 2024, *Enerdata, 2025.3.7.: Statista, Natural gas in Israel - statistics & facts*, 2025.5.12.

• 6부 •

1  Ministry of Economy, Trade and Industry(일본 경제산업성),

*FY 2023 Independent Development Ratio of Oil and Natural Gas in Japan Released*, 2024.9.3.

2 같은 자료.

3 우리나라를 비롯한 대부분의 국가에서 사유지라 해도 지하에 매장된 자원의 소유권은 국가가 갖는다. 반면, 미국에서는 사유지에서 발견된 석유와 가스에 대한 권리는 대부분 소유주가 갖는다.

4 European Commission, 'Speech by President von der Leyen at the Summit on the Future of Energy Security', 2025.4.24.

5 바츨라프 스밀,《세상은 어떻게 돌아가는가》, 2024, 김영사, p.78.

6 같은 책, p.79.

7 같은 책, p.16.

8 US estimates it will take $20 billion and years to refill oil reserve, *Reuters*, 2025.3.8.

9 Energy Institute, *2025 Statistical Review of World Energy*, 2025.

10 IEA, Countries & Region: Europe: Emissions, https://www.iea.org/regions/europe/emissions

11 독일은 전력 부문에서 재생에너지 비율이 높지만, 여전히 탄소배출이 많은 나라다. 그 이유는 본문에서 서술한 바와 같이 석탄 발전의 비중이 여전히 높기 때문이다. 또 다른 이유도 있다. 독일은 철강, 화학, 자동차 등 에너지 집약적인 산업 구조를 갖기 때문이다. 이들 산업은 전기도 많이 쓰지만(우리나라도 발전량에서 산업용 전기의 비중이 절반 이상이고, 가정용 전기의 비율은 15% 수준이다) 동시에 자체 발전시설과 중장비 등을 통해 석탄·석유·가스 같은 연료를 직접 대량으로 소비한다.

12 〈트뤼도 캐나다 총리 사임 발표 당 지지율 16%에 백기〉,《한겨레》,

2025.1.7.

13 국제재생에너지기구(IRENA)가 2025년 7월 발표한 '2024년 재생에너지 발전 비용Renewable Power Generation Costs in 2024'에 따르면, 태양광과 풍력 발전 비용 하락 흐름이 지속되고 있다. 이 현상을 주도하는 것은 중국이다. 2024년 기준, 전 세계 신규 태양광 설비의 61.2%, 신규 풍력 설비의 69.4%가 중국에 설치됐다(p.15). 이러한 압도적인 비중은 중국이 가장 낮은 비용으로 재생에너지를 확대할 수 있기 때문이다. 이 보고서에 따르면, 중국과 다른 나라 간의 비용 차이는 여전히 크다. 태양광 발전 비용(LCOE)의 경우 중국에서는 0.033 $/kWh인데, 한국과 여건이 비슷한 일본에서는 0.120 $/kWh로 약 4배의 차이가 있다(p.105, 한국 데이터는 제시되어 있지 않음). 해상풍력 역시 중국은 0.056 $/kWh, 일본은 0.181 $/kWh로 약 3배의 가격 차이를 보인다(p.126). 이러한 차이는 중국이 완성된 공급망과 대규모 생산 체계를 갖췄기 때문이다. 태양광 모듈과 풍력 터빈 등 핵심 장비를 대부분 자국 내에서 생산하며 부품 단가를 낮췄다. 또한 넓은 국토와 정책적 지원으로 대규모 발전단지를 조성하기 용이하다는 점도 작용한다. 결국 중국의 재생에너지 비용은 기술력, 공급망, 정책, 지리적 조건이 모두 작용해 만들어낸 결과다. 다시 말해 단기간에 이뤄진 것이 아니다.

## • 에필로그 •

1 노엄 촘스키 · 질베르 아슈카르,《촘스키와 아슈카르, 중동을 이야기하다》, pp.104~108.

2 IEA, *Countries & Regions*, 2025.

3 같은 자료.

# 석유 제국의 미래

**초판 1쇄 인쇄**  2026년 1월 13일
**초판 1쇄 발행**  2026년 1월 21일

**지은이**  최지웅
**펴낸이**  최순영

**출판2 본부장**  박태근
**경제경영팀**
**편집**  임경은
**디자인**  함지현

**펴낸곳**  ㈜위즈덤하우스    **출판등록**  2000년 5월 23일 제13-1071호
**주소**  서울특별시 마포구 양화로 19 합정오피스빌딩 17층
**전화**  02) 2179-5600    **홈페이지**  www.wisdomhouse.co.kr



ISBN  979-11-7591-027-0  03320